La Nouvelle-France

Du même auteur :

La construction navale royale à Québec, 1739-1759. Québec,
Société historique de Québec, 1971.

Le commerce entre la Nouvelle-France et les Antilles au XVIIIe siècle. Montréal, Fides, 1981.

*Étude de la construction de la mémoire collective des Québécois au XXe siècle.
Approches multidisciplinaires.* Québec, CELAT, 1986.

Les dynamismes de la recherche au Québec. Québec, PUL, 1991.

Les Plaines d'Abraham. Le culte de l'idéal. Québec, Septentrion., 1991.

Le premier livre de plantes du Canada. Québec, PUL, 1998.

En collaboration

Les métiers du cuir. Québec, PUL, 1981.

Héritage de la francophonie canadienne. Traditions orales. Québec, PUL, 1986.

Exercices des métiers du bois. Québec, CELAT, 1986.

Peuplement colonisateur aux XVIIe et XVIIIe siècles. Québec, CELAT, 1987.

Les mémoires québécoises. Québec, PUL, 1991.

*L'occupation des terres dans la vallée du Saint-Laurent :
les aveux et dénombrements 1723-1745.* Québec, Septentrion, 1991.

Les ouvrières de Dominion Corset à Québec 1886-1988. Québec, PUL, 1993.

La mémoire dans la culture. Québec, PUL, 1995.

Expressions de mémoires. Québec, CEFAN, 1995.

Espaces-temps familiaux au Canada aux XVIIe et XVIIIe siècles. Québec, CIEQ, 1995.

La radio à Québec 1920-1960. Québec, PUL, 1997.

Jacques Mathieu

La Nouvelle-France

Les Français en Amérique du Nord XVIe-XVIIIe siècle

LES PRESSES DE L'UNIVERSITÉ LAVAL

Les Presses de l'Université Laval reçoivent chaque année du Conseil des Arts du Canada et de la Société de développement des entreprises culturelles du Québec une aide financière pour l'ensemble de leur programme de publication.

Nous reconnaissons l'aide financière du gouvernement du Canada par l'entremise de son Programme d'aide au développement de l'industrie de l'édition (PADIÉ) pour nos activités d'édition.

Données de catalogage avant publication (Canada)

Mathieu, Jacques, 1940-

La Nouvelle-France : Les Français en Amérique du Nord, XVIe-XVIIIe siècle

Comprend des réf. bibliogr. et un index.

ISBN 2-7637-7649-3

Canada – Histoire – Jusqu'à 1763 (Nouvelle-France). 2. Canada – Mœurs et coutumes – Jusqu'à 1763. 3. Amérique – Découverte et exploration françaises. 4. France – Colonies – Amérique du Nord. I. Titre.

| FC305.M39 2001 | 971.01 | C2001-941054-9 | F1030.M39 2001 |

Mise en pages : Francine Brisson
Maquette de couverture : Chantal Santerre
Cartographie : Françoise Pierron-Boisard

Dépôt légal 3e trimestre 2001

ISBN 2-7637-7649-3

7e tirage : 2015

LES PRESSES DE L'UNIVERSITÉ LAVAL
Pavillon de l'Est
2180, chemin Sainte-Foy, 1er étage
Université Laval, Québec
Canada, G1V 0A6
www.pulaval.com

Table des matières

Avant-propos

Cette synthèse reprend pour l'essentiel le texte, les documents et les encarts de la précédente édition qui visait à initier les étudiants français à l'histoire de la Nouvelle-France. Il a semblé que, dans sa nature comme dans sa structure, elle pouvait rejoindre les intérêts du public québécois. Grâce aux Presses de l'Université Laval, nous avons cependant pu ajouter plus de deux cents illustrations. Celles-ci facilitent souvent une meilleure perception de différentes réalités de la vie française en Amérique du Nord.

Cette histoire s'attache principalement aux faits et gestes de ceux qui ont choisi de vivre dans la colonie de la France, qui ont investi ce territoire et qui l'ont façonné au fil des générations. Elle reconnaît les contributions individuelles et collectives à la construction de cette entité nationale. Elle couvre tous les aspects de la vie, dans ses cadres géographiques ou institutionnels, les pratiques et les comportements au quotidien et dans les familles, ainsi que les rapports entre les personnes et entre les groupes.

Une telle synthèse est considérablement redevable envers les recherches de ceux qui nous ont précédé dans le domaine ou qui ont approfondi divers aspects de cette histoire. Parmi nos devanciers, une reconnaissance spéciale est due à Marcel Trudel pour ses travaux, véritables ouvrages de référence, et à Jacques Lacoursière qui a effectué un travail pionnier et colossal dans le repérage d'illustrations pertinentes à notre histoire. Nous tenons à remercier très sincèrement tous ces chercheurs qui ont enrichi la connaissance de ce passé, ainsi que ceux dont la contribution a été plus immédiate : Serge Courville et Alain Laberge, Lina Gouger et Geneviève Postolec.

Jacques Mathieu

Première partie

L'Amérique du Nord au XVIe siècle

Chapitre 1

Un continent, une civilisation

1. La géographie du continent Nord-américain

Du XVIᵉ au XVIIIᵉ siècle, la France occupe en Amérique du Nord un territoire dont les frontières s'arrêtent aux limites de l'exploré ou des lieux d'occupation des autres nations colonisatrices, sans égard aux Amérindiens. Cet espace sans frontière devient, entre les puissances européennes, un enjeu de pouvoir. Il explique autant le devenir des colonies qui s'y implantent que des individus qui s'y fixent.

Ce continent, plusieurs fois vaste comme la France, comprend de nombreuses régions naturelles qui peuvent se répartir en trois grands ensembles : deux bordures montagneuses à l'Ouest et à l'Est et une vaste dépression au centre. Malgré ses fronts côtiers, il ne comporte que peu de voies favorisant la pénétration. Par sa topographie et sa diversité climatique, il favorise un processus particulier de conquête de l'espace : la France colonise par la voie d'eau, à la différence de l'Espagne et de l'Angleterre qui s'installent sur les côtes et de là exploitent les richesses de l'intérieur. Dans toutes les directions, le réseau hydrographique et en particulier l'axe du Saint-Laurent, a façonné l'empreinte de la France en Amérique du Nord.

La description qui va suivre s'attache moins aux réalités objectives du continent qu'aux données géographiques significatives pour l'occupation française, européenne et autochtone, à l'époque moderne.

a. Régions naturelles et axes de pénétration

Le continent Nord-américain se présente comme un grand triangle, bordé de chaque côté par des ensembles montagneux. Le centre est une immense plaine s'évasant vers le Nord, jusqu'à la plate-forme du Bouclier canadien où la baie d'Hudson fait enclave.

Les rebords montagneux de l'Est sont principalement constitués de la chaîne des Appalaches ; ils s'étendent du Nord au Sud sur une longueur d'environ 5 000 kilomètres. Ces montagnes peu élevées n'offrent, à l'exception du Saint-Laurent, que de rares et difficiles percées vers l'intérieur. Elles laissent, en particulier au

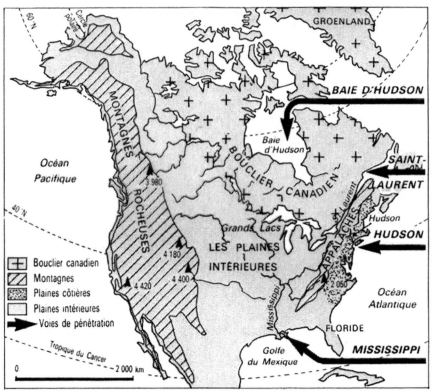

Régions naturelles et axes de pénétration de l'Amérique du Nord

Sud de l'axe laurentien, un mince littoral et une frange étroite de bons sols (20 à 60 kilomètres de largeur). C'est là que seront situées les treize colonies britanniques, où vivront plus de deux millions de personnes au milieu du XVIIIe siècle.

Le centre du continent est constitué par une immense plaine. La qualité des sols, l'abondance de la faune, en particulier des animaux à fourrure, le réseau hydrographique qui dessert les cinq Grands Lacs formant une des plus vastes mers d'eau douce à l'intérieur d'un continent, en font une région fort convoitée. À l'aube du XVIIIe siècle, c'est aussi la zone la plus densément peuplée par les Amérindiens. Au Sud, cette plaine atteint le golfe du Mexique par la vallée du Mississippi dont la France a contrôlé l'accès durant la première moitié du XVIIIe siècle. Au Nord, elle débouche dans le bassin de la baie d'Hudson. De nombreuses rivières convergent vers cette immense baie, dont l'accès est cependant entravé par des conditions climatiques peu favorables.

Les bandes côtières mises à part, c'est du réseau hydrographique continental que dépend l'accès à ce territoire. Il est ouvert de trois côtés : le Mississippi, sujet à de fréquentes et vio-

Les chutes du Niagara. Eau-forte reproduite dans un ouvrage du récollet Louis Hennepin, *Nouvelle découverte d'un très grand pays situé dans l'Amérique entre le Nouveau Mexique et la mer Glaciale...*, 1697.

Archives publiques du Canada.

lentes crues, est extrêmement difficile à remonter ; la baie d'Hudson n'est accessible que durant la saison chaude. Reste le corridor de la vallée du Saint-Laurent, celui qu'emprunta la France, et qui permet de pénétrer très loin à l'intérieur du continent même s'il oblige à recourir à de petites embarcations pour remonter les rivières qui y conduisent. À l'Ouest, les montagnes Rocheuses longues de 2 500 kilomètres, hautes en général de plus de 4 000 mètres et larges de 700 à 1 000 kilomètres se dressent comme une véritable muraille, infranchissable.

Pour les Européens, la découverte et l'occupation de ce continent ne pouvaient se réaliser d'abord que par les voies orientales. Au Nord, comme dans la partie la plus au Sud, la pénétration fut plus tardive. La baie d'Hudson ne fut régulièrement fréquentée qu'à compter des années 1670 et l'embouchure du Mississippi, bien qu'explorée à la même époque, ne fut colonisée qu'au début du XVIIIᵉ siècle.

Presque toute la façade orientale du continent, depuis la Floride jusqu'aux contrées disputées au Nord, à la hauteur du golfe du Saint-Laurent était favorable à un établissement humain. Cette étroite frange côtière jouissait de remarquables qualités physiques, en vue d'un établissement humain. Elle profitait d'un accès constant à la mer et, de ce fait, le potentiel d'échange commercial y était énorme. Des conditions climatiques variables, du Nord au Sud, et des sols de bonne qualité et bien irrigués avaient favorisé la constitution d'une flore variée et éventuellement de productions diversifiées et complémentaires.

Cela dit, la rivière Hudson constituait le seul passage praticable vers l'intérieur pour franchir la barrière des Appalaches. De là, il fallait emprunter la rivière Mohawk pour atteindre soit la région des Grands Lacs soit le lac Champlain pour rejoindre la vallée laurentienne. Les colonies britanniques se sentirent longtemps confinées au littoral atlantique et menacées d'encerclement par les possessions françaises. Plus au Nord, la façade atlantique, est très découpée. La présence de hauts fonds, l'abondance du poisson et les facilités d'accès, une fois connue la route atlantique au XVIe siècle, en expliquent le destin maritime en même temps que l'histoire fort mouvementée. Par ses ressources naturelles et commerciales et sa position stratégique commandant les portes de la pénétration du continent, cette région a joué un rôle clé dans l'histoire. C'est là d'ailleurs que les Français au début du XVIIIe siècle érigeront la puissante forteresse de Louisbourg dans l'île du Cap-Breton, afin de protéger les pêcheries françaises et l'entrée du Saint-Laurent, vers le cœur de la colonie.

Au total, il y eut d'étroites relations entre les modes de colonisation et les caractéristiques physiques du continent ; tandis que les Britanniques se livrèrent à une exploitation intensive, la France opta pour une colonisation extensive. Grâce à leur maîtrise des voies de pénétration et des bassins qui les alimentent, les Français en vinrent à contrôler un immense territoire. D'autres impératifs géographiques influencèrent la colonisation du continent Nord-américain. Une fois vaincues les peurs de la

Les monstres de la *Cosmographia* de Munster sont tout droit sortis des peurs associées à la traversée de l'océan.

mer, de ses tempêtes et de ses monstres, la crainte des maladies au cours d'une traversée longue et périlleuse, il fallait affronter l'inconnu. L'épaisse couverture neigeuse modifiait le rythme et le genre de vie, tandis que le gel du Saint-Laurent interrompait les communications pendant six mois de l'année. Le continent offrait une disponibilité de terres sans pareille ; encore fallait-il les gagner sur la forêt. Les ressources de la faune devaient être obtenues, par voie d'échanges avec des Amérindiens que l'on aurait su se concilier. Les richesses de la flore avaient peu de valeur ailleurs que sur le continent même, celui-ci étant trop loin des grands circuits commerciaux. Quant au poisson, il suffisait d'aller le pêcher en apportant tout son approvisionnement et son équipement et d'adapter ses techniques.

b. La région atlantique, l'axe laurentien

La région proprement atlantique englobe Terre-Neuve, l'île du Prince-Édouard et les hauts-fonds marins jusqu'à la hauteur de l'île d'Anticosti. Le golfe ou secteur maritime du Saint-Laurent s'étend au moins jusqu'à la Pointe-des-Monts. L'estuaire maritime va de la Pointe-des-Monts à l'île aux Coudres. Il s'y trouve toutefois un autre seuil à l'embouchure du Saguenay qui marque la limite de l'aire des grands mammifères marins. À l'Ouest de l'île aux Coudres, les eaux douces des Grands-Lacs se déversent dans le Saint-Laurent. L'estuaire d'eau douce est cependant affecté par les marées. Puis, le secteur alluvial du

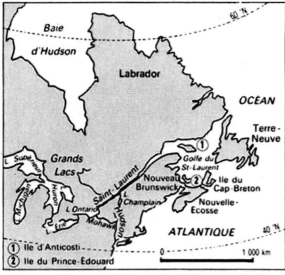

Le Nord-Est de l'Amérique du Nord

fleuve s'étend jusqu'aux rapides au-delà de Montréal. Toute cette zone d'eau douce, entre l'île aux Coudres et l'Ouest de Montréal, constitue la vallée laurentienne proprement dite. Sur cette plaine de basses terres s'est concentré le peuplement français aux XVIIe et XVIIIe siècles.

À l'aube du XVIe siècle, le paysage naturel est encore à peu près vierge. Les autochtones ont adopté un mode de vie qui compose avec la nature, sans vraiment la modifier autrement que de façon temporaire. Du XVIe au XVIIIe siècle, en milieu Nord-américain, l'intérêt porte sur les espaces marins plus que sur les espaces terrestres. Ces espaces marins, ce sont la possibilité de trouver la route de Cathay, les grands bancs et les côtes riches en poisson au Sud de Terre-Neuve, et à l'embouchure du golfe du Saint-Laurent, l'échancrure béante de l'estuaire qui conduit au centre du continent.

Au Sud de l'île de Terre-Neuve, sur les hauts-fonds, se trouvent les plus grands et les plus réputés bancs de pêche. La rencontre des courants d'eau chaude et d'eau froide produit des eaux agitées, bien oxygénées, riches en plancton dont se nourrissent diverses espèces de poisson, et en particulier la baleine et la morue. La pêche hauturière et côtière constitua donc pratique-

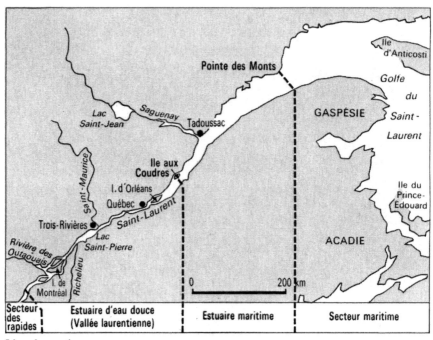

L'axe laurentien

ment la seule et la plus constante des richesses tirées de cet environnement physique.

Bancs de poissons près de Terre-Neuve. Carte conservée à la Bibliothèque nationale de Paris.

Les espaces terrestres, ce sont d'abord les îles de Terre-Neuve, du Prince-Édouard, du Cap-Breton et les sections continentales des actuelles provinces de la Nouvelle-Écosse et du Nouveau-Brunswick constituant l'avant-poste du continent. La majeure partie de ces territoires est formée de hautes terres rocailleuses, de massifs montagneux et, à l'occasion, de sols sablonneux, mal drainés. La rudesse du paysage, la pauvreté des sols et un climat désagréable caractérisent la région. Il y a bien sûr quelques bonnes terres basses, en particulier dans des vallées comme celle d'Annapolis Royal, mais elles sont dispersées et isolées les unes des autres. Seuls les sols sablo-argileux de l'île du Prince-Édouard permirent, deux siècles plus tard, une agriculture axée sur la production de la pomme de terre. Le destin de la région atlantique consiste essentiellement en l'exploitation des ressources maritimes et en un rôle stratégique : commander l'entrée du Saint-Laurent.

L'estuaire du Saint-Laurent et la vallée laurentienne constituent des écosystèmes assez semblables. Le Saint-Laurent, fleuve navigable, est parfois presque aussi tumultueux que l'Atlantique. Sa largeur, considérable à l'embouchure, ne dépasse pas deux kilomètres à la hauteur de Québec, lieu habituel de relâche des transatlantiques aux XVIIe et XVIIIe siècles. Tout au long, de nombreux havres permettent des mouillages sûrs, à l'abri des intempéries. Au-delà de Québec, plusieurs déclivités naturelles importantes, provoquant rapides, « saults » et chutes, ont longtemps empêché une progression vers l'intérieur, autrement que par l'important réseau d'affluents, surtout à la hauteur de la vallée laurentienne.

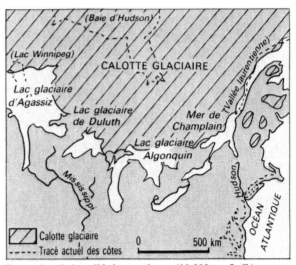

Formation de la vallée laurentienne (10 000 av. J.-C.)

La vallée laurentienne provient d'une dépression continentale très ancienne, marquée ultérieurement par le recul du glacier et la formation de la mer Champlain, il y a 10 000 ans. La fonte du glacier a entraîné la constitution de nombreux lacs qui assurent la régularité de l'écoulement des eaux. Depuis, le continent s'est relevé de quelque 70 mètres, laissant sur les rives de riches sédiments argileux, ayant une forte teneur en limon. En son centre, se sont formées les basses terres du Saint- Laurent encaissées entre le Bouclier canadien et les Appalaches, où se concentra la majorité de la population française à l'époque moderne.

Le Saint-Laurent, incomparable voie de communications, a donc une importance économique primordiale comme source d'approvisionnement et comme voie de communication.Ce fut aussi une voie souveraine : par lui, la France a fixé son emprise en Amérique du Nord, élargi ses possessions et assuré le con-

> « Ce dit fleuve (Saint-Laurent) est le plus abondant de toutes sortes de poissons qu'on n'ait jamais vus de mémoire d'homme, ni ouï-dire. Depuis le commencement jusqu'à la fin vous y trouverez, selon les saisons, la plupart des sortes et espèces de poisson de la mer et de l'eau douce. Vous trouverez jusqu'au dit Canada force baleines, marsouins, chevaux de mer, adhothuys, qui est une sorte de poisson duquel nous n'avions jamais vu ni ouï-dire. Ils sont blancs comme neige et grands comme des marsouins et ont le corps et la tête comme des lévriers... Item, y trouverez en juin, juillet et août, force maquereaux, mulets, bars, sandres, grosses anguilles et autres poissons. Ayant leur saison passée, y trouverez l'éperlan, aussi bon qu'en la rivière de Seine. Puis, au renouveau, y a force lamproies et saumons. »
>
> *Jacques Cartier*, Récit de voyage.

trôle et le développement de la colonie. C'est par cette voie aussi que l'envahisseur a menacé les possessions françaises d'Amérique, avant de s'en emparer au milieu du XVIIIᵉ siècle.

Pour les autochtones, cette « grande rivière de Canada » constituait à la fois une frontière, un axe de rencontre et d'échange, un élément vital de leur civilisation. En effet, les nations amérindiennes occupaient des bassins hydrographiques différents sur l'une ou l'autre des rives du fleuve. Mais, au début de l'été, suivant en cela les migrations des oiseaux, les diverses nations se retrouvaient en ces lieux de rassemblement où l'abondance de nourriture ne risquait pas de créer un climat défavorable aux échanges commerciaux amicaux. À terme, c'est en s'installant dans les traditionnels lieux de regroupement des Amérindiens que les Européens en vinrent à régionaliser ces nations et à briser l'harmonie de leur système culturel : leur cycle de vie fut modifié, leurs modes d'approvisionnement et d'échange perturbés, leur civilisation menacée.

Le climat de cette région a aussi influencé l'occupation humaine et le mode de vie. Il est sujet à des extrêmes de chaud et surtout de froid. Les quatre saisons donnent souvent l'impression de se ramener à deux. Par contre, les pluies de l'automne, la fonte des neiges au printemps, la régularité des précipitations, l'alternance des saisons et, notamment, la durée de la saison végétative, en particulier dans les basses terres du Saint-Laurent, ont procuré à cette région des ressources et des potentialités intéressantes.

Les paysages qui bordent le Saint-Laurent sont de moins en moins austères à mesure que l'on remonte la vallée. Au Nord, la longue côte du Labrador qui s'étire sur près de 700 kilomètres est peu attrayante. La falaise tombe à pic dans le fleuve, et la forêt, surtout constituée de conifères, n'a, au XVIIᵉ siècle, qu'une valeur limitée à cause de la brièveté de la saison de végétation qui réduit le rythme de croissance du bois. Sur la rive Sud, les plissements rocheux de la chaîne des Appalaches rejoignent la rive du fleuve, entraînant une alternance de dépôts sédimentaires riches et d'affleurements rocheux. La forêt mixte, constituée de feuillus et de conifères, recèle de multiples espèces exploitables et recherchées pour le bois de charpente ou de chauffage. Les bois durs comme l'orme, le chêne, l'érable et le bouleau y côtoient en abondance le sapin, l'épinette et le pin.

La faune qui vit dans cette région est aussi diversifiée. De gros animaux comme l'orignal, le chevreuil, l'ours, le caribou se retrouvent presque partout. Ils sont utiles pour leur viande, leur cuir et leur fourrure. À côté des grands cervidés, se retrouve une foule de petits animaux à fourrure comme la martre, le vison, le rat musqué, la loutre et surtout le castor. Les oiseaux de mer et les passereaux pullulent au point qu'il sera possible de chasser certaines espèces simplement avec un bâton. La faune aquatique procure aussi des ressources extraordinaires. Le passage de l'eau salée à l'eau douce contribue à la présence d'une grande diversité d'espèces, des plus grosses aux plus nutritives. On y retrouve d'abord jusqu'à la hauteur du Saguenay, des mammifères marins, comme la baleine, l'éléphant de mer et le beluga, mais aussi la morue, le saumon, l'anguille et les petits poissons dont ils se nourrissent.

« Il y a un grand nombre de grands cerfs, daims, ours et autres bêtes... Il y a force loirs, castors, lapins, écureuils, rats, lesquels sont d'une grosseur surprenante et autres sauvagines. (...) Il y a un nombre inestimable de grandes tortues qui sont aux environs de la dite île (aux Coudres). Pareillement, ceux du pays font aux environs de la dite île de grande pêcherie desdits adhothuys (belugas)... Il y a aussi grand courant aux environs de la dite île que devant Bordeaux, au flux et au reflux. Cette île mesure environ trois lieues de long et deux de large et c'est une terre fort bonne et grasse, pleine de beaux et grands arbres de plusieurs sortes. Entre autre, il y a plusieurs coudres sauvages que nous trouvâmes tout chargés de noisettes aussi grosses et de meilleure saveur que nous les nôtres, mais un peu plus dures. »

Jacques Cartier, op. cit.

« Il y a d'une autre sorte d'oiseaux qui se nomment tourtes ou tourterelles ; elles sont presque aussi grosses comme des pigeons... Il y en a des quantités prodigieuses ; l'on en tue des quarante et quarante-cinq d'un coup de fusil... Les Iroquois les prennent à la passée avec des rets ; ils en prennent quelquefois des trois et quatre cent d'un coup. »

Pierre Boucher,
Histoire véritable et naturelle des mœurs
et productions de la Nouvelle-France,
vulgairement dite Canada, *1664.*

« Pour le poisson, il est ici comme en son empire ; il y a un grand nombre de lacs, d'étangs et de rivières très poissonneuses. Le grand fleuve est rempli d'esturgeons, de saumons, d'aloses, de brochets, de barbues, de poissons dorés, de poissons blancs, de carpes de diverses espèces, d'anguilles, etc. Non qu'on les prenne en même quantité partout, mais il y a des endroits où la pêche semble prodigieuse... Il y a des lacs où on se peut nourrir de poisson, hiver et été. »

P. Lejeune, Relations des Jésuites, *1636.*

Entre le Bouclier laurentien et les Appalaches, les basses terres du Saint-Laurent se présentent comme un fossé d'effondrement, un pays de lacs et de collines. De forme à peu près triangulaire, elles s'étendent sur environ 500 kilomètres dans leur plus grande longueur. Outre les qualités de la flore et de la faune, le climat tempéré et les précipitations régulières, le terrain vallonné, les sols fertiles et la durée de la saison de végétation en font la région la plus accessible et la plus intéressante. À l'Ouest de Montréal, la nature conserve de semblables qualités, mais elle est plus difficilement accessible. La flore, la faune, le climat recèlent de remarquables ressources. Mais pour s'y rendre, il faut quitter le Saint-Laurent parsemé de nombreux rapides, emprunter de petites rivières, faire de multiples portages, s'adapter à de nouveaux moyens de transport. Au surplus, il faut composer avec les occupants, les nations amérindiennes qui y sont plus nombreuses qu'ailleurs. L'Européen y arrive souvent en conquérant.

L'abondance des ressources de la mer et de la terre. Théodor de Bry. *Decima Tercia Pars Historiae Americanae... Francofvrti ad Moenvm : Sumptibus Meriani*, 1634. British Library, Londres.

2. Une civilisation : les Amérindiens du Nord-Est

Malgré des disparités notables dans les croyances, comportements et modes d'organisation politique ou sociale, et particulièrement entre les nomades et les sédentaires, les nations du Nord-Est américain font partie d'une civilisation commune. Leurs modes de vie et de relations, leur rapport à la nature et leurs valeurs s'apparentent suffisamment pour former un ensemble cohérent.

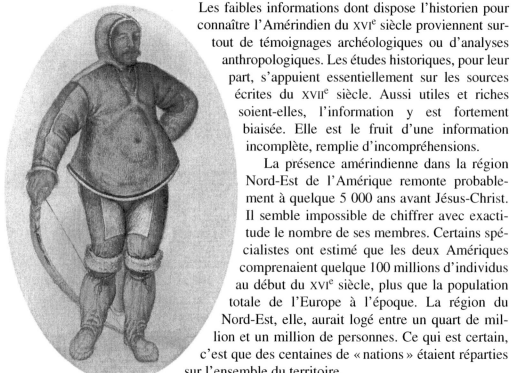

Un esquimau. Aquarelle de John White (connu 1585-1593). British Museum, Department of Prints and Drawings, Londres.

Les faibles informations dont dispose l'historien pour connaître l'Amérindien du XVIᵉ siècle proviennent surtout de témoignages archéologiques ou d'analyses anthropologiques. Les études historiques, pour leur part, s'appuient essentiellement sur les sources écrites du XVIIᵉ siècle. Aussi utiles et riches soient-elles, l'information y est fortement biaisée. Elle est le fruit d'une information incomplète, remplie d'incompréhensions.

La présence amérindienne dans la région Nord-Est de l'Amérique remonte probablement à quelque 5 000 ans avant Jésus-Christ. Il semble impossible de chiffrer avec exactitude le nombre de ses membres. Certains spécialistes ont estimé que les deux Amériques comprenaient quelque 100 millions d'individus au début du XVIᵉ siècle, plus que la population totale de l'Europe à l'époque. La région du Nord-Est, elle, aurait logé entre un quart de million et un million de personnes. Ce qui est certain, c'est que des centaines de « nations » étaient réparties sur l'ensemble du territoire.

L'axe du Saint-Laurent et des Grands Lacs était occupé par trois groupes principaux. Les Inuits, des chasseurs nomades, vivaient sur le littoral arctique de la péninsule Québec-Labrador. Les autres nations étaient réparties en deux grandes familles. La famille iroquoienne occupait le bassin des Grands Lacs, en particulier sa région Sud. Une quinzaine de nations eurent éventuellement des contacts avec les représentants de la France. De ce groupe, la confédération des Cinq-Nations, que la France ne réussit jamais à se concilier parfaitement, et les Hurons, localisés sur la baie georgienne et alliés traditionnels de la France, furent les plus importants. Ces nations vivaient en semi-sédentarité. La famille algonquienne occupait le reste de l'espace laurentien. Elle était formée de plusieurs nations avec lesquelles les Français ont eu à traiter, en particulier les Montagnais, Algonquins, Abénaquis, Micmacs, Attikamègues et Papinachois. Ces nations nomades vivaient surtout de chasse et de pêche.

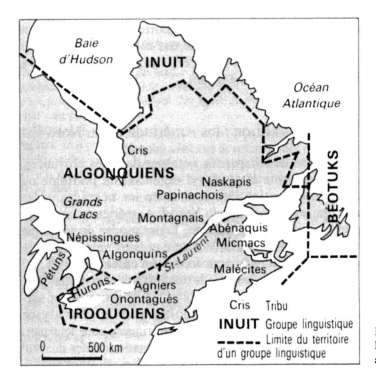

La présence amérindienne dans le Nord-Est de l'Amérique du Nord au XVIe siècle

Figures des Montagnais. Dessin tiré d'une carte géographique de la Nouvelle-France par Samuel de Champlain, 1612. Document conservé à la Bibliothèque nationale du Canada, Division des livres rares et des manuscrits, Ottawa.

Le broyage du maïs. D'après un dessin de Samuel de Champlain (détail). Bibliothèque des Archives publiques du Canada, Ottawa.

a. La représentation du monde

Pour reconstituer l'univers de l'Amérindien, une distinction majeure doit être prise en considération au départ, celle du mode de construction de la mémoire d'une nation. Les Européens consignaient par écrit ce qu'ils jugeaient digne de mémoire. Les Amérindiens ne connaissaient pas l'écriture. Leurs coutumes, croyances et traditions, leur mémoire en somme, s'exprimaient en un langage symbolique, défini par des représentations concrètes, condensées à l'extrême ; d'où sa force, mais aussi ses variations et les difficultés de son interprétation en d'autres espaces ou en d'autres temps. Ainsi, la méconnaissance des contemporains a été si grande que les missionnaires, pourtant intéressés au premier chef, ont cru pendant plusieurs années que les Amérindiens n'avaient pas de dieu, avant de reconnaître que c'était tout le contraire et d'en voir partout, et dans tout.

Le milieu physique, les mondes végétal, animal et humain, la nature, l'espace et le temps ont généralement été perçus comme parfaitement intégrés dans la perception de la vie chez l'Amérindien. Dans cette conception, les valeurs et les comportements avaient plus de signification que l'événementiel. L'harmonie de la vie avait plus de sens que l'évolution, comme si le progrès était dédaigné.

Dans cette perspective aussi, l'au-delà est une continuation de la vie. Le vivant maintient le dialogue avec les morts. Ceux-ci d'ailleurs poursuivent leur vie, semblable à la précédente, mais en un autre lieu. C'est pourquoi le défunt est enterré avec tous les objets qui lui sont familiers. À ce point de vue, la mort n'est pas une tragédie absolue.

Dans cet univers à double épaisseur, les esprits occupent une grande place. Les invocations, sacrifices, rituels, amulettes permettent le dialogue entre vivants et morts. En ce sens, on a pu interpréter la torture et certaines formes d'anthropophagie comme traduisant un respect de l'autre. Le captif qui a eu ainsi l'occasion de manifester son courage et ses qualités voit ses valeurs reconnues. On a pu voir comme un hommage et un effort de conciliation que de s'approprier les qualités d'un vaincu en mangeant son cœur.

Cet univers immatériel trouve toujours à s'exprimer. Les songes, rappelés avec le plus grand soin, sont suivis à la lettre. Ils sont présages et ligne de conduite. Au reste, cet univers des vivants, ou mieux, cet univers des âmes, ne se limite pas à l'humain. Tout a une âme : l'arbre aussi bien que l'animal. Et il importe d'en respecter également les restes. Disposer correctement des os d'un animal, c'était se concilier ses congénères et, peut-être, s'assurer éventuellement de meilleures chasses, à la condition évidemment de ne chasser que pour satisfaire ses besoins.

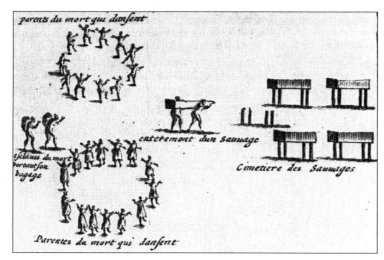

Pratiques indiennes (détail). Eau forte et burin. Dessin reproduit dans *Mémoires de l'Amérique septentrionale*..., par Louis Armand de Lom d'Arce, baron de Lahontan, La Haye, 1706.

b. Rapports entre les personnes

Cette conception intégrée de l'univers reposait sans doute sur des principes cosmogéniques ; elle s'exprimait dans des valeurs qui ont été largement identifiées : l'égalité entre les personnes, la liberté de chacun et l'harmonisation avec l'environnement en sont les caractéristiques les plus significatives.

L'égalité entre les personnes semble complète. Homme, femme, enfant semblent jouir d'une autonomie parfaite, même si les rôles masculin, féminin, selon les âges et les qualités — ne devient pas guerrier qui veut — sont nettement définis. De plus, chaque groupe, clan ou nation, se donne un chef. La filiation entre les chefs est souvent héréditaire par les femmes. Par contre, d'autres chefs sont souvent choisis pour la chasse ou la guerre. Le chef de guerre doit d'ailleurs s'en remettre aux décisions du conseil des sages. Les décisions sont prises par ce conseil après ce qui semble d'interminables palabres au cours desquels on fume le calumet de paix. Le chef ne se distingue des autres que par ses valeurs : sa sagesse, son courage, son éloquence, sa force ou son habileté. Il ne porte pas de signes extérieurs de supériorité, mais les Européens sauront lui réserver les plus belles pièces. Le respect qu'on lui porte n'est pas pour autant signe d'obéissance. Même s'il commande, il n'a qu'un pouvoir de persuasion, les autres restant libres de s'éloigner et de se couper du groupe. Dans ce système aussi, le parent, l'allié n'a qu'une appellation « Mon frère ». L'égalité s'exprime en particulier dans le partage. Celui qui n'a pas ou trop peu trouverait normal de partager avec celui qui dispose d'encore moins. Tous les échanges se font et se déroulent selon des rituels bien établis que les études sur la théorie du don ou du présent ont largement explicités : un système d'échange et de partage égalitaires qui implique des comportements non moins contraignants que l'échange commercial. Il est enfin un personnage qui jouit de pouvoirs particuliers qui le font craindre et respecter, le sorcier, ou « chaman ». Celui-ci invoque les esprits, interprète les songes, agit comme un oracle et guérit les maux. C'est probablement le personnage le plus écouté. On comprend quelle opposition il représentera pour les missionnaires.

La liberté s'exprime notamment dans le caractère permissif des relations entre les personnes. On a fait beaucoup de cas, par exemple, de la liberté sexuelle des jeunes et de la polygamie qui pourtant reste l'exception. La distinction entre les hommes et les femmes provient essentiellement de la répartition des tâches quotidiennes. La femme s'occupe du feu, de la nourriture, des travaux agricoles, tandis que les hommes se préoccupent principalement de l'habitat, de la chasse, de la guerre et de l'outillage matériel. Le respect de l'autre est poussé à l'extrême. L'égalité entre les hommes et les femmes tient à l'importance comparable du rôle de chacun dans la satisfaction des besoins de la collectivité. De même, à côté des guerriers prisonniers et torturés, il s'en trouve un bon nombre qui furent adoptés. Un Amérindien isolé, fuyard ou otage, a pu être appelé à remplacer un époux décédé à la guerre et à le remplacer complètement, étant exclu des seuls conseils de guerre et apparemment jamais traité

« Cabane descorce à lalgonchine », par Louis Nicolas (1634-après 1678). Encre brune sur parchemin (détail). Dessin conservé au Thomas Gilcrease Institute of American History and Art Library, Tulsa, Oklahoma, États-Unis.

« *Point de jalousie les uns envers les autres, ils s'entraident et secourent grandement, pour ce qu'ils espèrent le réciproque ; cet espoir manquant, ils ne tiendront compte de qui que ce soit.* »

« *Les femmes savent ce qu'elles doivent faire et les hommes aussi, et jamais l'un ne se mêle du métier de l'autre.* »

« *Les femmes ont ici un grand pouvoir : qu'un homme vous promette quelque chose, s'il ne tient pas sa promesse, il pense s'être bien excusé, quand il vous a dit que sa femme ne l'a pas voulu.* »

« *Ils sont fort libéraux entre eux, voire ils font état de ne rien aimer, de ne point s'attacher aux biens de la terre, afin de ne se point attrister s'ils les perdent...Ils n'ouvrent point la main à demi quand ils donnent.* »

« *Toute l'autorité de leur chef est au bout de ses lèvres ; il est aussi puissant qu'il est éloquent, et quant il s'est tué de parler et de haranguer, il ne sera pas obéi s'il ne plaît pas aux Sauvages.* »

P. Lejeune, op. cit.

comme un captif. Les enfants ne jouissent pas moins de cette liberté, caractérisée par le refus total des contraintes. D'une patience extrême, la société amérindienne ne recourt jamais au châtiment corporel dans l'éducation des enfants. Plus tard, des autorités religieuses françaises déploreront vivement que les Franco-Canadiens élèvent leurs enfants comme des Indiens, c'est-à-dire sans leur inculquer de règles d'obéissance.

Cette civilisation amérindienne avait développé des modes de vie en harmonie avec la nature. L'on ne saurait la décrire convenablement, faute de données. Il est évident toutefois que l'autonomie reconnue aux personnes se retrouve à toutes les échelles de l'organisation sociale. D'ailleurs elle engendre parfois l'anarchie quand un parti de guerre décide de se lancer à l'attaque, malgré les ententes de paix conclues par le conseil. À

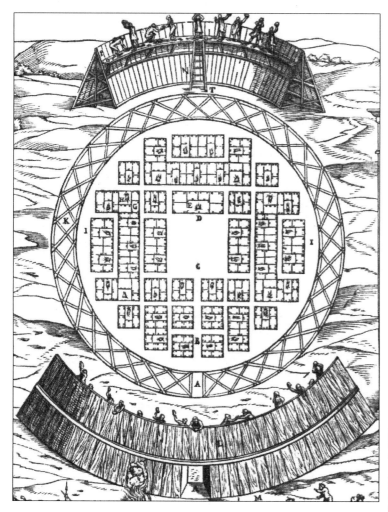

La terra de Hochelaga Nella Nova Francia (détail), par Giovanni Battista Ramvsio, 1556.

Archives publiques du Canada, Collection nationale de cartes et plans, Ottawa.

L'utilisation de l'espace par les amérindiens : la chasse et l'agriculture. La terra de Hochelaga ... (détail). Archives publiques du Canada, Collection nationale de cartes et plans, Ottawa.

Conseil des sages : dans la société amérindienne, toute prise de décision importante est précédée de longues discussions au sein du conseil des sages qui réunit les anciens. Le conseil accorde une grande attention aux rêves et aux augures du sorcier qui influence souvent ses choix.

l'inverse, la répartition des territoires de chasse ne peut se faire indépendamment de la collectivité.

Chez les nomades, l'homme fréquente les femmes qui le veulent bien. Si la jeune fille devient enceinte et qu'elle agrée l'homme, le couple se retire ou entre dans une maisonnée. La maisonnée constitue l'unité économique et sociale de base. Elle comprend deux ou trois ménages et, en moyenne, une quinzaine de membres par cabane. Ils vivent ensemble et, chaque année, se découpent un territoire de chasse d'une trentaine de kilomètres de diamètre. Ces maisonnées se regroupent en bandes. La bande d'hiver peut compter quatre à six maisonnées localisées dans la même région, mais dans un territoire de chasse distinct. Il suffit habituellement d'une ou deux journées pour rejoindre les autres cabanes. Cette dispersion ne facilitera pas le travail missionnaire. La bande d'été réunit quelques bandes d'hiver. Elle peut atteindre de 150 à 350 membres. Toutes ces bandes, malgré leur autonomie respective, appartiennent à différentes nations. Les nations se distinguent entre elles surtout par des caractéristiques linguistiques. Mais, en fait, leurs membres sont conscients de leur origine et de leur appartenance commune. En plus, ils occupent habituellement le même territoire, d'où ils tirent leur subsistance.

L'organisation politique est à la fois lâche et serrée. Chacun est conscient de son identité et de son autonomie. Par contre, lors des rencontres annuelles, les délibérations permettent de répartir les territoires et de décider des grandes actions de guerre ou de paix. Les réunions des conseils* ont été trop peu décrites pour que l'on puisse bien comprendre la vie amérindienne. On sait cependant que les décisions se prennent à l'unanimité et ne sont pas énoncées à la légère. On constate aussi que dans cette civilisation de l'oral, la réflexion a plus d'importance que le discours.

L'organisation sociale et politique chez les semi-sédentaires de la famille iroquoienne est un peu différente. Les nations s'installent à un endroit pour une période de 10 à 20 ans, tant que la terre rapporte suffisamment pour nourrir tous les membres de la collectivité. Se trouvent ainsi réunis de 200 à 2 000 personnes. Elles vivent dans des « maisons longues », de 7 à 9 mètres de largeur sur une trentaine de mètres de longueur, à raison d'une cinquantaine de personnes unies par des liens familiaux. Le clan ou segment de clan ainsi réuni constitue l'unité sociale de base. Il comprend tous les descendants d'une même aïeule et les conjoints des filles. Le partage des tâches et les relations entre les personnes sont assez semblables à celles des nomades.

c. Vie matérielle

Les éléments de vie matérielle révèlent d'étroites similitudes entre les nomades et les sédentaires, malgré un habitat et une nourriture en partie différents. C'est tout d'abord la relation à la nature et à l'environnement qui présente des ressemblances et diffère fondamentalement de celle de l'Européen. L'Amérindien ne cherche pas à fixer les limites extérieures de ses possessions. Il s'assure plutôt de contrôler le centre vital de son territoire, d'y assurer son droit sur les ressources, la circulation et les échanges. D'un autre côté, l'harmonisation à la nature ne semble pas entraîner de modifications majeures dans les paysages naturels. L'Amérindien a contribué à développer des techniques d'approvisionnement et de circulation que les Européens s'approprieront largement un peu plus tard. En somme, les nations amérindiennes ont appris à tirer le meilleur parti des ressources de la nature, sans connaître l'usage du fer et des technologies de transformation des métaux.

Le mode de vie est adapté aux ressources du milieu et aux exigences du climat. Les nations qui pratiquent une agriculture rudimentaire habitent la zone la plus tempérée, où les sols sont les plus productifs. Ils vivent en groupes de 50 personnes dans des maisons longues regroupées en villages et souvent protégées par des palissades. Ils cultivent le maïs, la courge, les haricots, le tournesol et le tabac. Ils ne déménagent qu'après épuisement des sols. Les nomades, quant à eux, sont en constant déplacement, suivant en cela le rythme annuel de la nature.

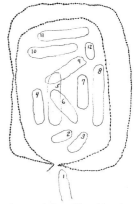

Plan au sol d'un village iroquois. (Site Nodwell, fouillé en 1971 par J.V. Wright). Ce village était entouré d'une double palissade ; on distingue sur le plan douze maisons longues dont une à l'extérieur de l'enceinte. Adapté de François-Marc Gagnon, *Ces hommes dits sauvages*, Libre Expression, 1984.

« La pesche des Sauvages »,
par Louis Nicolas (1634-après
1678).Encre brune et aquarelle
sur parchemin. Dessin conservé
au Thomas Gilcrease Institute of
American History and Art
Library, Tulsa, Oklahoma,
États-Unis.

Étant donné la dispersion du gibier, les regroupements sont plus petits, une quinzaine de personnes, deux ou trois chasseurs, et tout l'équipement peut être transportable. L'été, ils vont pratiquement nus, couverts simplement d'un pagne, tandis que l'hiver ils s'emmitouflent dans des peaux d'orignaux. Les deux groupes se déplacent facilement, tant l'hiver que l'été, en raquette ou en canot. Les deux familles amérindiennes pratiquent la pêche, la chasse et la cueillette des fruits sauvages. Leur médecine a paru offrir des solutions valables à la maladie, du moins, jusqu'à l'apparition des maladies européennes. On connaît d'ailleurs fort bien l'épisode de l'équipage de Jacques Cartier atteint du scorbut* et guéri par une décoction de cèdre blanc grâce au savoir indigène. Ils maîtrisent le feu, possèdent des outils de pierre taillée et au Sud, connaissent la poterie.

Cette relation à la nature ne couvre toutefois qu'une partie de leurs croyances, de leurs traditions et de leur vécu. De leur vie en société, on connaît mieux l'existence des palabres, les conseils, la vie en bandes pour s'approvisionner ou pour guerroyer, les festins, mais assez peu les célébrations, les fêtes et leur signification. Il est certain cependant que les gestes et la parole y occupent une place prépondérante. Plus tard, dans leurs relations diplomatiques avec les Européens, les dons symboliques et les discours grandioses présideront à toutes les ententes. Ces dons matériels, outils de guerre ou de paix, colliers de coquillages multicolores et chargés de dessins figurés (wampum*) constituent pour eux des rappels concrets, des signes tangibles de la mémoire de la nation.

Scorbut : maladie causée par une carence en vitamine C et caractérisée par des troubles : fièvre, anémie, hémorragies. Un contemporain décrit ainsi cette maladie : « les uns perdent la soutenue et leur devenaient les jambes grosses et enflées, et les nerfs retirés et noircis comme charbon ... À tous venait la bouche si infecte et pourrie par les gencives que toute chair en tombait, jusqu'à la racine des dents, lesquelles tombaient presque toutes ». Les Amérindiens soignent le scorbut avec une décoction de feuilles et d'écorce d'arbre appelé Anneda (cèdre blanc).

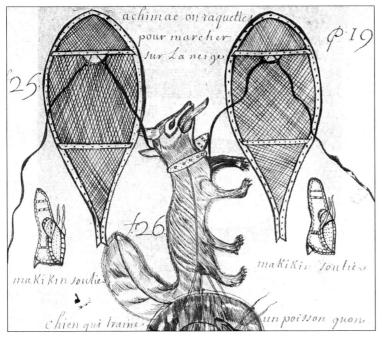

Raquettes (détail). Dessin de Louis Nicolas conservé au Thomas Gilcrease Institute of American History and Art Library, Tulsa, Oklahoma, États-Unis.

Cette civilisation a produit des êtres que les Français du XVIIe siècle ont estimé remarquables par leurs qualités physiques. Ils étaient fiers, endurants, mais aussi tolérants et à l'écoute de leurs sens. D'où la théorie du « bon sauvage » et l'engouement pour le primitif et le naturel qui inspirera tellement Jean-Jacques Rousseau.

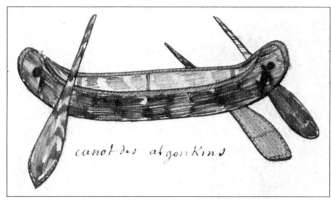

Canot algonquin. Détail d'une illustration de Louis-Nicolas. Dessin conservé au Thomas Gilcrease Institute of American History and Art Library, Tulsa, Oklahoma, États-Unis.

Wampum : objet symbolique, collier, bracelet, ou ceinture, qui sert à sceller des alliances ou à rappeler un événement. À l'origine, il est fabriqué avec des coquillages et, de plus en plus, avec de la verroterie importée après l'arrivée des Européens.

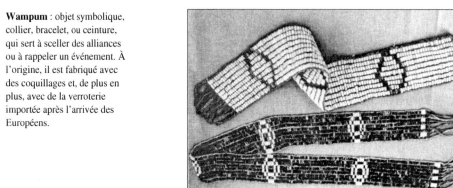

Wampums conservés au Séminaire de Québec, collection Lahaise-Guérin.

« Ils tiennent les poissons raisonnables comme aussi les cerfs et les orignaux ; c'est ce qui fait qu'ils ne jettent aux chiens ni les os de ceux-ci quand ils sont à la chasse, ni les arêtes de ceux-là tandis qu'ils pêchent ; autrement, sur l'avis que les autres en auraient, ils se cacheraient et ne se laisseraient point prendre. »

Relations des jésuites, 1636.

« Enfin pour vous tracer en raccourci le portrait de ces peuples, avec un extérieur sauvage, des manières et des usages qui se sentent tout à fait de la barbarie, on remarque une société exempte de presque tous les défauts qui altèrent si souvent la douceur de la nôtre. Ils paraissent sans passion, mais ils font de sang-froid et quelquefois, par principe, ce que la passion la plus violente et la plus effrénée peut inspirer à ceux qui n'écoutent plus la raison. (...) On ne distingue point ici les nations par leur habillement. Les hommes, quand il fait chaud, n'ont souvent sur le corps qu'un brahier ; l'hiver, ils se couvrent plus ou moins, suivant le climat. Ils ont aux pieds des espèces de chaussons de peaux de chevreuils passés à la fumée ; leurs bas sont aussi des peaux ou des morceaux d'étoffe dont ils s'enveloppent les jambes. Une camisole de peau les couvre jusqu'à la ceinture et ils portent par dessus une couverture quand ils peuvent en avoir ; sinon ils se font une robe d'une peau d'ours ou de plusieurs peaux de castor, de loutres ou d'autres semblables fourrures, le poil en dedans. Les camisoles des femmes descendent jusqu'au dessous des genoux et lorsqu'il fait bien froid, ou qu'elles sont en voyage, elles se couvrent la tête avec leurs couvertures ou leurs robes. »

P. de Charlevoix,
Journal d'un voyage dans
l'Amérique septentrionale, 1723.

Chapitre 2

Le XVIe siècle américain

L'histoire du XVIe siècle américain incarne le passage de l'Ancien au Nouveau Monde, dans l'espace, le temps et les croyances. Elle oppose les Anciens aux Modernes. Elle se traduit par une modernité des pratiques fondées sur des expériences nouvelles et un rejet des mythes anciens. Elle s'appuie sur une soif de connaître et sur des savoirs enrichis par le mouvement de la Renaissance. En Europe, les principaux pôles de croissance économique se déplacent de la Méditerranée vers l'Atlantique. Le développement du nombre et de l'importance des villes introduit de nouveaux modes de vie et favorise l'apparition de nouveaux types d'échanges. Finalement, les innovations technologiques permettent l'aventure atlantique qui bouleverse l'ordre établi, les valeurs reçues et élargit l'espace du monde connu par les Européens.

Ce contexte général à l'Occident chrétien préside au mouvement de découverte et d'exploration du continent américain. Les souverains d'Europe sont à la recherche d'une route plus rapide vers la Chine. À la préoccupation de s'approvisionner en épices, s'ajoutera bientôt la convoitise de l'or américain. Cependant, à côté de ces entreprises prestigieuses, un autre mouvement plus anonyme aura également une importance primordiale dans la pénétration du continent Nord-américain par la voie du Saint-Laurent, le développement des pêches.

Il n'est pas possible de déterminer lequel, des mouvements de découverte ou de la pêche, a pu primer sur l'autre, dans le temps ou quant à ses retombées plus immédiates pour la colonisation de cette contrée. Les liens qui ont pu exister entre les deux types d'entreprise

Bâtiment de pêche, détail d'un dessin de Duhamel Du Monceau.

restent aussi mal connus. Il faut dire que cette période de l'histoire souffre de nombreuses lacunes documentaires. L'historiographie traditionnelle et les recherches récentes ont toutefois largement exploré les événements et les récits de cette découverte étonnante, bien que dans des perspectives différentes. L'action des découvreurs et, pour l'Amérique du Nord, celle des pêcheurs ne sont pas moins importantes l'une que l'autre. Elles ont toutes deux contribué à la connaissance d'un monde à découvrir, d'un territoire à conquérir.

1. Le mythe devient réalité

La découverte d'un continent à l'Ouest de l'Europe se situe dans la continuité du mythe de l'Orient. Il faut remonter au milieu du XIIIe siècle pour trouver les premières grandes expéditions visant à mieux connaître l'Orient et ses occupants. Les récits que les explorateurs feront des merveilles et des mœurs exotiques marqueront les esprits des savants et des aventurier pendant trois siècles. C'est de Venise que partit, en 1260, le plus célèbre de ces explorateurs, un fils de marchands, Marco Polo. Au retour d'un séjour de plusieurs années en Chine, il dresse divers récits de ses voyages. L'un d'eux, le *Livre des Merveilles du monde*, connut un succès tel que Christophe Colomb l'emporta avec lui en 1492 et s'en servit pour tenter d'identifier les lieux où il aborda. Et même, encore plus de deux siècles après lui, la recherche de la route de Cathay, cette Chine qui regorgeait d'épices, de pierres précieuses et d'or constitua un objectif majeur qui explique les termes du mandat donné à Jacques Cartier en 1535 de découvrir certaines îles et pays où « on dit qu'il se trouve une grande quantité d'or et autres riches choses ». Les expéditions de Samuel de Champlain après 1608 et de La Vérendrye après 1716 logèrent également à cette enseigne. Les cartes géographiques de l'époque sont pleines de ces îles fabuleuses, même si la plupart d'entre elles représentent fidèlement les plus récents voyages d'exploration. Ainsi en est-il de la *Cosmographie universelle* de Jean Alphonse qui, publiée en 1542, fait état des découvertes de Jacques Cartier en 1535-1536. Les Européens sont avides de connaissances.

Cette Europe d'ailleurs connaît un dynamisme et une agitation sans pareil sur presque tous les plans : politique, démographique, économique, religieux, scientifique, technologique et artistique. C'est l'apogée de la Renaissance. L'essor démographique et les besoins économiques créent les conditions

Cartier

Jacques, (1494-1554), considéré comme le découvreur du Canada. En 1534, il explore le golfe du Saint-Laurent ; en 1535, il remonte le Saint-Laurent jusqu'à Hocheloga (Montréal) ; il prend possession de ces terres au nom de François Ier.

Champlain

Samuel de, (vers 1580-1635), fonde le premier établissement permanent français en Amérique du Nord, à Québec en 1608. Jusqu'à sa mort, à divers titres, il commande la Nouvelle-France ; il explore la région des Grands Lacs, dresse des cartes et établit le compte rendu de ses voyages. Son plan de développement de la colonie vise à concilier les différents intérêts.

La Vérendrye

Pierre Gaultier de, (1685-1749). Commerçant, il explore l'intérieur du continent.

Fonteneau

dit Jean Alphonse, (1484-1544), « Capitaine pilote du roy François Ier ». Il mène l'expédition de La Roque de Roberval en 1542. Puis il cherche un passage vers la Chine par le Nord du continent. Il aurait, le premier, atteint ce qu'on appellera la mer de Baffin.

nécessaires à une recherche de biens, de produits et d'expansion. La vie religieuse est elle aussi mouvante. Avec Luther et Calvin, on assiste dès le début du XVIᵉ siècle à des déchirements profonds et bientôt sanglants de la chrétienté. Au total, une vision renouvelée du monde est en gestation avancée.

Dans le préambule à son récit de voyage en 1535, Jacques Cartier fait expressément référence à l'expérience par opposition aux savoirs théoriques des Anciens. Dix ans plus tôt, Verrazzano avait été encore plus explicite. « L'opinion admise par les Anciens était que notre océan occidental était uni à l'océan oriental des Indes, sans interposition de terre. Aristote l'admettait, mais cette opinion est rejetée par les modernes et l'expérience l'a révélée fausse. Un autre monde distinct de celui qu'ils ont connu apparaît avec évidence. » Même si l'on cherche longtemps la route des Indes et que les représentations figurées montrent encore bon nombre de monstres marins, la réalité et l'expérience l'emportent. Un Jacques Cartier ne craint pas, malgré les tabous, de pratiquer des autopsies sur les corps de ses marins morts du scorbut. Les progrès scientifiques et les innovations techniques améliorent la navigation en haute mer et permettent l'aventure atlantique.

Les explorateurs étaient bien conscients de la nouveauté de leur entreprise. Ils notaient soigneusement les routes à suivre et les distances parcourues. Sur l'Océan, le problème d'orientation et de localisation, nettement plus complexe, n'a pu être réglé que par l'invention de nouveaux instruments de navigation. Les bâtiments de haut bord et assez effilés étaient en usage depuis

BRIEF RECIT, & ſuccincte narration, de la nauigation faicte es yſles de Canada, Hochelage & Saguenay & autres, auec particulieres meurs, langaige, & cerimonies des habitans d'icelles : fort delectable à veoir.

Avec priuilege

On les uend à Paris au ſecond pillier en la grand ſalle du Palais, & en la rue neufue Noſtredame à l'enſeigne de l'eſcu de frāce, par Ponce Roffet dict Faucheur, & Anthoine le Clerc frères.

1545.

Page de titre des récits de voyages de Jacques Cartier.
Jacques Cartier. *Brief recit, & succinte narration...* Paris : Librairie Tross, 1863. Feuilles (xvii), 9 rv.

Verrazzano

Giovanni, (c.1485-1528), navigateur florentin. Aidé par des banquiers italiens installés à Lyon, il tente de découvrir un passage vers l'Ouest, plus rapide que la voie empruntée par Magellan au Sud des Amériques. Longeant les côtes américaines, de la Caroline du Nord jusqu'à Terre-Neuve, il conclut que ces terres forment un continent distinct.

Une boussole, d'après G. Fournier, S.J., *Hydrographie contenant la théorie et la pratique de toutes les parties de la navigation*, 1667.

Le sextant. Illustration tirée de la *Cosmographie* de Jacques Devault, 1583.

Astrolabe : instrument qui sert à déterminer la latitude à partir de repères astronomiques, soleil ou étoile polaire.

Plomb de sonde : morceau de plomb, enduit de suif, attaché à l'extrémité d'un filin. On l'utilise pour connaître la profondeur des fonds marins et leur nature.

Vikings : leur présence est attestée, notamment au Groenland, par les sagas. Erik le Rouge, parti de l'Islande où il s'était exilé, aurait été le premier Européen, vers 985, à explorer le Groenland puis à y installer des colons. Peu après l'an 1000, son fils, Leif Erikson, s'y établit, amenant un prêtre pour christianiser la population. L'établissement dura au moins jusqu'en 1340.

les années 1450. La nef médiévale fut toutefois dotée de trois mâts plutôt que d'un seul et des voiles carrées s'ajoutèrent aux voiles latines. Cette caravelle devint l'instrument premier des découvertes. Maniable et de faible tirant d'eau, jaugeant en moyenne de 50 à 60 tonneaux, elle offrait plus d'espace à l'équipage. À la même époque, les baleiniers de Terre-Neuve jaugeaient facilement plus d'une centaine de tonneaux et pouvaient loger une trentaine de personnes. Les navigateurs disposaient aussi de portulans, sorte de cartes marines donnant la situation des ports et les directions à suivre. L'astrolabe*, le compas et le plomb de sonde* complétaient l'équipement et réduisaient les aléas d'une navigation fondée uniquement sur l'expérience et l'observation. La navigation se faisait tout de même à l'estime. La hauteur du soleil ou des étoiles permettait de déterminer la latitude. Par contre, il était impossible de savoir avec précision la longitude. La pratique consistait à se rendre au degré de latitude recherché, puis à naviguer franc Ouest. Le plomb de sonde, qui permettait d'évaluer la vitesse, fournissait du coup une approximation des distances parcourues.

a. La découverte d'un continent

Jusqu'où faire remonter la connaissance du continent américain par des hommes venus d'Europe ? Bien sûr le peuplement initial remonte à quelques millénaires avant Jésus-Christ. On sait aussi que les Vikings* ont fréquenté ces parages aux environs de l'an 1000. Il est bien possible que des navigateurs, comme le moine irlandais saint Brendan, l'aient atteint à la fin de l'époque médiévale, mais la recherche historique depuis une quinzaine d'années, a fait perdre un peu de lustre aux héros de naguère... même si elle ne s'est pas encore complètement détachée des ambitions de primauté ! Villes et nations réclament l'honneur du premier arrivé ! Au XVIᵉ siècle, cinq pays participent au mouvement des grandes découvertes et veulent se partager le monde : l'Espagne, le Portugal, l'Angleterre, la France et la Hollande. Les deux premières puissances s'intéressent surtout à la partie Sud du continent où elles trouveront de l'or en quantité. D'autres, aussi à la recherche de cet Eldorado, aboutirent en Amérique du Nord.

L'Amérique a été découverte avant Christophe Colomb. En juillet 1481, un armateur anglais de Bristol, Thomas Croft, équipe deux navires, le Georges et le Trinity « to serch and fynde a certain Isle called the Isle of Brasil ». Lui au moins ne pouvait revendiquer une primeur puisqu'il faisait référence à un lieu déjà nommément identifié. Une lettre adressée à Ferdinand et Isabelle de Castille en 1498 précise en outre que les gens de Bristol ont envoyé depuis sept années des caravelles à la recherche de l'île de Brazil et des Sept cités. La même année, Giovanni Caboto (John Cabot pour les Anglais) partit également de Bristol vers l'Ouest et explora les côtes de Terre-Neuve. Quand Christophe Colomb touche l'Amérique centrale

Saint Brendan

Moine irlandais du vie siècle. Publié au Xᵉ siècle, le récit de ses pérégrinations, où il est impossible de faire la part de la légende, lui attribue l'exploration des Antilles, des Açores, des îles Canaries, du Groenland, de Terre-Neuve, et même du golfe du Saint-Laurent et même du territoire américain.

Caboto

Giovanni, (1450-1499), explorateur italien. Au service de marchands de Bristol, il prend possession de terres américaines (vraisemblablement Terre-Neuve) en 1497. Les anglophones le considèrent comme le découvreur du Canada (John Cabot).

L'arrivée de Christophe Colomb en Amérique. Gravure tirée de l'ouvrage de J. Theodor de Bry, *Das vierdte Buch von der neuwen Welt* (autour de 1594), Rare Book and Special Collections Division, Library of Congress, États-Unis.

en 1492, il se croit rendu aux Indes et, par un détour de l'imagination, il réussit à identifier les lieux décrits par Marco Polo. Trois autres voyages ne suffirent pas à le détromper complètement, et il semble bien qu'il soit mort encore prisonnier de son utopie. Les 40 années suivantes furent marquées d'une grande effervescence dans les entreprises de découverte. Les Portugais, grâce à Vasco de Gama, atteignirent les Indes par la voie qui contournait l'Afrique. La flotte de Magellan réalisa de 1519 à 1521 le premier tour du monde, prouvant pratiquement que l'Amérique est un continent non rattaché à l'Asie. Si l'on fait exception de l'expédition d'Esteban Gomez le long des côtes atlantiques au Nord de la péninsule de Floride en 1527, les Portugais et les Espagnols se sont limités à l'exploitation de leur empire en Amérique du Sud.

b. Les couleurs de la France

La France n'est pas totalement restée à l'écart de ce mouvement des grandes découvertes. Cependant, elle souffrait au départ de plusieurs handicaps. Constamment en guerre avec son puissant voisin espagnol, elle était trop épuisée financièrement pour se lancer dans l'aventure atlantique. Au surplus, le pape avait consenti à l'Espagne et au Portugal un partage du monde, en 1494, qui semblait exclure la France. Elle ne pouvait ainsi défier la communauté internationale et le pouvoir de la papauté. De fait, la présence française en Amérique au début du XVIe siècle paraît ressortir davantage du hasard et de l'initiative privée que de l'intérêt du roi.

En 1503, un navigateur de Honfleur qui avait visité Lisbonne et vu les richesses de l'Orient convainquit six de ses concitoyens d'armer un navire à destination des Indes orientales par la route de l'Ouest. Une violente tempête lui fit perdre la route et au début de janvier 1504, il se retrouva au Brésil. De son voyage, il rapporta des connaissances géographiques, un Indien qui se maria et fit souche en Normandie. Il signala également que des Dieppois et des Malouins fréquentaient depuis quelques années les côtes atlantiques, au Nord du tropique du Capricorne. Même si aucun autre document ne vient attester ce témoignage, il constitue tout de même une preuve indirecte acceptable quant à la présence française en Amérique du Nord au tout début du XVIe siècle.

À cette époque, la partie Nord du continent américain n'avait pas encore fait l'objet de revendications précises de possession par les puissances européennes. Les documents officiels laissent même entendre qu'elle était encore largement inconnue. Avant l'apparition officielle des couleurs de la Royauté française en ces contrées, il y avait eu peu de découvertes. En 1497, Giovanni Caboto, pour le compte de ses armateurs de Bristol, avait atteint le littoral, vraisemblablement dans la région de Terre-Neuve. Par un curieux détour de l'histoire, il doit être reconnu comme le découvreur du Canada depuis l'entrée de Terre-Neuve dans la confédération canadienne en... 1949. En 1501, le Portugais Gaspard Corte Real a longé la côte Sud-Ouest de Terre-Neuve et, en 1520, Fagundes a exploré les rives de la Nouvelle-Écosse, de l'île du Cap-Breton et de Terre-Neuve. Plus au Sud, l'Espagnol Ponce de León avait remonté le long de la Floride en 1513.

Giovanni Verrazzano et Jacques Cartier doivent être considérés comme les premiers représentants du roi de France en Amérique du Nord, même si d'autres, et en particulier des pêcheurs, sont venus bien avant eux. En 1524, Verrazzano, appuyé par des financiers français et italiens de Lyon, de Rouen et de Dieppe, et par le roi qui lui prête un navire, entreprend la recherche du passage vers les Indes par l'Ouest. Il est d'ailleurs plus motivé par la découverte que par la conquête territoriale. Il atteint l'Amérique un peu au Nord de la Floride, reconnaît le site futur de New York et longe la côte jusqu'à la hauteur de l'île du Cap-Breton. Il constate la continuité de la barrière continentale et, puisqu'il ne voit pas l'entrée du Saint-Laurent, il conclut à l'absence de passage et de voie de pénétration vers l'intérieur.

Dix ans plus tard, le Malouin Jacques Cartier reprit la suite de Verrazzano. Ce voyage, financé par le roi de France, avait d'ailleurs été préparé de longue main. Le découvreur était certainement allé au Brésil auparavant. Il semble avoir été familier avec les parages de Terre-Neuve et des grands bancs de poisson, peut-être pour y avoir fait un voyage de pêche antérieurement. Il connaissait certainement la route à suivre et il se dirigea en droite ligne à la hauteur du 49e parallèle, d'où Verrazano était reparti pour la France. Jacques Cartier était cousin de l'évêque de Saint-Malo Le Venneur, procureur de l'abbaye du Mont Saint-Michel, qui aplanit bien des difficultés quant à l'organisation de ses voyages. En 1532, il avait reçu le roi François Ier et l'avait intéressé à cette entreprise. L'année suivante, il obtint du pape une déclaration excluant du partage de Tordesillas* les terres non encore découvertes par d'autres puissances. La voie était libre à l'affirmation de la présence française en Amérique.

Corte Real

Gaspard, (c.1450-1501), Portugais, explore les terres nouvelles du Nord de l'Atlantique en 1500, puis en 1501. Son expédition ramène au Portugal une cinquantaine d'Amérindiens des deux sexes qui suscitent un intérêt considérable.

Alvares Fagundes

Joao, (1495-1521), explorateur portugais chargé d'établir une colonie à Terre-Neuve et de prendre possession des terres découvertes. Il fait enregistrer ses découvertes à Lisbonne en 1521.

Ponce de León

Juan, (c.1460-1521), navigateur espagnol, gouverneur et colonisateur de Porto Rico (1509) ; il explore la Floride en 1513 après avoir traversé l'archipel des Bahamas.

Traité de Tordesillas : pour régler les litiges relatifs à la possession des nouvelles terres, le Pape procède à un partage du monde entre l'Espagne et le Portugal. Le 7 juin 1494, les deux puissances ratifient un traité qui fixe la ligne de démarcation séparant les possessions coloniales des deux pays à 370 lieues à l'Ouest du Cap-Vert et qui permet au Portugal d'avoir accès à l'Amérique.

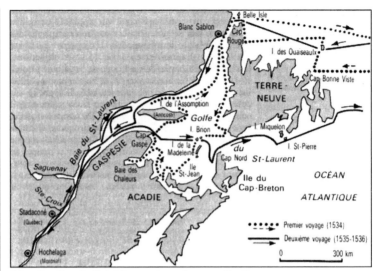

L'exploration du Saint-Laurent par Jacques Cartier

Entre le 20 avril et le 5 septembre 1534, Cartier eut le temps de traverser l'Atlantique dans les deux sens et de faire le tour du golfe Saint-Laurent. Il contourna Terre-Neuve, descendit à la hauteur de l'île du Cap-Breton et pénétra dans la grande baie des Chaleurs. Il manqua par contre l'entrée du fleuve Saint-Laurent. Ces résultats auraient pu paraître bien minces et susciter peu d'intérêt. Cependant Cartier ramenait avec lui deux fils du chef indien Donnacona. Ils furent présentés au roi et lui parlèrent de l'existence, à l'intérieur des terres, du magnifique royaume du Saguenay où l'on pouvait trouver de l'or et du cuivre, ainsi que de la grande rivière de Canada qui conduisait à une immense mer. Tous les espoirs étaient permis. Les motifs du deuxième voyage officiel de Jacques Cartier en Amérique du Nord, entrepris dès l'année suivante sont d'ailleurs explicites. Il s'agit de trouver l'or et les îles fabuleuses. L'expédition, d'une certaine envergure, compte trois bâtiments et une centaine de personnes. Elle apporte suffisamment de provisions pour séjourner pendant un hiver. Au cours de ce voyage, Cartier pénètre directement dans le Saint-Laurent qu'il remonte jusqu'à Stadaconé (Québec). Il met ses navires au mouillage dans une rivière proche et maintient des relations assez distantes avec les Amérindiens. Les deux fils du chef indien, heureux d'être de retour, ne semblent pas avoir apprécié certaines facettes de leur séjour en France ou de la compagnie des Français. Malgré le refus de les accompagner plus haut sur le Saint-Laurent et en dépit de leurs objections, Cartier et une partie de sa troupe se rendirent jusqu'à Hochelaga où ils furent reçus avec beaucoup de cordialité. Il n'y demeura qu'une journée, mais il apprit qu'au-delà des rapides se trouvait une mer d'eau salée, d'où il conclut que c'était la route de l'Asie. De retour à Québec, face à la méfiance et à l'hostilité des Iroquois, il dut se retrancher. L'hivernage fut pénible. Cartier s'était moqué à tort des Indiens qui l'avaient prévenu de la rigueur de l'hiver et de l'épaisseur de la neige. Les équipages souffrirent de la faim et plusieurs périrent du scorbut. Il apprit toutefois à guérir la maladie, mais non sans avoir perdu 25 hommes. Au moment de repartir pour la France, il s'empara par traîtrise du grand chef Donnacona et d'une dizaine de personnes. Aucun de ces Indiens ne devait revenir en Amérique. De ce second voyage, Cartier rapporte des connaissances géographiques nouvelles. Il a trouvé une échancrure béante à l'intérieur du continent et il a pu remonter le Saint-Laurent sur une distance de 700 lieues. Son récit de voyage, véritable guide de route, décrit un paysage, en des qualificatifs presque toujours élogieux, comparable à bien des égards au paysage français. Tout paraît favorable à l'établissement d'une colonie. Au surplus, le royaume du Saguenay et la route de l'Asie semblent s'ouvrir à lui. Une nouvelle expédition fut projetée, mais elle mit du temps à prendre forme, connut des déboires et des retards. Comme pour les deux voyages précédents, il fallut l'intervention des autorités pour permettre le recrutement d'un équipage, soit en empêchant tout départ jusqu'au moment où Cartier aurait comblé ses besoins en hommes, soit en ayant recours à des prisonniers. La direction de l'entreprise fut enlevée à Cartier et confiée au protestant La Roque de Roberval. Finalement, ce dernier n'ayant pas encore terminé ses préparatifs, Cartier partit seul, à la tête de cinq

« *Le troisième jour de mai (1535), jour et fête Sainte-Croix, pour la solennité et fête, le capitaine fit planter une belle croix de la hauteur d'environ trente-cinq pieds de longueur, sous le croisillon de laquelle il y avait un écusson en bosse des armes de France et sur celui-ci était écrit en lettre attique:* "FRANCISCUS PRIMUS, DEI GRATIA FRANCORUM REX, REGNAT". »

Jacques Cartier, Récit de voyage, 1535.

La Roque de Roberval

Jean-François de, (1500-1561), nommé lieutenant général du Canada en 1541, où il espère refaire fortune. Il part pour implanter une colonie et répandre la foi catholique.

Jacques Cartier accueilli par les Iroquois à Hochelaga, détail de *La Terra de Hochelaga...*, 1556, Archives publiques du Canada, collection nationale de cartes et de plans.

navires, le 25 mai 1541. L'entreprise était placée cette fois sous le signe de la colonisation et de l'évangélisation, comme en fait foi la commission délivrée au nom du roi en 1538. Mais comme l'expédition ne comportait vraisemblablement pas d'hommes d'Église et fut confiée à un protestant, ce document paraît avoir eu une fonction diplomatique et stratégique. Alors que les deux premiers voyages avaient été organisés en secret, l'ambassadeur d'Espagne put avoir copie de cette commission trois jours après son émission. Cartier se rendit directement à Stadaconé et s'installa à quelques lieues en amont de l'emplacement de son premier hivernage, parce qu'il se méfiait des Iroquois. Au cours de son séjour, il sema quelques grains qui levèrent rapidement, confirmant les possibilités d'y vivre à l'européenne. Il se rendit de nouveau à Hochelaga, toujours hanté par le royaume du Saguenay et la recherche de la route des Indes. À Québec, il trouva des minéraux qui parurent être d'or et de diamants et dont il chargea une abondante cargaison. Les relations avec les Iroquois se détériorant, il partit dès le mois de juin, sans attendre Roberval. À Saint-Jean de Terre-Neuve, il croisa son chef qui arrivait avec trois navires, 200 personnes, hommes et femmes ainsi que des animaux et des marchandises de traite.

Roberval se réinstalla sur l'emplacement abandonné par Cartier. Deux de ses navires repassèrent en France à l'automne pour connaître les résultats de l'expertise des métaux rapportés par Cartier. L'hiver fut pénible. Les gens mis à la ration dès septembre souffrirent du scorbut, Cartier n'ayant pas laissé les moyens de s'en guérir, 50 personnes périrent. Au printemps, une petite troupe se rendit de nouveau à Hochelaga, toujours à la recherche du Saguenay. En septembre tout le monde fut rapatrié en France. Aux yeux du roi, c'était l'échec. On n'avait pas découvert la route de l'Asie. L'or et les diamants s'étaient révélés être de la pyrite de fer et du quartz. La colonisation s'était avérée quasi impossible. Les entreprises de découverte se terminaient sur un constat négatif. Dépité, préoccupé par la situation politique et religieuse, le roi négligea d'approfondir la connaissance du continent, de ses ressources et de sa population. Pourtant...

« Et parce que la maladie était inconnue, fit le capitaine ouvrir le corps pour voir si nous aurions aucune connaissance d'icelle. Et fut trouvé qu'il avait le cœur tout blanc et flétri, environné de plus d'un pot d'eau, rousse comme datte ; le foie, beau ; mais il avait le poumon tout noirci et mortifié ; et s'était retiré tout son sang au-dessus de son cœur, car, quand il fut ouvert, sortit au-dessus du cœur une grande abondance de sang noir et infect. Pareillement avait la rate, par devers l'échine, un peu entamée, environ deux doigts, comme si elle eut été frottée sur une pierre rude. Après cela vu, lui fut ouvert et incisé une cuisse, laquelle était fort noire par dehors, mais, par dedans, la chair fut trouvée assez belle. »

Jacques Cartier, op. cit., 1535.

2. Les pêcheurs

Les liens entre les entreprises de découverte et celles de la pêche sur les côtes atlantiques du continent américain paraissent ténus. Pourtant, il ne semble pas plus possible d'établir un rapport direct entre elles que de les voir comme deux mouvements parallèles sans aucune relation. En revanche, dans le processus de colonisation, il est évident que la pratique de la pêche de la

La Pesche des Morues vertes et seches fur le Grand-Banc et aux Costes de Terre Neuve. Nicolas de Fer, *Carte de l'Amérique du Nord et du Sud*, 1698. Archives publiques du Canada, collection nationale de cartes et plans.

morue et de la chasse à la baleine sur les bancs de Terre-Neuve a joué un rôle tout aussi important que les prises de possession officielles. De fait, les pêcheurs fréquentaient les espaces marins Nord-américains dès le tout début du XVIe siècle, trois décennies avant Jacques Cartier. Ils y venaient en grand nombre, de façon régulière et ininterrompue. Leurs activités les mirent en contact avec les Amérindiens et présidèrent à la colonisation.

Durant la première décennie du XVIe siècle, toutes sortes de documents attestent la présence de pêcheurs basques, bretons, normands, dieppois et malouins. Terre-neuviers et morutiers proviennent de différents ports plus ou moins en contact entre eux. Il est certain, par exemple, que Saint-Malo a des relations avec Bordeaux, La Rochelle, Nantes, Rouen et surtout les Pays-Bas et l'Angleterre. Il y a aussi des échanges avec Séville, port principal de la navigation atlantique. Cela crée une importante circulation de l'information relative aux pratiques maritimes et aux biens d'échange. Par contre, les chercheurs ont souvent tendance à considérer que la présence normande et bretonne aux terres neuves résulte d'une simple expansion de leurs aires de pêche. La poursuite des bancs de poissons les aurait menés tout naturellement jusqu'aux riches bancs de la côte atlantique. Dans bien des cas, il s'agirait d'une activité d'ordre artisanal, extérieure aux entreprises financières d'envergure.

La situation n'est pourtant pas si simple. Les Ango, père et fils, organisèrent des voyages de pêche régulièrement à compter de 1506. Ces riches armateurs dieppois avaient des relations partout dans le monde. Ils mirent à leur service les meilleurs cartographes et navigateurs. En 1508, ils avaient ramené en France au moins sept Indiens et avaient offert au roi de monter une expédition officielle. Tous ces voyages de pêche ont constitué, très tôt au XVIe siècle, une entreprise lucrative qui attira de plus en plus de personnes, artisans, pêcheurs et armateurs. En 1527, l'Anglais John Rut rencontre 11 navires normands dans le havre de Saint-Jean. De 1520 à 1530, Ango et d'autres marchands de Dieppe et de Rouen envoyèrent de 60 à 90 bâtiments à Terre-Neuve. De 1517 à 1545, l'on dénombre 95 armements pour les terres neuves à partir des seuls ports de La Rochelle et de Bordeaux. Au milieu du siècle, les rives et les bancs poissonneux de l'Atlantique Nord attirent en moyenne 300 navires et 4 000 personnes par année. Au total, les pêcheries du Nord sont quasi simultanées aux entreprises de découverte, génèrent un trafic numériquement plus important que celui dirigé vers l'Amérique centrale, même s'il n'a pas la valeur et le prestige du trafic de l'or.

Ango

père (Jean, 1480-1551) et fils, armateurs dieppois. Ils soutiennent des entreprises de pêche sur les côtes de Terre-Neuve en 1504 et 1508. Au second voyage, le capitaine Thomas Aubert ramène à Rouen sept Amérindiens et un canot.

Rut

John, (?-1528), navigateur au service de l'Angleterre. Il fait des rapports sur les Européens qui exploitent les bancs de poissons du golfe du Saint-Laurent et tente, en 1527, de découvrir un passage vers l'Asie par le Nord de l'Amérique.

L'importance et le développement de ces pêcheries s'expliquent par les besoins alimentaires de l'Europe, accentués par les 150 jours de l'année où les catholiques doivent faire abstinence, c'est-à-dire ne pas manger de la viande. À l'époque, le poisson est un produit qui vaut autant que les viandes les plus délicates. La morue, avec sa chair riche et gélatineuse, s'apprête de multiples façons. On la trouve en abondance et elle est facile à capturer parce qu'elle se tient habituellement en bandes et en eau peu profonde. La baleine est aussi recherchée parce qu'elle fournit de l'huile. Les baleiniers, moins nombreux, jaugeaient généralement de 200 à 300 tonneaux et comptaient une cinquantaine d'hommes d'équipage. La pêche de la morue se faisait généralement au moyen de bâtiments d'environ 90 tonneaux montés par un équipage de 20 à 25 hommes. Elle pouvait être côtière ou hauturière et l'on a régulièrement rapporté en France de la morue verte* et de la morue séchée*. Pour la morue séchée, il fallait s'installer sur les rives pendant quelques mois, le temps de la pêche et du séchage. Souvent, le bâtiment était plus considérable (200 tonneaux) et la main d'œuvre plus nombreuse (environ 120 hommes). Il s'ensuivit inévitablement un troc de plus en plus soutenu avec les Amérindiens.

Pendant plusieurs années, à compter de 1550, la fourrure s'ajouta de façon accessoire aux cargaisons de poisson. Elle prit finalement une importance telle que, dans le dernier quart du XVIe siècle, ce commerce commença à se pratiquer indépendamment de la pêche. Face à la concurrence croissante et compte tenu de la localisation des plus riches zones de fourrures, il fallut remonter le Saint-Laurent et envisager de créer des établissements permanents à l'intérieur du continent. Dans les

Morue verte : la pêche se pratique sur les bancs de Terre-Neuve. Les navires n'abordent jamais et font souvent deux voyages par année. Une fois sur les bancs, le navire à la dérive, les hommes d'équipage tendent des lignes dont l'appât est constitué par des entrailles de morue. Au fur et à mesure des prises, le poisson est nettoyé et salé, avec d'immenses précautions, pour éviter qu'il ne se détériore trop rapidement.

Morue séchée : le navire amarré, l'équipage est réparti en petits groupes dans des barques qui partent, pour quelques jours, pêcher la morue le long des côtes. Au retour, le poisson ramené à terre est nettoyé, débité, puis mis à sécher au soleil. Jour après jour, on le retourne : la qualité du séchage détermine sa conservation et sa saveur.

Four d'origine basque, datant du XVIe siècle, mis au jour lors de fouilles archéologiques sur l'Ile-aux-Basques. Les Basques utilisaient ce four pour faire fondre l'huile de baleine. Source : *Nos racines*, no 4, p. 72.

« *Du xxvᵉ jour de février Vc xxix (1529), Entre Fran-*
çoys Bouchier et Jehan Lamy bourgeois du navire
nommé Le Jacques de Bourdeaulx d'une part et Jehan
de Chiberry maistre après Dieu dudit navire et Vidal
de Cabrienze, marchand, facteur de sire Pierre Sou-
berne marchand de Thoulouze d'autre part, entre les-
quelles parties ont été faits les pactes et appointements
qui s'ensuivent touchant l'avitaillement dudit navire
pour aller à la terre neufve à la pêcherie. Et
premièrement ledit maistre, tant pour lui que pour
vingt quatre compagnons petits et grands pour les-
quels il s'est fait fort, a promis de conduire ledit
navire à la grâce de Dieu du présent port de Bour-
deaulx jusques à la terre neufve et illec faire la pêche
de moulue ou autre poisson au plus tôt que lui sera
possible... toute la charge dudit navire que lesdits
maistres et compagnons auront faite à la terre neufve
ou ailleurs sera partie entre lesdites parties en trois
parts, scavoir : l'une partie auxdits Bouchier et Lamy
pour le corps dudit navire, l'autre tierce partie pour
ledit maistre et compagnons grands et petits et l'autre

tierce partie auxdits Bouchier Lamy et Cabrienze
pour lesdits avitaillements. »

Archives départementales de la Gironde, 111E, 9820,
f.379-381, *avec l'aimable autorisation de L. Turgeon.*

« *... a été présent et personnellement établi Guillaume*
Allene (...), bourgeois pour une moitié de la navire
nommée L'adventureuse, de La Rochelle du port de
cent cinquante tonneaux ... à ce présent et acceptant,
savoir est tout le poisson de mollues (morues), gresses
(graisses), et autres poissonneries... au retour du
voyage de Terre-Neuve. Pour lequel voyage, sera
tenu ledit Allene fournir de ladite navire bien et due-
ment étanche, munie de toutes funnes, cordages,
ancres, cables, lignes, couteaux, harpons, bidons, sel,
ensemble toutes victuailles de pain, vin, chairs, lards
(...) pour la nourriture et commodité de quarante-cinq
hommes. »

Baudry, R. et R. Le Blant, Nouveaux documents sur
Champlain et son époque, *Ottawa, Archives publiques*
du Canada, 1967. Document notarié, mars 1572.

années 1580, des marchands de Saint-Malo, de Rouen et de Dieppe organisèrent des expéditions à seule fin de s'approvisionner en fourrures qui rapportaient dix fois l'investissement nécessaire pour se les procurer.

Ces nouveaux profits obligèrent à repenser l'exploitation des richesses de l'Amérique et à franchir un nouveau pas dans la colonisation de la Nouvelle-France.

3. Le second demi-siècle

Pendant le demi-siècle qui suit les voyages de Jacques Cartier, la France tâtonne toujours dans ses entreprises en Amérique du Nord. Le roi n'y porte que très peu d'intérêt. Les pêcheurs poursuivent inlassablement leur activité, de plus en plus lucrative et attrayante pour un nombre croissant de personnes. Au moment où Jacques Cartier effectue son premier voyage en Amérique du Nord, les colonies espagnoles d'Amérique centrale sont déjà bien établies. En 1529, 8 000 Espagnols vivent au Mexique. Les Français continuent de fréquenter régulièrement ces contrées où ils pratiquent le commerce, mais sans que leur statut ait quelque caractère officiel que ce soit.

La présence française soutenue par le roi sera limitée, épisodique et sans lendemain. Elle procède de motifs bien davantage européens que d'une volonté de constituer un empire colonial comme l'indique l'aventure protestante. Les adeptes de la religion réformée, sur l'initiative de Nicolas Durand de Villegaignon et de l'amiral Gaspard de Coligny, recherchent un territoire où ils pourraient vivre et pratiquer leur religion en toute liberté et sécurité. En 1555, Villegaignon part en compagnie de 600 personnes et prend pied dans une petite île du Brésil. Mais des querelles divisent la petite troupe et une partie s'installe sur la terre ferme. En mars 1560, le gouverneur portugais, alerté par les jésuites de cette présence protestante, assiège Fort-Coligny, s'en empare et le rase. Les rescapés tentèrent de compenser cet échec en s'installant en Floride deux ans plus tard. Au cours d'un premier voyage de reconnaissance, en 1562, Villegaignon laisse une trentaine d'hommes qui sont finalement rapatriés par un bâtiment anglais. Le fort est aussi rasé. En 1564, 300 personnes prennent pied en Caroline. Les mésententes avec les Amérindiens, les préoccupations essentiellement tournées vers l'appropriation de l'or conduisent à un nouvel échec. Plusieurs colons acceptent l'invitation d'un capitaine anglais de retourner en Europe. Mais, l'année suivante, 600 Français partent pour la Floride. Ils n'ont même pas le temps de s'installer. Une flotte espagnole vient mettre de l'ordre dans cette contrée envahie par des protestants. Le fort est attaqué et détruit ; plus de 130 personnes sont tuées et les rescapés rentrent en France définitivement.

Dans le dernier quart du XVIᵉ siècle, les initiatives françaises, organisées par des particuliers jouissant d'un monopole royal, se tournèrent vers les régions de Terre-Neuve et de l'axe laurentien. Cette fois, il y avait concordance entre les intérêts des promoteurs et les richesses naturelles du continent. En 1578, Mesgouez de la Roche veut «conquérir et prendre quelques terres... dont il espère faire venir beaucoup de commodités» pour le commerce du royaume. Lors de sa première expédition, son principal navire fut pris par les Anglais. Une seconde tentative en 1584 ne fut guère plus fructueuse, le bâtiment faisant naufrage. Finalement, en 1597-1598, il fonda un établissement à l'île de Sable. Détenus, gueux et mendiants réussirent à vivre tant bien que mal de pêche et d'agriculture pendant sept années. Les responsables ayant omis d'y expédier du ravitaillement en 1602, l'établissement fut gravement perturbé. Les colons se seraient révoltés et auraient tué leurs chefs. Certains s'enfuirent, les autres se dispersèrent, et cette autre tentative de colonisation se termina par un désastre. Entretemps, Pierre Chauvin de Tonnetuit obtint le monopole du commerce au pays de Canada,

Villegaignon

Nicolas Durand de, (1510-1571), vice-amiral de Bretagne. En 1555, avec l'appui de l'amiral de Coligny, il veut fonder une colonie protestante au Brésil.

Coligny

Gaspard de, (1519-1572), amiral de France et principal chef huguenot. Il tente d'établir une colonie, où règnerait la liberté religieuse, au Brésil en 1555, en Floride en 1562 et en Afrique en 1566.

La Roche

Mesgouez de, (1540-1606), ancien page de Catherine de Médicis, obtient le titre de lieutenant général dans les pays de Canada, Hochelaga, Terre-Neuve, Labrador, etc. Durant l'été 1598, il installe une quarantaine de colons et dix soldats sur l'île de Sable, située à environ 130 kilomètres au Nord-Est de la Nouvelle-Écosse. Les onze survivants, vêtus de peaux d'éléphant de mer, ramenés en France en 1603, reçoivent 50 écus du roi en dédommagement.

Tonnetuit

Pierre Chauvin de, (?-1603), Dieppois, calviniste notoire. Il obtient le monopole de la traite des fourrures en Nouvelle-France en 1598. Projetant d'installer 500 personnes à Tadoussac, à l'embouchure du Saguenay, il fait hiverner seize hommes d'équipage dont cinq, seulement survivent grâce à l'hospitalité des Montagnais.

Acadie et autres lieux de la Nouvelle-France en 1599. Il voulait en tirer du poisson et des fourrures, ce qui lui valut l'opposition des marchands de Saint-Malo, habitués des lieux. L'année suivante, il fonda un petit établissement à Tadoussac, à l'embouchure du Saguenay, donc assez loin à l'intérieur du continent. Les 16 hommes qu'il y laissa hiverner souffrirent eux aussi du manque de vivres et des rigueurs de l'hiver. Quelques-uns moururent et d'autres se réfugièrent chez les Amérindiens.

4. La connaissance du continent

Les voyages de découverte, l'exploitation des espaces marins et les tentatives de colonisation avaient pourtant livré un bon nombre de connaissances sur ce territoire et ses occupants. Mais il y a une marge entre connaître et s'adapter.

Il ne fait pas de doute que les compétences des Français venus en Amérique du Nord au XVI\ siècle étaient essentiellement maritimes. La présence régulière et le nombre croissant de bâtiments et de personnes engagés dans la pêche, les récits de voyages et les cartes marines, ainsi que l'absence de naufrages l'attestent remarquablement. Ils connaissaient la mer et les espaces marins. Mais ils ne maîtrisaient guère les espaces terrestres et ne s'adaptaient pas aux populations autochtones. Même si les Français commençaient à reconnaître les potentialités du continent, ils le percevaient encore surtout comme une barrière à franchir. Ils le voyaient comme un site stratégique sur la route des Indes. Ils ignoraient comment tirer profit des ressources de la flore et de la faune, d'autant plus que c'étaient les Indiens qui les approvisionnaient en fourrures. Ils n'avaient pas non plus réussi à tirer de la terre ou de la nature de quoi assurer leur subsistance à longueur d'année. Enfin, l'hiver avait prélevé un lourd tribut dans les groupes initiaux de peuplement.

L'adaptation à l'Amérindien n'avait pas été tellement mieux réussie. Certes les pêcheurs ont pu troquer des fourrures avec eux dans une relative bonne entente. Cependant dès que les Français ont voulu leur imposer leurs volontés, ils se sont

« Nos amez et feaulx, ayant reconnu par le rapport qui nous a été fait par le sieur marquis de la Roche combien la conquête qu'il a commencée sous notre autorité des îles de Canada peut apporter d'avancement à l'augmentation du nom chrétien et particulièrement à notre autorité et grandeur, nous avons résolu, pour mettre à perfection un si bel œuvre, *d'aider ledit sieur de la Roche de tous les moyens que nous jugerons pouvoir servir (...) de lui faire délivrer pour conduire auxdites terres ceux de nos sujets qui pour maléfices auront mérité la condamnation du bannissement à temps (et) ceux bannis à perpétuité (...) »*

Henri IV, Ordonnance, 1598.

heurtés à une opposition forcenée. Il faut dire qu'ils n'ont pas su y faire, car, à peu près partout, l'accueil avait été chaleureux et empreint de démonstrations enthousiastes. Les Français ont voulu ramener de gré ou de force des Indiens en Europe alors que ceux-ci étaient épris de liberté individuelle. Partout ils ont voulu ériger des croix en signe de possession, suscitant les protestations véhémentes des indigènes, qui ne se trompaient pas sur la signification de ces gestes. Enfin, ils se sont constamment retranchés dans des camps fortifiés, faisant grand étalage selon l'expression des Amérindiens de leurs bâtons de guerre*. À l'inverse, un Jacques Cartier considère comme une mascarade disgracieuse la mise en scène, avec évocation de monstres, destinée à l'empêcher de remonter jusqu'à Hochelaga. Il n'avait pas compris que sa démarche équivalait à une violation de territoire, à un mépris des droits des habitants, à une agression contre leur mode de vie.

Bâtons de guerre : on désigne ainsi les armes à feu. Il s'agit surtout de mousquets, sortes de fusils à large gueule qui projettent de petits plombs quand la poudre explose.

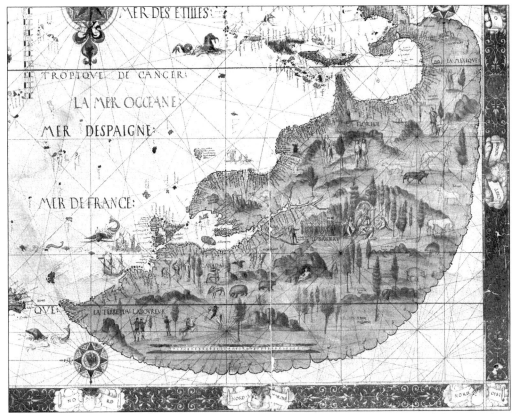

Détail de la Carte du monde (1546), par Pierre Descelliers. Archives publiques du Canada, collection nationale de cartes et plans, Ottawa. L'original est conservé à la John Rylands University Library of Manchester, Angleterre.

Deuxième partie

Implantation et consolidation d'une colonie française en Amérique du Nord au XVIIe siècle

Chapitre 3

Une terre neuve

En 1600, la Nouvelle-France ne compte encore aucun habitant établi à demeure. Au XVIIᵉ siècle, la France s'implante solidement en Amérique du Nord. En 1700, plus de 15 000 personnes de souche européenne occupent une dizaine de postes dans l'axe du Saint-Laurent et dans ses prolongements en aval et en amont. La colonisation* de ce territoire s'inscrit comme une suite logique aux entreprises de pêche et de commerce des fourrures. L'exploitation des richesses naturelles a entraîné la pénétration à l'intérieur du continent, la création d'établissements permanents et la mise sur pied progressive d'une structure coloniale.

Parallèlement à ce mouvement et à mesure que s'est développé l'intérêt pour ces contrées, la monarchie française a accru son engagement envers la colonie. Après en avoir laissé la possession et l'administration aux compagnies de commerce, se réservant tout au plus le privilège d'accorder des monopoles moyennant une compensation financière, elle en est venue à planifier son développement, à tenter de concilier les programmes de colonisation apparemment divergents des religieux, des commerçants et des colons*. Peu après le milieu du siècle, elle a instauré un régime institutionnel qui faisait de la Nouvelle-France une

Colonisation: dans la Nouvelle-France, coloniser c'est exploiter toutes les richesses naturelles d'une contrée nouvelle. Au Québec, le mot colonisation a pris différents sens. Il fait souvent référence au développement de l'activité agricole, par suite d'un mouvement destiné à favoriser l'occupation des terres et à réduire l'exode rural ou l'émigration vers les États-Unis des années 1850 aux années 1940.

Colon: au Québec, le colon désigne l'agriculteur sur un front pionnier, parfois dans un sens péjoratif pour signifier un esprit lourd. À l'époque de la Nouvelle-France, on appelle colon, toute personne, quel que soit son métier, qui s'établit dans la colonie. Le défricheur se fait appeler habitant, au sens de propriétaire de sa terre.

Figure de la Terre Neuve, Grande Rivière de Canada et Côtes de l'Ocean en la Nouvelle France. Marc Lescarbot, *Histoire de la Nouvelle-France*, 1609. Bibliothèque nationale du Québec, Montréal.

véritable province de France et finit par rêver d'un empire. Elle lança des explorations dans toutes les directions, favorisa le peuplement, prit des initiatives économiques et créa des services pour répondre aux besoins des arrivants français et des autochtones.

Cependant, entre les volontés politiques et la réalité locale, se creusa un écart de plus en plus considérable. La population s'adapta à des réalités nouvelles. L'immensité du territoire, les contraintes de sa géographie, la disponibilité en terres, la nature particulière des ressources naturelles imposèrent de nouvelles conditions de vie et de nouveaux rapports entre les individus. À cette nécessaire adaptation s'ajoutèrent les emprunts culturels aux Amérindiens qui contribuèrent à façonner un nouveau système de valeurs.

Notre présentation, sans sacrifier les événements politiques et militaires, privilégie les mouvements de fond qui ont marqué l'évolution de la colonie. Pour ce faire, nous avons largement puisé dans les données historiques de la géographie, de la démographie, de la sociologie et de la culture matérielle.

1. L'emprise au sol

L'implantation de la Nouvelle-France résulte en quelque sorte du passage des espaces marins aux espaces terrestres. Les uns conduisent aux autres. À partir de la mer, le Saint-Laurent devient l'axe souverain de la colonie : la voie de l'explorateur comme celle de l'envahisseur, la route du commerce, le seul moyen de communication entre les groupements humains et entre les continents. La colonisation remonte le cours des rivières et s'amorce aux points de convergence du réseau hydrographique. Là sont des attraits particuliers, là des vocations régionales et des programmes de colonisation spécifiques voient le jour. L'État intervient alors pour planifier l'occupation de cet espace, l'étendre et en assurer l'exploitation en profondeur. Le processus de colonisation se transforme en système, que l'habitant investit et transforme à son tour en l'adaptant à ses besoins et à ses préoccupations.

La pénétration du continent procède d'une entreprise économique menée par des particuliers. À compter des années 1550, les pêcheurs ont commencé à rapporter des fourrures. À la fin du siècle, la couronne s'assure du contrôle de cette activité par l'octroi de monopoles à des compagnies. Pour la première fois, les intérêts du souverain et des entrepreneurs se rencontrent. Après les vaines tentatives de colonisation de Roberval près de

Québec en 1542, de Chauvin à Tadoussac et de la Roque à l'île de Sable à la fin du XVIe siècle, un armateur et homme d'affaires français, Du Gua de Monts, secondé par Samuel de Champlain, fonde le premier établissement permanent de la France en Amérique du Nord, à Québec, en 1608. Le choix de Québec résulte aussi d'une période de tâtonnements à la recherche du meilleur site d'établissement. De 1603 à 1608, Champlain explore les côtes atlantiques à la recherche du site idéal. Durant l'été 1604, lui et de Monts longent le littoral oriental de l'Acadie, les baies de Fundy et d'Annapolis Royal (à l'époque, baie Française et Port-Royal). L'hiver passé dans l'île Sainte-Croix se révèle désastreux : 35 personnes périssent du froid et du scorbut. L'année suivante, malgré une longue exploration qui le mène au Sud de Boston, il retourne à Sainte-Croix et s'installe tout près, à Port-Royal. En l606 et 1607, les explorations se poursuivent tandis que des bâtiments se rendent à Tadoussac troquer des pelleteries* avec les Indiens. En 1607, le monopole de de Monts ayant été révoqué, tout le monde est rapatrié en France. Ultérieurement le monopole de de Monts fut renouvelé à la condition expresse qu'il se fixe à l'intérieur du continent et parce que le roi « trouve bon de continuer l'habitation pour que ses sujets puissent y aller trafiquer les pelleteries et autres marchandises ». Champlain s'installa à Québec. C'était un événement majeur, un premier aboutissement terrestre dans le lent processus qui avait conduit à l'implantation d'une colonie. Le site de Québec

Du Gua de Monts

Pierre, (1558 - 1628), Saintongeais. Il organise et finance les premières tentatives d'établissement en Nouvelle-France. Après quelques voyages d'exploration, il obtient en 1603 les droits exclusifs de traite des fourrures avec les Indiens et le titre de « lieutenant général des côtes, terres et confins de l'Acadie, du Canada et autres lieux en Nouvelle-France ». Il regroupe des marchands dans des compagnies à monopole et réunit des fonds pour soutenir les établissements, dont celui de Québec. C'est lui qui prend Samuel de Champlain à son service. Il organise des expéditions annuelles de pêche et de traite en Acadie et au Canada jusqu'en 1617.

Pelleteries : on appelle pelleteries toutes les fourrures. Au début de la Nouvelle-France, le terme ne s'appliquait pas aux peaux de castors estimées de meilleure qualité et de plus grande valeur marchande.

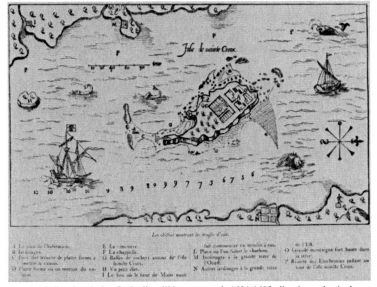

Plan de l'Habitation de Ste-Croix, lieu d'hivernement de 1604-1605, d'après un dessin de Samuel de Champlain.

offrait plusieurs avantages : relative facilité d'accès, situation à la jonction d'axes commerciaux, proximité des fourrures et des Indiens — fournisseurs des coureurs des bois* —, climat tempéré, promontoire offrant une certaine sécurité. À plus long terme, la fertilité des sols environnants permettait d'envisager de nourrir une population de résidents à demeure, tandis que l'existence possible de mines réveillait d'anciens espoirs. Enfin, le rétrécissement du fleuve laissait entrevoir la réalisation d'un vieux rêve, à savoir la mainmise sur le commerce avec la Chine.

C'est à Québec, appelée à devenir la capitale de la Nouvelle-France, que se définirent les grands enjeux de la colonie et les stratégies de développement et d'aménagement du territoire. *L'habitation* * du début devint un comptoir, puis une ville dotée du port en eau profonde le plus avancé à l'intérieur des terres, enfin, le centre administratif de la Nouvelle-France. Québec allait jouer le rôle de plaque tournante du commerce extérieur et de principal centre de peuplement et de services en liaison avec la mère patrie pour toutes les questions administratives.

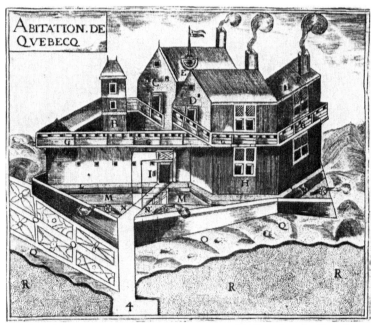

L'Abitation de Qvebecq, d'après un dessin de Samuel de Champlain. Bibliothèque nationale du Canada, Division des livres rares et des manuscrits, Ottawa.

A Le magazin.
B Colombier.
C Corps de logis où sont nos arms, & pour loger les ouvriers.
D Autre corps de logis pour les ouvriers.
E Cadran.
F Autre corps de logis où est la forge, & artisans logés
G Galleries tout autour des logemens.
H Logis du sieur de Champlain.
I La porte de l'habitation, où il y a Pont-leuis.
L Promenoir autour de l'habitation contenant 10. pieds de large iusques sur le bort du fossé.
M Fossés tout autour de l'habitation.
N Plattes formes, en façon de tenailles pour mettre le canon.
O Iardin du sieur de Champlain.
P La cuisine.
Q Place deuant l'habitation sur le bort de la riuiere.
R La grande riuiere de sainct Lorens.

a. Des vocations régionales

Le XVIIe siècle américain résulte de l'expansion européenne. Durant toute cette période, l'emprise au sol affiche une sorte de progrès linéaire. Au fur et à mesure que le peuplement augmente, de nouveaux pôles de croissance en supplantent de plus anciens, et les champs d'activité se diversifient. À la fin du XVIIe siècle, le territoire français d'Amérique du Nord couvre les trois quarts du continent. Il s'étend de la Louisiane à la baie d'Hudson et de Terre-Neuve jusqu'aux territoires encore inexplorés de l'Ouest, au-delà des Grands Lacs et de Détroit.

Les côtes atlantiques, les bancs de Terre-Neuve et l'embouchure du Saint-Laurent constituent encore le royaume des pêcheurs. L'on ne saurait dénombrer avec exactitude le nombre de bâtiments français, canadiens, terre-neuviens et acadiens qui s'y retrouvent chaque année, mais il dépasse certainement les 300 unités et les 5 000 hommes d'équipage. Entre-temps, les espaces riverains ont commencé à être occupés.

À Terre-Neuve, les Français ont échelonné leurs établissements entre huit ou neuf agglomérations sur la côte Sud. En 1687, à peine plus de 600 personnes y vivent. Plaisance exceptée, qui regroupe la moitié de la population francophone, les autres petits centres comptent quelques dizaines de personnes réfugiées au fond des baies poissonneuses. Encore leur sort est-il constamment menacé par les Britanniques installés sur la côte orientale, et de nombreux raids empêchent cette colonie de prendre un véritable essor.

En 1701, l'Acadie ne compte encore qu'une population de 1 450 âmes, répartie en quelques agglomérations (Beaubassin, les

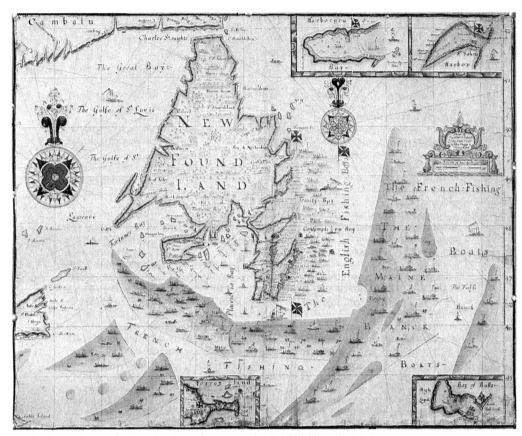

La côte de Terre Neuve et les bancs de poisson. Carte conservée à la British Library de Londres.

Mines et Cobequid) qui se sont pour ainsi dire détachées de Port-Royal. Bientôt, cette population essaime à l'île Royale (île du Cap-Breton) et à l'île Saint-Jean (île du Prince-Édouard). La pêche constitue la grande activité économique. De fait, la fréquentation des rives attire chaque année un nombre de personnes deux fois supérieur à la population installée dans la colonie. Celle-ci vit de pêche et d'agriculture. Des terres fertiles ont notamment permis de développer l'élevage. Les 2 000 kilomètres de façade maritime font de cette région une zone facile d'accès, qui devient un objet de convoitise pour d'autres puissances, et où la vie est régulièrement perturbée par des raids dévastateurs. Dès 1610, Biencourt de Poutrincourt vient relayer Champlain à Port-Royal ; mais l'établissement est détruit trois ans plus tard. Rétrocédé à la France en 1632, il est repris par les Britanniques en 1654. Ramené à nouveau sous le giron français en 1667, il est périodiquement assiégé par les Bostonnais avant que la plus grande partie ne soit cédée définitivement, en 1713, à la Grande-Bretagne.

À une autre extrémité du continent, des explorateurs français partis du Canada avaient descendu le Mississippi jusqu'au golfe du Mexique. Mais, en 1700, il n'y a qu'un fort, et la France n'est pas encore convaincue de l'intérêt qu'il y a à se lancer dans une nouvelle entreprise américaine, cette fois en Louisiane, entre les Espagnols et les Britanniques. Elle importe des Antilles, en particulier de la Martinique et de la Guadeloupe, les produits tropicaux que pourrait éventuellement fournir la Louisiane. En 1713, la population européenne de la Louisiane et de la vallée du Mississippi (le pays des Illinois) ne dépasse pas encore 200 personnes.

Ces trois entités coloniales (Terre-Neuve, Acadie et Louisiane) n'ont entre elles aucune relation. Et même si elles relèvent théoriquement de la capitale de la Nouvelle-France, les échanges avec la métropole se font directement. D'autres postes français d'Amérique ne sont guère plus développés que les précédents, mais ils relèvent du Canada — la zone la plus densément peuplée — dont ils constituent d'ailleurs une sorte de prolongement, au moins au plan économique.

La région des Grands Lacs comprend plusieurs postes et forts. C'est la zone la plus riche en fourrures et la circulation y paraît intense. C'est avant tout le domaine de l'Indien chasseur et du coureur de bois, mais les explorateurs, les missionnaires et les soldats la parcourent constamment et y effectuent de longs séjours. Les Français et les Britanniques, ainsi que les nations amérindiennes s'en disputent les ressources et les droits de passage*. Il y a déjà eu une importante mission jésuite à Sainte-Marie-aux-Hurons*, au Nord-Est de la baie Géorgienne, mais la Huronnie* a été détruite par les Iroquois entre 1648 et 1652. À partir de ce moment, les Français doivent eux-mêmes aller chercher la fourrure dans ces contrées. Dès lors, celles-ci sont de plus en plus fréquentées. Toutefois le nombre de Français varie en fonction de la conjoncture politique et militaire. En 1667, plus d'un millier de soldats iront pacifier les Iroquois. Durant les périodes de paix, on pourra compter jusqu'à 500 et 800 coureurs de bois. En d'autres périodes, la réglementation du commerce des fourrures réduit à une centaine le nombre de voyageurs et de trafiquants de fourrures. À la fin du XVIIᵉ siècle, cette région est bien connue, et l'emprise française, bien que disputée, y est solide. Par contre, il ne s'agit pas, sauf pour l'apostolat missionnaire, d'une action en profondeur. En 1701, seul un petit établissement est en formation à Détroit.

Droits de passage : la relation des Amérindiens au territoire diffère nettement de celle des Européens. Ils s'approprient l'espace non pas en le bornant par des frontières, mais en contrôlant des voies de circulation et des lieux privilégiés de passage ou de rencontre. Il leur arrive d'exiger des compensations pour laisser la voie libre aux voyageurs.

Sainte-Marie-aux-Hurons : en 1632, au retour des Français en Nouvelle-France, Samuel de Champlain impose aux Hurons une présence missionnaire sur leur territoire en retour d'une alliance commerciale et militaire. Les Jésuites fondent une mission qui comprend plusieurs bâtiments protégés par une enceinte de pieux.

Huronnie : territoire dans la péninsule ontarienne, d'environ 30 kilomètres par 55, qui permet de contrôler l'ensemble du commerce des fourrures dans la région des Grands Lacs. Les Hurons, 20 000 à 30 000 personnes, vivent dans une vingtaine de villages. Les Iroquois, désireux de participer à la traite avec les Français, tendent toutes sortes d'embûches aux Hurons. De 1648 à 1650, les Hurons, déjà décimés par les épidémies, sont contraints de se joindre aux Iroquois ou sont massacrés ; un groupe se réfugie près de Québec. Tout le réseau de traite en est démantelé.

Le Canada ou Nouvelle France (1656) par Nicolas Sanson d'Abbeville, géographe du roi. Source : Société historique de Lac-Saint-Louis.

La région immédiatement située à l'Est du Canada et qui pour ainsi dire le relie aux côtes atlantiques ressemble, jusqu'à un certain point, à celle des Grands Lacs. Certes la nature plus rigoureuse et moins agréable ne se prête guère à la création d'établissements permanents. Les principales ressources proviennent de la chasse et de la pêche, deux activités qui n'incitent pas à un ancrage stable et définitif au sol. Tout au long du Régime français, c'est-à-dire jusqu'en 1760, les pêcheurs fréquentent les côtes du Labrador et les rives de la Gaspésie. L'État dut légiférer pour résoudre les tensions entre métropolitains dans l'appropriation des grèves pour faire sécher le poisson. Si un millier de pêcheurs et de trafiquants de fourrures parcourent ce territoire à la fin du XVIIᵉ siècle, il n'y a encore aucun poste regroupant un nombre appréciable de personnes. La pêche est une activité saisonnière qui attire une population transitoire, d'avril à novembre. Enfin le bassin du Saguenay, de son embouchure à Tadoussac jusqu'au lac Saint-Jean et au-delà, est transformé en domaine royal, où les droits de chasse et de pêche sont affermés.

Le Canada constitue le cœur de la colonie française en Amérique du Nord. Depuis Tadoussac, qui a vraisemblablement été le premier lieu de rencontre des pêcheurs et traiteurs à l'intérieur du Saint-Laurent, le peuplement s'est progressivement fixé de plus en plus haut le long du fleuve, surtout à l'embouchure de ses principaux affluents, successivement à Québec, à Trois-Rivières*, à Montréal (au début Ville-Marie) et à Sorel. À ces

Trois-Rivières : à partir de 1618, la traite se pratique de plus en plus à Trois-Rivières si bien que Champlain décide, en 1634, d'y fonder un établissement permanent que commande un certain Laviolette, dont on ne connaît ni le prénom, ni la vie.

Les chifres montrent les brasses d'eau.

A Vne montaigne ronde fur le bort de la riuiere du Saguenay.

B Le port de Tadouffac.

C Petit ruiffeau d'eau douce.

D Le lieu où cabannent les fauuages quand ils viennent pour la traicte.

E Maniere d'ifle qui cloſt vne partie du port de la riuiere du Saguenay.

F (1) La pointe de tous les Diables.

G La riuiere du Saguenay.

H La pointe aux allouettes (2).

I Montaignes fort mauuaifes, remplies de fapins & boulleaux.

L Le moulin Bode.

M La rade où les vaiffeaux mouillent l'ancre attendant le vent & la marée.

N Petit eftang proche du port.

O Petit ruiffeau fortant de l'eftang, qui defcharge dans le Saguenay.

P Place fur la pointe fans arbres, où il y a quantité d'herbages.

Port de Tadoussac.
Source : C.H. Laverdière,
Les œuvres de Champlain
(1608), p. 145.

premiers établissements, il faudrait bien sûr ajouter la mission jésuite chez les Hurons à compter de 1632. Le noyau central de la colonisation française s'est ainsi implanté sur les rives fertiles du Saint-Laurent, faciles d'accès par voie d'eau. Les bâtiments de haute mer pouvaient remonter jusqu'à Québec ; les embarcations de 15 tonneaux pouvaient se rendre à Montréal et emprunter les rivières navigables. Au-delà de Montréal, le Haut-Saint-Laurent était parsemé de rapides, et seuls les déplacements en canot sur un réseau de rivières permettaient de gagner la région des Grands Lacs. Le peuplement s'est fixé autour de trois centres principaux. Québec, port d'arrivée et d'exportation, siège du gouvernement de toute la Nouvelle-

« *Toutes les rivières sont-elles navigables ? Je réponds que oui, avec les canots des sauvages, mais non pas avec nos bâtiments. Les navires ne peuvent pas passer Québec à ce que l'on croit. Les barques et chaloupes ne peuvent pas aller plus loin que Montréal. Du Mont-Royal jusque dans le lac des Iroquois, il se trouve quarante lieues de rapides que l'on ne peut monter qu'avec des canots et des bateaux plats ; encore les faut-il tirer comme on tire les bateaux en montant le long de la Seine. Après quoi dans tous ces grands lacs, on y peut aller avec barques et chaloupes.* »

Pierre Boucher, Histoire véritable et naturelle des mœurs et productions du pays de la Nouvelle-France, vulgairement dite le Canada, 1666.

France, centre religieux et de services ; Trois-Rivières, longtemps demeurée un poste de relais entre les deux plus grandes agglomérations ; Montréal, d'abord fondation mystique orientée vers l'apostolat missionnaire. Quinze ans plus tard, elle commandait le réseau d'échange des fourrures avec les régions plus à l'Ouest. Entre ces agglomérations, au fur et à mesure de l'extension du peuplement, une population rurale s'est installée, comblant peu à peu les espaces vides entre les villes, puis commençant à s'étendre en aval de Québec, sur la rive Sud. Le Saint-Laurent constituait la seule voie de communication entre tous ces lieux de peuplement. Les colons et les autorités prirent d'ailleurs rapidement conscience de l'importance primordiale de l'accès à cette route. À la fin du XVIIe siècle, le peuplement s'étire en un long ruban sur les deux rives du fleuve entre Québec et Montréal. Près de 80 % de la population vit de l'agriculture, de 500 à un millier d'hommes s'adonnent au commerce des fourrures, les villes comptent un peu plus de 3 000 habitants dont les rangs sont grossis saisonnièrement par les équipages de navires ou le retour des coureurs de bois.

« Ville-Marie est estimée des sages, le poste le plus avantageux de la Nouvelle-France (...) pour deux raisons. La première à cause du commerce, ce lieu étant l'abord de toutes les nations sauvages qui arrivent de toutes parts pour apporter quantité de castors et autres pelleteries. (...) La seconde raison est la bonté des terres. (...) Elle a aussi un mal notable qui est d'être la plus exposée aux coups de nos ennemis les Iroquois et Anglais. »

Marie Morin,
Description de Montréal, 1697. Talon

b. L'organisation de l'espace

L'immensité du territoire et son accès par voie d'eau ne favorisent pas la maîtrise absolue de l'établissement. De Québec, l'on s'efforce de surveiller l'entrée dans la colonie, tandis que de Montréal l'on cherche à contrôler la circulation vers l'intérieur. Partout, en revanche, fut très tôt imposé un

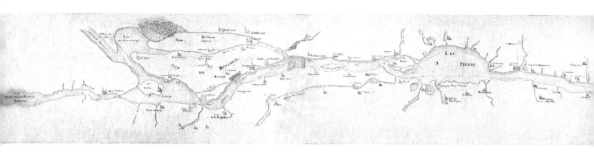

Long ruban de peuplement de chaque côté du fleuve. Archives publiques du Canada nég. C2016.

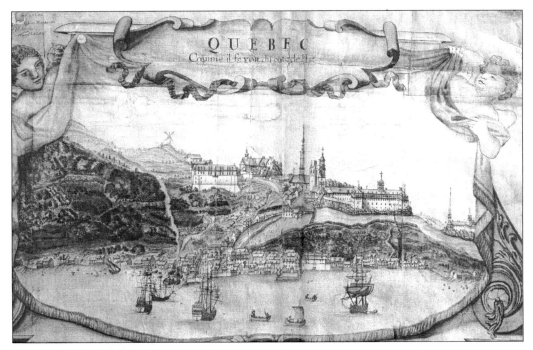

Québec comme il se voit du côté de l'Est. Détail de la « Carte de l'Amérique Septentrionale... » par Jean-Baptiste-Louis Franquelin, 1688. Source : Service historique de la Marine, Vincennes, France.

mode d'occupation des terres inspiré du système féodal. Après avoir obtenu des privilèges commerciaux, les compagnies se firent attribuer la colonie en toute propriété. À cet avantage s'ajoutait le droit d'en redistribuer, directement ou par un agent, des parcelles plus ou moins étendues. Le système seigneurial est vite apparu comme le meilleur moyen de gérer la propriété de l'espace en territoire colonial. Il comportait de nombreux avantages dans le domaine du peuplement, de l'économie et du contrôle administratif.

L'espace urbain fut concédé en majeure partie aux communautés religieuses — dispensatrices de soins hospitaliers et

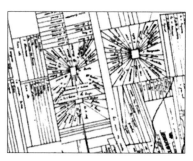

Village en étoile de Charlesbourg érigé par Talon et les Jésuites en 1660. Carte de Gédéon de Catalogne (1709).

éducatifs — ainsi qu'à l'administration. Aux premiers temps de l'aménagement de Québec, par exemple, les fonctions administratives sont regroupées autour de la résidence du gouverneur qui domine le promontoire, de celle de l'intendant située au carrefour des activités industrielles, commerciales ou agricoles et de celle de l'évêque. Là s'élaborent et s'énoncent les décisions politiques et les directives administratives coloniales. Davantage liées à la topographie, se dessinent les fonctions commerciales et militaires. Québec devient le pivot du système de défense de la France en Amérique du Nord et le grand port de communication entre la colonie et la mère patrie. Ces aménagements conditionnent pour ainsi dire le reste de l'établissement. La haute ville concentre les activités de service, et la basse ville, les activités d'échange. Les propriétaires terriens, au fil des besoins et de la demande, concèdent des emplacements ou louent des bâtiments aux artisans et gens de profession qui en font la demande.

L'aménagement de l'espace rural paraît tout aussi sophistiqué, bien qu'obéissant à d'autres impératifs. Il y eut au début une période de tâtonnements où l'on envisagea divers plans d'aménagement. Dans les années 1660, les pères jésuites et l'intendant Jean Talon érigèrent des villages en étoile, favorisant l'assistance mutuelle et le regroupement des services. Mais ce fut une exception. Dès 1637, on adoptait un mode de concession et d'occupation qui allait perdurer dans le paysage jusqu'à nos jours. Des terres, en moyenne d'une lieue par trois, sont concédées à des seigneurs, à charge pour eux de les peupler et de les concéder à leur tour en censive* à des fins de mise en valeur. Il n'y a pas de terre sans seigneur et ce dernier n'est pas tenu d'y résider personnellement, mais il doit mettre sa seigneurie en valeur en y concédant des censives aux colons qui en font la demande. L'État lui accorde le droit de tenir justice, d'ériger un moulin à charge de banalités* pour le censitaire, de lever un cens* et de réclamer des redevances sur la production.

Le seigneur peut aussi se réserver des droits de chasse, de pêche, de commune et sur la coupe de bois, ou, au contraire les concéder, moyennant une rétribution financière. La terre d'un censitaire mesure en général trois arpents* de front par trente de profondeur et ce dernier s'oblige à y tenir feu et lieu*. Le front étroit donne toujours sur la rivière. On se rend compte que l'accessibilité des terres a joué un rôle de premier plan dans l'emprise au sol en Nouvelle-France. Ce peuplement en arêtes de poisson, selon l'expression du géographe Serge Courville, comporte plusieurs avantages. Il facilite l'exploitation individuelle et les relations de voisinage. La population peut être facilement contrôlée par les autorités seigneuriales ou administratives. Le peuplement peut s'effectuer de proche en proche et les dimensions de trois arpents sur trente permettent à chacun d'avoir une terre, sa terre, d'un seul tenant, qu'il pourra vendre ou léguer à ses enfants moyennant certaines redevances. Cela facilite également l'aménagement de l'exploitation rurale familiale, composée pour un tiers d'espaces en cultures céréalières, pour un autre tiers de défrichements récents ou de terre en prairies et, pour le reste, en forêt d'où l'on tire le bois de charpente et de chauffage. Ce découpage des terres en longs rectangles perpendiculaires à la voie d'eau, le rang*, a prévalu jusqu'au milieu du XIXᵉ siècle : découpage unique jusqu'à la Conquête de 1760 et coexistant aux Townships* sous le Régime britannique. Plus de 90 % du territoire a été concédé selon ce modèle foncier, les seules exceptions provenant de l'ancienneté de la concession ou de contraintes physiques locales, comme le long des rivières.

Ce mode d'occupation des terres a influencé l'appropriation et la transmission des biens fonciers et, partant, les stratégies familiales. Si la concession en seigneuries respectait un certain ordre social, les plus hauts placés dans la hiérarchie recevant les

Arpent : 180 pieds en mesure française et 192 pieds en mesure anglaise. Un arpent fait 10 perches et une perche 3 toises ou 18 pieds.

Tenir feu et lieu : habiter sur sa terre, la défricher et la mettre en valeur. Sinon la terre peut être réunie au domaine du seigneur ou à celui du roi dans le cas d'une seigneurie.

Rangs : lignes de peuplement. Les exploitations agricoles s'étendent, sur la longueur, en bandes parallèles, perpendiculaires à une rivière. Les terres attenantes à la rivière forment le premier rang ; une fois concédées, on ouvre un second rang, en retrait du premier.

Township : mode de tenure et de division des terres rurales. Instauré par le gouvernement britannique à la fin du XVIIIᵉ siècle, il est en quelque sorte le pendant de la seigneurie. Les cantons (Townships), 9 milles de front et 12 milles de profondeur, comptent 336 lots de 200 acres. Il n'y a pas de redevances ou de devoirs attachés à la propriété de ces terres.

« En procédant à la confection du papier terrier est comparu en notre hôtel par devant nous Michel Bégon, Charles Couillard, sieur de Beaumont (...) pour nous rendre et porter la foy et hommage à cause dudit fief (...) une concession de Messires Lefebvre de la Barre et De Meulles gouverneur et intendant en ce pays en date du 7 octobre 1683 (...) pour la jouissance de ladite terre et seigneurie avec le droit de haute, moyenne et basse justice et celui de chasse et de pêche dans l'étendue dudit fief qui consiste en deux lieues de front sur le fleuve Saint-Laurent sur une lieue et demi de profondeur. (...) Il relève aux droits et redevances accoutumés au désir de la Coutume de Paris que les appels du juge ressortiront en la prévôté de cette ville, de tenir et faire tenir feu et lieu par les tenanciers, de conserver et faire conserver les bois de chênes, de donner avis au roi des mines, minières et minéraux si aucuns s'y trouvent et de laisser les chemins et passages nécessaires (...) et en outre de concéder les dites terres à simple titre de redevances de vingt sols et un chapon pour chaque arpent de front sur quarante de profondeur et six deniers de cens, sans qu'il puisse être inséré dans les dites concessions ni somme d'argent ni autres charges (...). »

Acte de foi et hommage de
Charles Couillard, sieur de Beaumont, *1723.*

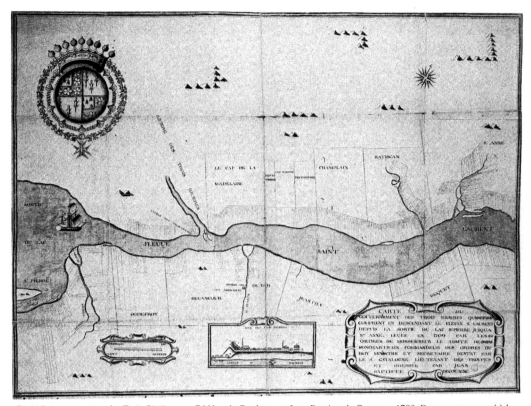

Carte du gouvernement des Trois-Rivières par Gédéon de Catalogne et Jean-Baptiste de Couagne, 1709. Document conservé à la Bibliothèque nationale de Paris, Département des cartes et plans, Service hydrographique de la Marine.

Réserves : les autorités civiles, en accord avec les communautés religieuses à vocation apostolique, ont créé des réserves sur le modèle des « réductions » des Jésuites en Amérique du Sud. Les Amérindiens, qui sont encadrés par un missionnaire, y apprennent l'agriculture ou un métier.

meilleures et les plus grandes terres, la concession en censives reposait plutôt sur un principe d'égalité : une terre, une famille. Entre le seigneur et le censitaire, un rapport de dépendance ayant des fondements juridiques et économiques devait assurer la stabilité sociale. Les initiatives individuelles et la débrouillardise ont su diversifier ce portrait social trop uniformément conçu. À la fin du XVIIe siècle, entre 15 000 et 16 000 personnes vivent sur quelque 2 700 censives réparties dans environ 80 seigneuries échelonnées le long du Saint-Laurent, entre Québec et Montréal ; elles ont mis en culture environ 50 000 arpents de terre. Les villes, pour leur part, comptent approximativement 3 400 personnes : environ 1 900 dans la capitale à Québec, 1 300 dans le bastion de la traite des fourrures à Montréal et un peu plus de 200 dans la ville relais de Trois-Rivières. À cette population francophone, il faut ajouter plus de 1 500 Amérindiens alliés, groupés dans des réserves* près de Québec et de Montréal, auxquels l'Église et l'État tentent de faire apprécier les vertus de la civilisation occidentale.

> « Je travaille autant que je puis à réunir et rappro- *former trois villages dans le voisinage de Québec qui*
> *cher les habitations éloignées et je m'oppose à ce* *sont déjà bien avancés. »*
> *qu'à l'avenir on en forme aucune qui ne soit en corps*
> *de communauté, hameau, village ou bourg. Pour faire* Talon à Colbert,
> *connaître que la chose est aisée, j'ai entrepris de* *13 novembre 1666.*

Si l'on fait exception des peuplements en périphérie destinés aux approvisionnements en fourrures ou en poisson, l'État a tenu à concentrer la population dans les limites du Canada. Pour assurer son contrôle administratif, il a érigé trois gouvernements, à Québec, à Montréal et à Trois-Rivières et il a empêché la fondation d'établissements à l'Ouest de Montréal, sur la route des fourrures. De 1627 à 1663, la compagnie des Cent-Associés a concédé 74 seigneuries dont plus de la moitié dans la région de Québec. Sous le gouvernement royal, les gouverneurs et intendants procédèrent aussi à plusieurs concessions — Talon (45), Frontenac (26) et Denonville et Champigny (23) — tout en s'efforçant de restreindre les limites territoriales du peuplement. Par contre, plusieurs seigneuries ayant été abandonnées, puis reconcédées, la vallée du Saint-Laurent, en 1700, compte au total 80 seigneuries, les plus rapprochées des villes étant les plus peuplées.

2. Explorations et expansion continentale

Parallèlement à ce lent processus de conquête du sol, la France poursuit les rêves du siècle antérieur : découvrir la route de la Chine ou des métaux précieux. Des visées impérialistes se sont ajoutées aux ambitions du Roi-Soleil sur ce territoire américain. Enfin, le démantèlement du réseau des fourrures par suite de la destruction de la Huronnie a forcé la pénétration du continent vers les plus grandes zones d'approvisionnement de la région des Grands Lacs.

Tout au long du XVIIe siècle, des explorations ont été lancées dans toutes les directions afin de mieux connaître les richesses de cette contrée ou d'y affirmer la suprématie de la France. À l'occasion des guerres entre Iroquois et Hurons, et pour consolider son alliance avec ces derniers, Champlain fut le premier à surmonter les obstacles opposés par les Amérindiens à l'exploration française. En 1609, il remonte la rivière Richelieu et atteint un lac auquel il donne son nom, reconnaissant par la même occasion l'importance de cette voie de pénétration vers le Sud, la richesse des terres et des forêts. En 1615, il accompagne

Buade de Frontenac et de Palluau

Louis de, (1622-1698). En 1684, criblé de dettes, il épouse en secret Anne de La Grange dont l'influence à la cour est utile. Il est nommé gouverneur de la Nouvelle-France, de 1672 à 1682 et de 1689 à 1698. Pour se renflouer, il fait construire des forts sous prétexte de défense militaire et développe le commerce de fourrures. Il mate les Iroquois et résiste à l'invasion britannique de 1690.

Brisay de Denonville

Jacques-René de, (1637-1710), gouverneur de la Nouvelle-France de 1685 à 1689. Il hérite de l'échec de son prédécesseur face aux Iroquois et face aux visées impérialistes des Britanniques à l'Ouest et sur la baie d'Hudson ; il réussit à maintenir les positions françaises.

Bochart de Champigny

Jean de, (1645-1720), intendant de la Nouvelle-France de 1686 à 1702. Consciencieux et compétent il cherche à vivre en harmonie avec les gouverneurs — en particulier Frontenac. Malgré les difficultés causées par la guerre, on lui doit plusieurs initiatives d'ordre social, en particulier le bureau des Pauvres, les tenues de campagne et les rations pour les soldats.

ses alliés dans la Huronnie en passant par la rivière des Outaouais et le lac Nipissing (ce qui deviendra la route des fourrures). Le rendez-vous des forces militaires amérindiennes ayant été fixé près du lac Simcœ, il s'y rend, tout en visitant en cours de route les villages entourés de palissades de bois, et dépasse le lac Ontario. Blessé au cours de l'affrontement, il doit battre en retraite et les Hurons le convainquent de passer l'hiver dans la région. Il en profite pour visiter les nations environnantes, et pour s'informer plus amplement de leurs mœurs, coutumes et façons de vivre, et il laisse une description émerveillée de la beauté et de la fertilité de ces régions. Cependant, il n'obtient pas les renseignements souhaités sur l'éventuel passage vers l'Ouest.

Par la suite, plusieurs périples et séjours effectués par des missionnaires, des interprètes ou des commerçants de fourrures contribuèrent à approfondir les connaissances que l'on avait du continent. Mais peu de ces expéditions procédaient d'un mandat officiel ou donnèrent lieu à un compte rendu circonstancié. Il faut signaler cependant le voyage du père Jean de Quen au lac Saint-Jean en 1647, celui de Jean Bourdon (1657), de Michel Leneuf de la Vallières, Gabriel Druillettes et Claude Dablon (1661) et de Guillaume Couture (1663) dans la Baie d'Hudson.

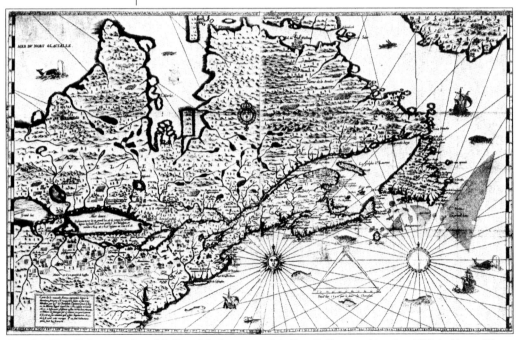

Carte de la Nouvelle France par Samuel de Champlain, *Les voyages de la Nouvelle France occidentale...*, 1632. Archives publiques du Canada, Collection nationale de cartes et plans, Ottawa.

Des longs périples de Pierre-Esprit Radisson et Médard Chouart des Groseillers qui se rendent jusqu'au lac Supérieur et dans la baie d'Hudson, ainsi que de leurs séjours chez les nations amérindiennes qui couvrent dix ans, depuis 1653 jusqu'en 1663, sont ramenées des connaissances exceptionnelles sur la faune et sur la flore ainsi que sur la vie et les mœurs des autochtones.

Quen

Jean de, père jésuite. Arrivé à Québec en 1635, il professe au Collège de Québec, puis il assume la responsabilité de la mission de Sillery de 1642 à 1647, puis de celle du vaste territoire montagnais du Saguenay. En 1647, de Tadoussac, il remonte dans la région du lac Saint-Jean, à la rencontre d'autres nations à évangéliser.

La Vallières

Michel Leneuf de, né aux Trois-Rivières en 1640. Il se fait concéder l'immense seigneurie de Beaubassin en Acadie dans les années 1660 et fonde un poste de traite dans l'isthme de Chignecto. On lui reproche de délivrer trop facilement des permis de pêche aux Bostonnais.

Druillettes

Gabriel, missionnaire jésuite, arrivé au Canada en 1643. Il a acquis une grande expérience en hivernant chez les Amérindiens, Montagnais et Abénaquis. En 1650, il est chargé par le gouverneur de la colonie de se rendre en Nouvelle-Angleterre pour négocier une alliance contre les Iroquois.

Dablon

Claude. En 1661, ce missionnaire jésuite entreprend avec Gabriel Druillettes de vérifier si la mer du Nord, qui peut être atteinte par le Saguenay et le lac Saint-Jean, ne joindrait pas la fameuse mer de l'Ouest ; mais l'expédition échoue tellement les guides craignent les Iroquois. Plus tard, Dablon explore le lointain lac Supérieur dont il dresse une carte admirable.

Couture

Guillaume, (c.1616-1701), vient au Canada en 1640 comme donné (domestique qui consacre sa vie au service de Dieu) des Jésuites. Il fait une longue carrière auprès des Amérindiens. Il tue un chef dans une escarmouche. Fait prisonnier, il est martyrisé : ongle arraché, paume percée, doigt coupé avec un coquillage. Par la suite, conformément aux coutumes amérindiennes, il est abandonné aux mains de la veuve qui prend soin de lui pendant quelques années. Il participe à l'expédition de Druillettes et Dablon en 1661. Deux ans plus tard, le gouverneur le charge d'une nouvelle exploration pour découvrir une route intérieure vers la mer du Nord : il atteint une rivière (le Rupert) qui conduit à la baie d'Hudson.

Radisson et Chouart des Groseillers

Quelle vie ! Pierre-Esprit Radisson, enlevé et adopté par les Iroquois vers 1651, fait l'apprentissage de la langue et des coutumes amérindiennes pendant sa captivité. De retour dans la colonie, il entreprend avec son beau-frère, Médard Chouart, une extraordinaire expédition. Depuis la destruction de la Huronnie (1648-1650) et compte tenu des incessantes attaques iroquoises, l'approvisionnement en fourrures de la colonie était pratiquement réduit à néant. En 1659 et 1660, ils explorent l'Ouest et le Sud des Grands Lacs d'où ils rapportent un chargement considérable de fourrures, que le gouverneur, sous divers prétextes, confisque presque entièrement. Ils passent alors au service de l'Angleterre et contribuent à mettre sur pied la Compagnie de la baie d'Hudson. Ils conduisent plusieurs expéditions de 1670 à 1675 et fondent plusieurs postes de traite. En 1684, revenus au service de la France, ils se réinstallent dans la colonie.

Saint-Simon

Paul Denys de, membre d'une famille très en vue dans la colonie, accompagne le père Charles Albanel à la baie James d'août 1671 à août 1672.

Albanel

Charles, (1616-1696), n'a pas vu de Blancs lors de son premier voyage en baie d'Hudson en 1672, avec Denys de Saint-Simon ; mais il a noué des relations avec les Amérindiens. Il en a baptisé 200... Deux ans plus tard, il reprend ce pénible trajet de 800 lieues et 200 portages, sauts et passes dangereuses, muni d'une lettre du gouverneur Frontenac à l'intention de Chouart des Groseillers. Retenu par le gouverneur anglais, il est renvoyé en Angleterre, d'où il ne repart qu'en 1676.

Jolliet

Louis, (1645-c.1700), chargé de découvrir le Mississippi. Après avoir hiverné chez les missionnaires des Grands Lacs qui le renseignent sur le cours du Mississippi, il entreprend, en 1673, sa descente sur près de 4 000 kilomètres, sans atteindre l'embouchure. Il apprend avec déception que le fleuve se jette dans le golfe du Mexique et non sur la côte Ouest du continent. Le récit de ses pérégrinations a disparu. Il se rend en baie d'Hudson en 1679, où il constate l'avantageux commerce qu'y font les Anglais. En 1694, il explore la côte du Labrador et donne la première description détaillée des Esquimaux. Cet ancien étudiant des Jésuites, jouant de l'orgue, ayant soutenu une thèse de philosophie à Québec en 1666, est aussi considéré comme le premier enseignant scientifique, en Nouvelle-France, de l'hydrographie.

Casson

François Dollier de, (1636-1701), capitaine de cavalerie, prêtre, aumônier militaire, explorateur, supérieur des Sulpiciens en Nouvelle-France (1671-1674 et 1678-1701), vicaire général du diocèse de Québec, architecte et historien. En 1668, à la suite d'une mission chez les Népissingues, il propose d'étudier les possibilités d'évangélisation dans la région du Mississippi. Son expédition tourne court par suite d'une inondation où il perdit ses biens. En 1672, il écrit une *Histoire de Montréal* relatant les débuts de cette entreprise. Il s'avère par-dessus tout homme d'action et diplomate.

La Salle

René Robert Cavelier de, (1643-1687), issu de la haute bourgeoisie, étudiant en théologie chez les Jésuites, renonce à entrer dans la Compagnie. Il rêve de découvrir la route de la Chine. Il explore l'Ouest du continent ; en 1682, il découvre l'embouchure du fleuve Mississippi mais le roi ne l'autorise pas à fonder un établissement. De retour en France, il réussit à convaincre de l'intérêt de son projet, peut-être en situant l'embouchure du fleuve à 250 lieues plus à l'Ouest pour la rapprocher des mines du Nouveau-Mexique. Au cours de cette expédition, il mécontente à tel point ceux qui l'accompagnent que ces derniers l'assassinent.

Saint-Lusson

Simon-François Daumont de, (-1677), est chargé par les autorités de la Nouvelle-France de découvrir des mines de cuivre, tant du côté des Illinois (Mississippi) que de l'Acadie.

La phase principale d'exploration officielle du continent Nord-américain par la France se situe de 1667 à 1685. Au cours de ces deux décennies, le pouvoir de Louis XIV est à son apogée, et la France vise la suprématie mondiale. D'un autre côté, les possessions françaises d'Amérique semblent de plus en plus menacées par les entreprenants coloniaux britanniques. Enfin, les nations iroquoises ont été pacifiées par les régiments envoyés de France, et la circulation dans « la grande sauvagerie » présente moins de risques. Il devient important de s'assurer l'emprise sur le territoire et les nations qui l'habitent, ainsi que de consolider les réseaux d'approvisionnement en fourrure. Au

« *Le sieur de la Salle n'est pas encore de retour de son voyage fait du côté Sud de ce pays. Mais le sieur de Saint-Lusson est revenu après avoir poussé jusqu'à près de cinq cents lieues d'ici, planté la croix et arboré les armes du Roi en présence des dix-sept nations sauvages assemblées de toutes parts à ce sujet, lesquelles se sont volontairement soumises à la domination de Sa Majesté qu'elles regardent uniquement comme leur souverain protecteur. (...) Je porterai moi-même les actes de prises de possession que le sieur de Saint-Lusson a dressés pour assurer ces pays à Sa Majesté.*

(...) Par les cartes, il ne paraît pas qu'il y ait plus de quinze cents lieues de navigation à faire jusqu'à la Tartarie, la Chine et le Japon. Ces sortes de découvertes doivent être l'ouvrage ou du temps ou du Roi. (...) Il y a trois mois que j'ai fait partir avec le Père Albanel, jésuite, le sieur de Saint-Simon, jeune gentilhomme du Canada honoré du Roi depuis peu de ce titre. Ils doivent pousser jusqu'à la baie d'Hudson, faire des mémoires sur tout ce qu'ils découvriront, lier commerce de pelleteries avec les sauvages et surtout reconnaître s'il y a lieu d'y faire hiverner quelques bâtiments pour y faire un entrepôt qui puisse un jour fournir des rafraîchissements aux vaisseaux qui pourront après découvrir par cet endroit la communication des deux mers du Sud et du Nord.* »

Talon au roi, *2 novembre 1671.*

cours de cette période, les entreprises françaises se déroulèrent dans trois directions : au Nord, au Sud et à l'Ouest. En 1670, les Britanniques s'établissent dans la baie d'Hudson, menaçant de priver la colonie française d'une grande partie de son approvisionnement en fourrures. L'intendant Jean Talon y dépêche Denys de Saint-Simon et le missionnaire jésuite Charles Albanel en 1672. Ils y retournent en 1674. Cinq ans plus tard, Louis Jolliet y est délégué par les fermiers de la traite de Tadoussac pour reconnaître les entreprises britanniques et y instaurer des alliances commerciales avec les Amérindiens de la

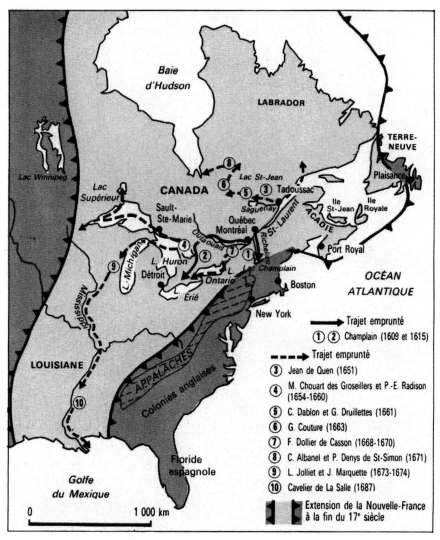

La Nouvelle-France à la fin du XVIIᵉ siècle

région au profit de la France. En 1680 était formée la Compagnie du Nord qui visait à contrôler le commerce des fourrures dans le bassin de la baie d'Hudson. Vers l'Ouest et le Sud, une expédition considérable, réunissant un sulpicien désireux d'étendre la foi catholique (Dollier de Casson) et un explorateur aventureux (Cavelier de la Salle), partit de Montréal pour se rendre chez les Indiens du Mississippi et découvrir le passage vers la Chine. Le groupe finalement se divisa. Dollier de Casson longea le Sud du lac Ontario, franchit la rivière Niagara et passa l'hiver de 1669-1670 sur la rive Nord du lac Erié. Au moment de repartir au printemps suivant, il planta une croix et prit possession du territoire au nom du roi de France. Une tempête ayant emporté une partie de ses biens, dont son autel portatif, il décida de rebrousser chemin et de rentrer à Montréal par la route des fourrures. L'année suivante, Daumont de Saint-Lusson fut chargé de rechercher un passage permettant de communiquer avec la mer du Sud. En 1672, Louis Jolliet et le père Marquette furent envoyés par Talon au Mississippi pour découvrir dans quelle mer se jetait ce grand fleuve. Après avoir complété leurs préparatifs de voyage en recueillant toutes les informations possibles auprès des Indiens fréquentant la mission Saint-Ignace de Michillimakinac ou le poste de Sault-Sainte-Marie sur le lac Supérieur, ils descendirent le Mississippi au cours de l'été 1673. Ils se rendirent presque jusqu'à la hauteur de la Louisiane et reconnurent le grand pays des Illinois. Jolliet qui demanda la permission d'aller s'y établir reçut cependant du ministre de la Marine une réponse laconique, soulignant qu'il fallait multiplier les habitants avant de penser à coloniser d'autres terres. Finalement, Cavelier de la Salle atteignit l'embouchure du Mississippi en 1682, prit possession de cet immense bassin hydrographique au nom de la France, mais en situa l'embouchure beaucoup trop à l'Ouest.

L'occupation de cet espace a été voulue et planifiée en fonction des caractères physiques de ces contrées et de leurs ressources. La voie du Saint-Laurent et le réseau hydrographique y attenant ont obligé, en même temps qu'ils ont permis, une pénétration jusqu'au cœur du continent. La France, au contraire des colonies britanniques confinées par les chaînes de montagnes au littoral atlantique, a pu constituer un immense empire territorial, couvrant les trois quarts du continent. Mais cette immensité avait pour contrepartie la fragilité et la faiblesse de la pénétration en profondeur. La France a tout au plus réussi à prendre possession de territoires, sans vraiment les occuper, les assujettir, voire même les contrôler. Des Indiens, occupants des lieux, elle n'a pu que tenter de se concilier l'amitié et l'alliance commerciale. Face à des concurrents toujours plus nombreux et plus entreprenants, elle a dû ériger en système de défense une chaîne de forts et de postes dont la force apparente n'a d'égal que la faiblesse de ses maillons. De même, la richesse et le potentiel des espaces marins restent méconnus, comme si cette présence saisonnière de milliers de pêcheurs répondait bien peu aux objectifs coloniaux. Enfin, dans la zone plus dense de peuplement de la vallée laurentienne, le paysage, aux dires d'un observateur et cartographe contemporain, n'est encore qu'une immense forêt.

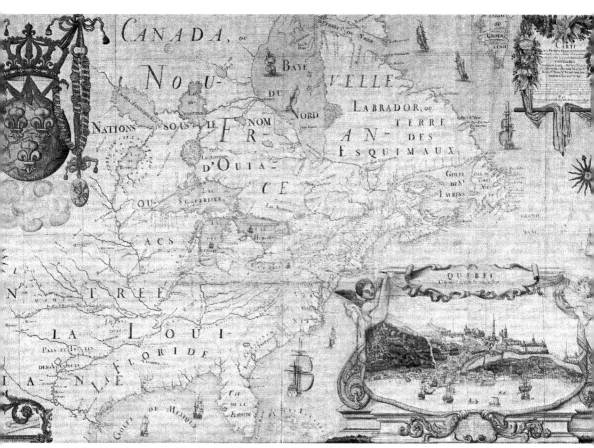

Carte de l'Amérique Septentrionale…, par Jean-Baptiste-Louis Franquelin, 1688.
Source : Service historique de la Marine, Vincennes, France.

Chapitre 4

Peupler une colonie

Peupler une colonie et décider de s'y installer procèdent d'objectifs différents bien que complémentaires. L'un constitue la pierre d'angle d'un système de colonisation, l'autre repose sur un choix d'ordre individuel et, sans nul doute, sur un espoir de vie meilleure. Entre les deux, les intermédiaires, les volontés et les encouragements de source politique expliquent les succès relatifs du peuplement de la Nouvelle-France aux XVIIe et XVIIIe siècles. Il convient de dégager les pratiques qui ressortent des décisions individuelles, de reconstituer en partie le profil du migrant, tout en signalant l'importance de gestes politiques de l'administration française relatifs à l'établissement de militaires ou à l'envoi de filles du roi*.

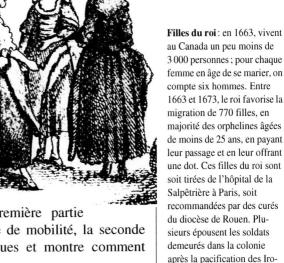

En gros, au XVIIe siècle, le peuplement de la Nouvelle-France résulte de l'immigration, au siècle suivant, de l'accroissement naturel. Ainsi la première partie s'attache-t-elle surtout au phénomène de mobilité, la seconde insiste sur les facteurs démographiques et montre comment essaiment les descendants d'émigrants.

1. Une politique de peuplement

Dans l'élaboration d'une politique de peuplement, la présence régulière mais saisonnière des pêcheurs n'est jamais entrée en ligne de compte. L'objectif des autorités, d'évangéliser et de développer le commerce, supposait des établissement permanents. Tant que la colonie fut aux mains des compagnies, exploitant les richesses en poisson et en fourrures, il n'y eut pas de peuplement. Tout au plus s'était-on contenté de maintenir quelques hommes en poste à Québec pour satisfaire aux besoins d'un comptoir de fourrures. En 1627, après 20 ans d'implantation,

Filles du roi : en 1663, vivent au Canada un peu moins de 3 000 personnes ; pour chaque femme en âge de se marier, on compte six hommes. Entre 1663 et 1673, le roi favorise la migration de 770 filles, en majorité des orphelines âgées de moins de 25 ans, en payant leur passage et en leur offrant une dot. Ces filles du roi sont soit tirées de l'hôpital de la Salpêtrière à Paris, soit recommandées par des curés du diocèse de Rouen. Plusieurs épousent les soldats demeurés dans la colonie après la pacification des Iroquois en 1665.

Richelieu

Armand-Jean Du Plessis, cardinal, duc de. Entré en 1624 au Conseil du roi Louis XIII, il en devient le chef. Il encourage le développement de l'empire colonial français ; il constitue la puissante compagnie des Cent-Associés qui reçoit le monopole d'exploitation et d'administration de la Nouvelle-France de 1627 à 1663, à charge de la peupler et de convertir les Amérindiens.

le dénombrement qu'en font les autorités ne relève qu'une centaine de personnes dont seulement cinq femmes et six fillettes.

Richelieu prend en mains les destinées de la colonie en 1627 ; il constitue, sur le modèle des compagnies hollandaises de colonisation, la compagnie des Cent-Associés* dont le programme est ambitieux et sélectif : établir 300 personnes par année de tout métier, mais de religion catholique. Victime de la guerre puis de l'insuffisance des fonds, la compagnie ne réussit pas à atteindre ses objectifs. Dès 1645, elle confie l'entreprise de la Nouvelle-France à une compagnie subsidiaire, la Communauté des Habitants* qui, elle, ne s'engage à transporter que six familles par année. Malgré de louables efforts de recrutement direct ou par l'entremise de seigneurs ou de communautés, en 1663, la colonie compte à peine plus de 3 000 habitants, dont le tiers est constitué d'enfants nés dans la colonie. De plus, on évalue à la moitié ou aux deux tiers le nombre d'engagés et d'autres personnes qui sont venues dans la colonie, mais qui sont retournées en France après un séjour de quelques années.

Plusieurs raisons peuvent expliquer ce faible bilan migratoire après un demi-siècle de colonisation. La logique d'un mouvement de migration veut que l'on se dirige d'abord vers les endroits les plus faciles d'accès et, ensuite, vers les régions qui offrent les plus grandes facilités de vie. Pour les Français d'Europe, il était plus aisé de gagner un pays voisin ou encore les Antilles françaises dont les ressources et le climat présentaient plus d'attraits. À l'inverse, pour atteindre Québec, il fallait compter en moyenne deux mois de navigation, franchir l'océan et remonter un fleuve reconnu difficilement navigable à cause des vents et des courants. Les caractéristiques du pays présentées par les apôtres de l'évangélisation, préoccupés du salut des âmes, parfois au détriment de celui des corps, pou-

« *Le roi avait jugé que le seul moyen de disposer ces peuples (Amérindiens) à la connaissance du vrai Dieu était de peupler le dit pays de naturels français catholiques, pour, par leur exemple, disposer ces nations à la religion chrétienne, à la vie civile, et même y établissant l'autorité royale, tirer des dites terres nouvellement découvertes quelque avantageux commerce pour l'utilité des sujets du roi.*

Néanmoins ceux auxquels on avait confié ce soin avaient été si peu curieux d'y pourvoir, qu'encore à présent, il ne s'y est fait qu'une habitation en laquelle, bien que pour l'ordinaire on y entretienne 40 ou 50 Français, plutôt pour l'intérêt des marchands que pour le bien et l'avancement du service du roi au dit pays.

(C'est pourquoi, les associés) promettront faire passer au dit pays de la Nouvelle-France, deux à trois cents hommes de tout métier dès l'année prochaine 1628 et pendant les années suivantes en augmenter le nombre jusqu'à quatre mille de l'un et l'autre sexe dans quinze ans prochainement venant. »

Acte pour l'établissement de la compagnie des Cent-Associés, *1627*.

vaient en inquiéter plus d'un. Il aurait fallu une grande abnégation de la part de pères de famille pour envisager de gaieté de
cœur l'installation de leurs enfants dans un désert froid, inacces-
sible et peuplé de sauvages barbares.

Ainsi le discours missionnaire véhicule en France une image
rebutante de cette colonie. Ces volontés apostoliques ont également tôt fait d'écarter les protestants de la colonie, une population peut-être plus susceptible que d'autres d'y chercher
refuge. Certes un certain nombre de protestants furent tolérés,
au moins de façon saisonnière, mais ils furent en butte à toutes
sortes de mesures vexatoires. Les menaces d'excommunication
pour ceux qui tardaient à faire baptiser leurs enfants ou encore
l'obligation faite aux soldats de recevoir le scapulaire traduisent
cette surveillance attentive de la part du clergé de la Nouvelle-
France. De surcroît, les compagnies, aux prises avec des contes-
tations de leur monopole et dépendantes d'un commerce de
fourrures rendu irrégulier par les guerres entre les nations amérindiennes, veillaient davantage à rentrer dans leurs fonds qu'à
peupler cette contrée à leurs frais ou à en favoriser l'évangélisation. Enfin la vie dans les débuts n'était pas facile. Un immigrant bien expérimenté comme Pierre Boucher insistait sur les
précautions à prendre pour éviter les déceptions et réduire les
difficultés.

La prise en mains par la royauté des destinées de la colonie
en 1663 permit l'instauration et la mise en œuvre d'une véritable politique. Si, et ce malgré une certaine surcharge démographique, le principe primordial de Colbert resta de ne pas
dépeupler le royaume, il favorisa cependant l'immigration en
Nouvelle-France. Il incita les
anciens soldats du régiment
de Carignan* à rester dans la
colonie en leur distribuant des
terres et en leur accordant une
gratification d'établissement.
Il envoya des volontaires féminines, souvent orphelines et en
âge de procréer pour qu'elles
se marient et s'établissent dans
la colonie. Il réitéra l'obligation pour les capitaines de

Jean-Baptiste Colbert

Boucher

Pierre. Il arrive en Nouvelle-
France en 1634, à l'âge de 13
ans. Sa réussite sociale est
exemplaire (voir p. 126).

Colbert

Jean-Baptiste, (1619-1683),
contrôleur général des
finances sous Louis XIV en
1665 ; il devient le plus important personnage dans la gestion des affaires du royaume
après le roi ; il réorganise
l'administration. S'appuyant
sur les théories mercantilistes,
il favorise le développement
des industries et insuffle un
nouvel essor à la colonisation
de la Nouvelle-France.

**Régiment de Carignan-
Salières** : pour mater les Iroquois qui menacent la survie
même de la Nouvelle-France
au début des années 1660, le
roi dépêche le régiment de
Carignan-Salières, composé
de vingt compagnies (entre
800 et 1 000 soldats) et placé
sous les ordres du marquis
Alexandre de Prouville de
Tracy. En 1666, ce régiment
ravage les villages des Iroquois qui, en 1667, demandent la paix. Environ 400
soldats s'établissent dans la
colonie, comme colons et
coureurs de bois.

Ruette d'Auteuil de Monceaux

François-Madeleine-Fortuné, (1658-1737). Reçu avocat au Parlement de Paris en 1673, il œuvre avec son père, procureur général au Conseil souverain de la Nouvelle-France. Il lui succède de 1680 à 1707. En 1692, il s'oppose à l'évêque qui veut fonder un Hôpital-Général, puis aux curés qui veulent modifier le taux de la dîme et enfin à l'intendant dans la question de la faillite de la compagnie de la colonie. Pressentant les conséquences de ses démêlés, il passe en France pour plaider sa cause. En vain. Sa commission de procureur général est révoquée et il tombe en disgrâce.

navires d'amener un nombre d'engagés qui serait proportionnel au tonnage de leur navire. Il dispensa les gens de métier de toutes les contraintes du système des corporations, leur accordant le droit de se déclarer maître de métier après six ans de travail et de séjour dans la colonie.

La politique de migration se doubla d'une politique de peuplement. Les autorités favorisèrent les mariages rapides, la libération des soldats pour qu'ils s'établissent et la natalité. Une gratification et une pension furent promises et parfois accordées aux familles comptant de dix à douze enfants. Les alliances avec les Amérindiens furent également perçues comme un moyen de peuplement et de fusion des deux races sous une même loi et un même maître. Le roi versa une dot aux Amérindiennes pour faciliter leur mariage. Enfin, les étrangers, une fois naturalisés, pouvaient aspirer aux « droits, privilèges, franchises et libertés dont jouissent les vrais originaires Français ».

Ces mesures politiques et administratives eurent un succès inégal, mais, dans l'ensemble, elles donnèrent à la Nouvelle-France un essor sans précédent. C'est de cette petite population pionnière, d'au plus 10 000 personnes, que descendent les 70 000 Français qui peuplent le Canada au moment de la Conquête en 1760, les six millions de Québécois francophones et autant de Franco-Américains d'aujourd'hui.

« L'expédition contre les Iroquois étant achevée, le Roi désire que Talon invite les soldats du régiment de Carignan à demeurer dans le pays en faisant à chacun d'eux une légère gratification au nom de Sa Majesté pour leur donner plus de moyens de s'établir. »

Mémoire du roi pour servir d'instruction à Talon, *mars 1665.*

« Il ne serait pas de la prudence de dépeupler le Royaume (...) pour peupler le Canada. »

Colbert à Talon, *janvier 1666.*

« Le conseil établi ensuite à Québec (en 1663), pénétré de la nécessité qu'il y avait de faire passer des hommes en Canada pour augmenter et fortifier de plus en plus cette colonie, imagina un moyen facile de le faire et d'autant plus agréable qu'il ne coûtait rien ni au Roi ni au pays (...). Ce fut de faire un règlement par lequel il était ordonné à un propriétaire de navire qui voudrait faire le voyage de France à Québec, d'embarquer un homme par chaque tonneau de fret, en telle manière qu'un navire de 100 tonneaux porterait 10 hommes et ainsi de plus. »

Ruette d'Auteuil au duc d'Orléans, *12 décembre 1715.*

2. Migrer en Nouvelle-France

L'on sait finalement très peu de choses sur les gens qui ont choisi de quitter la France pour venir s'installer en Nouvelle-France. Les recherches historiques, déjà anciennes, ont été largement centrées sur les qualités morales des premiers migrants. Les travaux de généalogistes et érudits locaux, repris par les historiens, ont fourni une indication de leur nombre et de leur provenance provinciale. En définitive, les émigrants ont été fort peu nombreux en regard du bassin de population de la France à l'époque et surtout si on compare au peuplement des colonies britanniques au Sud. En effet, alors que le peuplement atteint à peine 70 000 personnes en 1760, les colonies britanniques comptent une population d'environ deux millions et demi de personnes.

Les 10 000 immigrants qui viennent en Nouvelle-France sont soit des militaires et des filles du roi, recrutés par des moyens institutionnels, soit des volontaires ou des engagés* recrutés par des agents de la compagnie, des communautés religieuses, des hommes d'affaires ou des seigneurs, soit des gens attirés par des parents ou des connaissances. Cette population est à 65 % d'origine rurale. Environ 25 % vient des grandes villes comme Paris, Rouen, La Rochelle, Poitiers et Bordeaux. Le dernier 10 % provient des petits centres de 10 000 habitants et moins. L'Ile-de-France, notamment à cause des femmes, des petits fonctionnaires et des militaires a été la région la plus généreuse en migrants. Tout juste après suivent les régions du Nord-Ouest, en particulier la Normandie, la Bretagne, l'Aunis, la Saintonge, le Poitou et la Picardie, puis les provinces de l'intérieur comme l'Orléanais, la Champagne, l'Angoumois et le Berry. Des provinces comme la Provence, le Languedoc et le Limousin ont aussi fourni des contingents appréciables, notamment lors de la venue de troupes de terre envoyées à la défense des possessions françaises. Le recrutement régulier n'attire en général que 200 à 300 personnes par décennie. Il gonfle à 2 500 de 1660 à 1670 aux moments les plus intenses de la politique de peuplement et connaît de nouvelles hausses durant les périodes d'activité militaire comme dans la décennie 1680 et durant la dernière décennie du Régime français. Au total, l'on estime que se seraient installés dans la vallée laurentienne pour y faire souche : 3 900 engagés, 3 500 soldats, 1 100 filles, 1 000 prisonniers, essentiellement des fils de famille et des faux-sauniers*, 500 volontaires.

Engagé : l'engagé, dont les services sont retenus par une communauté religieuse, une compagnie de marchands ou un agent recruteur se lie pour trois ans, d'où son surnom de « trente-six mois ». Celui qui recrute paye le voyage aller-retour, donne une avance en argent et s'engage à nourrir, loger et vêtir l'engagé. Au terme des trois ans, beaucoup d'engagés retournent en France. Ceux qui veulent rester dans la colonie reçoivent gratuitement une terre à défricher. Le système vise à hâter le peuplement de la Nouvelle-France.

Faux-sauniers : personnes qui font la contrebande du sel ou le vendent illégalement, pour ne pas payer la gabelle.

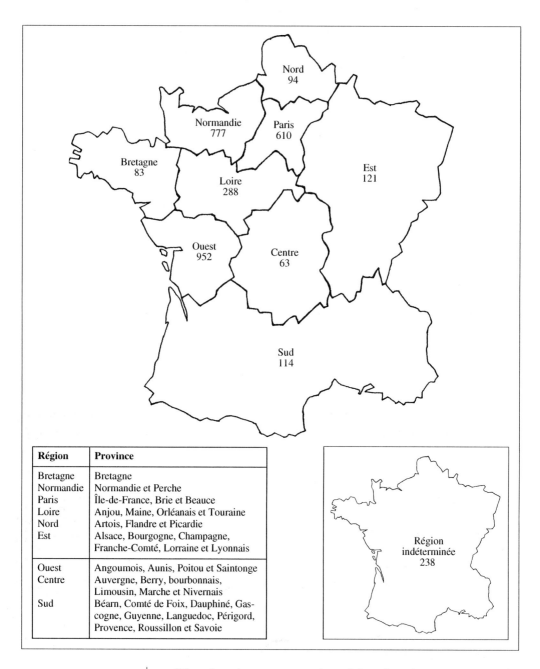

Région	Province
Bretagne	Bretagne
Normandie	Normandie et Perche
Paris	Île-de-France, Brie et Beauce
Loire	Anjou, Maine, Orléanais et Touraine
Nord	Artois, Flandre et Picardie
Est	Alsace, Bourgogne, Champagne, Franche-Comté, Lorraine et Lyonnais
Ouest	Angoumois, Aunis, Poitou et Saintonge
Centre	Auvergne, Berry, bourbonnais, Limousin, Marche et Nivernais
Sud	Béarn, Comté de Foix, Dauphiné, Gascogne, Guyenne, Languedoc, Périgord, Provence, Roussillon et Savoie

Rien de cela ne permet de préciser les circonstances ou les motifs de départ et, partant, les caractéristiques et comportements de ce peuplement initial. Les études socio-économiques, même conduites à l'échelle régionale ou provinciale, ont paru trop générales pour expliquer une migration si limitée en nombre et d'une origine si dispersée. Les travaux conduits sur les rares lieux où se repère une concentration notable dans le recrutement, comme à Mortagne ou à Tourouvre-au-Perche, font plutôt ressortir l'influence d'agents recruteurs. Une piste d'enquête, d'ordre étymologique, a paru un temps porteuse de fruits. Elle proposait une distinction entre l'émigration et l'immigration. Le premier groupe, en rupture de ban avec la société d'origine, choisissait de tout quitter. Il paraissait plus sensible à l'attrait des facilités et des conjonctures et optait pour le climat et le soleil des Antilles. Souvent aussi, il changeait d'avis à la dernière minute, se faisait remplacer ou désertait tout simplement. Mais aller en Nouvelle-France relevait d'un tout autre choix, conscient des difficultés et des rigueurs de la vie dans cette contrée, en même temps que des possibilités d'y reconstruire un cadre de vie un peu à l'image de celui de la mère patrie. Dans ces cas, il n'y avait pas de désistement. La réalité paraît plus complexe. Trop de personnes sont venues pour repartir au terme de leur engagement de 36 mois, sans faire souche dans la colonie.

Une analyse un peu plus fine, prenant à témoin les émigrants partis de La Rochelle, ajoute des facettes nouvelles au portrait de ce migrant. À partir des listes dressées par le généalogiste

Embarquement à La Rochelle. Source : Musée municipal de La Rochelle.

Les émigrants de La Rochelle de 1627 à 1700					
Année de départ		**Âge**		**Religion**	
1627-1650	34	Moins de 15 ans	32	Catholiques	165
1651-1670	158	15 à 30 ans	168	Protestants	55
				Protestants devenus catholiques	14
1671-1700	63	Plus de 30 ans	33		
Inconnus	72	Inconnus	84	Inconnus	93
Répartition, selon le métier, des engagés qui n'ont pas fait souche en Nouvelle-France					
Métier inconnu	30		Menuisier		6
Bûcheron et laboureur	27		Marin		6
Charpentier	12		Boulanger		5
Maçon	11		Scieur de long		4
Soldat	8		Métiers divers		22

Archange Godbout, il a été possible de circonscrire davantage une population de migrants. Il s'agit là de gens recrutés par des moyens non institutionnels, en particulier des volontaires, des engagés et des personnes recrutées par des agents de la compagnie, des seigneurs ou des entrepreneurs. Les données générales portent sur un nombre de 532 personnes recrutées entre 1627 et 1700. De cet effectif, il s'est avéré que 75 provenaient d'ailleurs. Ils étaient de passage à La Rochelle ou n'y avaient fait qu'un bref séjour avant de s'embarquer. Un autre groupe, constitué de 130 personnes, ne semble pas avoir fait souche dans la colonie. Il n'en subsiste, en tout cas, aucune trace dans les archives. Il s'agit essentiellement de jeunes gens qui arrivent tôt (71 entre 1627 et 1650 et 50 entre 1650 et 1670) et qui se sont engagés pour trois ans à la pratique de leur métier. On ne compte que cinq jeunes filles dans ce groupe. La répartition selon les métiers et le contenu des contrats d'engagement indiquent que l'on recherche des gens qui savent couper le bois et labourer la terre.

Des mentions de métiers comme cloutier, farinier, serrurier, tonnelier, cordonnier, marchand, tailleur d'habit, cordier, domestique, chaudronnier sont présentes. Il reste un groupe majoritaire de 327 personnes dont il a été possible de retracer les antécédents à La Rochelle et l'établissement en Nouvelle-France. Ce groupe comprend 90 personnes de sexe féminin, soit 12 enfants, 13 épouses, 9 orphelines ou filles du roi, 5 veuves, tandis que 51 d'entre elles se marient dans les deux ans suivant leur arrivée dans la colonie. Seulement 17 de ces 90 personnes n'ont pas de lien de parenté connu ou identifié avec des personnes établies dans la colonie ou venues en même temps qu'elles. Ces 327 immigrants professent majoritairement la religion catholique, mais la vigueur des églises réformées à La Rochelle au XVIIe siècle a pu entraîner une surreprésentation du nombre de protestants.

La répartition socio-économique est assez comparable à celle de la France à la même époque. L'examen de l'ensemble d'une population, homogène au plan spatial, montre qu'à côté d'une majorité de gens n'ayant que peu de biens, d'engagés qui reçoivent entre 60 et 100 livres par année, il en est qui réalisent une partie de leur héritage pour s'installer plus confortablement. D'autres enfin, constituant 10 à 15 % des migrants, font partie d'une tranche socio-économique supérieure dont les habiletés ou les connaissances leur rapportent des revenus variant entre 200 et 500 livres par année.

Le port de La Rochelle. Source : Bibliothèque nationale de Paris

L'étude de l'origine de ces immigrants peut s'effectuer à des échelles variables. Le lieu de mariage des parents ou de naissance du futur émigrant a pu être retracé dans 173 cas. De ce nombre, 64 indiquent toutes sortes de provenance : Poitou (10), Charente (11), ou encore Aunis, Picardie, Angoumois, Calvados, Touraine, Saintonge, mais aussi Orléans, Reims, Rochefort, Calais, Beauvais, Cognac, Niort, Ars-en-Ré, etc. Il y a donc, chez les migrants vers la Nouvelle-France, un impressionnant taux de mobilité antérieure, de l'ordre de 30 à 50 %. Dix-huit individus proviennent des environs de La Rochelle, en particulier de la paroisse Notre-Dame, mais aussi de celles de Saint-Jean, de Sainte-Marguerite, de Saint-Barthélémy, de Saint-Nicolas, de Saint-Sauveur ou des lieux nommés Villeneuve, Lafond, Voiliers, Puits Doux. Cette dispersion rend un peu fragile la conclusion relative aux solidarités de provenance comme motif explicatif des circonstances de départ.

La famille ou les connaissances semblent avoir joué un rôle nettement plus significatif dans ce transfert de population vers la Nouvelle-France. Il est évident que certains agents recruteurs ont été plus pressants dans certaines localités. Mais l'on constate surtout que plus de la moitié des arrivants sont venus ou ont rejoint un membre de la famille ou un proche parent (174 cas sur 327). L'on peut aussi croire que les autres ne sont pas tous venus seuls. Pour un certain nombre, les liens de parenté n'ont pu tout simplement être retracés. À côté des entreprises du roi, les stratégies familiales ont joué un rôle prépondérant dans la décision de quitter la France pour venir en Nouvelle-France. Ces données rejoignent en bonne partie les analyses du Programme de démographie historique qui évaluent à 41 % des hommes et à 63 % des femmes les migrants venus avec un parent avant 1663 et pour la période 1663-1679 à 13 et 22 % respectivement. Le recrutement institutionnel était aussi fortement encadré. L'on voit souvent, comme à Contrecœur* ou à Saint-Ours*, d'anciens soldats obtenir des concessions de terre dans une seigneurie récemment concédée à leur ancien officier. De même une des tutrices qui accompagne les filles du roi réussit à en établir une quarantaine dans la seigneurie de son gendre.

Quel qu'ait été le mode de recrutement, il faut bien reconnaître à ces groupes de migrants, et en particulier au groupe qui a fait souche, certaines caractéristiques. Rien ne permet de croire à une population moins bien adaptée dans son milieu d'origine, ou encore en difficulté d'harmonisation avec son

Contrecœur et Saint-Ours : terres concédées le 29 octobre 1672 par l'intendant Jean Talon à d'anciens officiers du régiment de Carignan-Salières demeurés au pays, Antoine Pécaudy de Contrecœur et Pierre de Saint-Ours, qui ont donné leur nom à leur seigneurie.

Profils de migrants

Une analyse systématique des actes de mariage pourrait révéler l'extension et l'importance des liens actifs de parenté dans l'immigration en Nouvelle-France.

Mathurine Guillon : native de Saint-Pierre d'Oléron, orpheline de père, elle vient en Nouvelle-France en 1687. Elle se marie dès l'arrivée avec un autre passager, Jean Bondu de La Rochelle. À leur mariage, le mari a comme témoins sa tante maternelle par alliance, «par le fait du décès de l'époux» et sa cousine germaine aussi par alliance et également veuve. La femme présente comme témoin, le pilote du navire, ami de la famille et C. Rouauld, femme de J. Steffany, cousine issue de germain, à cause de feu François Guillon son premier mari.

Famille Lorion (le père, sa troisième épouse et leurs trois filles) : elle rejoint en 1658 Catherine Lorion, fille aînée, issue d'un précédent mariage et arrivée dans la colonie en 1654. Cette dernière vient de prendre un troisième mari : le premier est mort écrasé sous un arbre, le second se noya et le troisième périra dans l'incendie de sa demeure.

Jean Garraud dit Saint-Onge : possiblement orphelin, il vient avec sa sœur et son jeune frère s'installer à Boucherville en 1670. Il rejoint ainsi son oncle Louis Pinard, frère de l'épouse de Louis Gaigneur marchand de La Rochelle en relation avec la Nouvelle-France.

Célibataires de Tourouvre-au-Perche : plusieurs s'engagent chez les frères Juchereau à des conditions semblables : en général pour une période de trois ans, un salaire annuel de 75 livres, et un travail de laboureur, manœuvre ou autre ; ils s'assurent aussi de leur retour.

milieu de vie. Bien au contraire, puisque le recrutement se fait directement, de personne à personne, de connaissance à connaissance ou par le biais d'institutions et que la majorité des migrants rejoignent des parents. Il est possible, par contre, d'en déduire qu'il s'agit d'un groupe assez bien armé, entreprenant, qui espère obtenir davantage que dans la contrée mère. Cette population est jeune. Si on accompagne ou on rejoint un parent (parfois des parents), on laisse en Europe une bonne partie de la parenté proche. L'on retrouve également quelques cas où les parents sont âgés de plus de 50 ans et pourvus d'une famille relativement nombreuse (plus de 4 enfants dont les moins jeunes atteignent pratiquement l'âge de s'établir). La majorité des familles qui migrent paraissent encore jeunes et continuent d'avoir des enfants après leur

Vitrail commémorant le départ de 80 familles percheronnes, vers 1640. Ce vitrail orne l'église paroissiale de Tourouvre, au Perche.

établissement dans la colonie. Chez les deux groupes institutionnels, l'on trouve une bonne proportion d'orphelins, surtout de père. C'est le cas en particulier chez les filles du roi où 52 % sont orphelines de père, 12 % de mère et 6 % des deux. Presque tous sont d'âge fécond et si le peuplement pionnier est composé d'une forte majorité de célibataires masculins, l'équilibre entre les sexes paraît avoir été pratiquement atteint dans les dernières décennies du XVIIe siècle, grâce à l'arrivée des filles du roi et à l'accroissement naturel. Malgré la présence de quelques fils de famille, il n'y a pas non plus d'aventuriers notoires, en grand nombre. Le contrôle du peuplement puis de l'établissement ne leur laisse pas beaucoup de place.

Malgré un certain nivellement social, puisque les chances et les difficultés au départ paraissent égales pour tous, ces migrants transportent en Nouvelle-France le statut social dont ils jouissent en France. Les plus expérimentés sont mieux payés, les plus avantagés reçoivent quelques biens qui facilitent leur établissement, les plus favorisés restent les mieux nantis. Les engagés qui réussissent à s'intégrer à un milieu social et surtout à un milieu familial prennent racine. Les gens qui demeurent isolés ont plus que les autres tendance à repartir.

Enfin quel réseau, quel tissu de solidarités peut expliquer la nature de ce mouvement migratoire ? De toute évidence, la perspective de s'établir en Nouvelle-France n'a jamais suscité un

« Madame Bourdon a été chargée en France de 150 filles que le roi a envoyées en ce pays... Il y en a de toutes les conditions. »

Marie de l'Incarnation, Lettres, octobre 1669.

« Les vaisseaux ne sont pas plutôt arrivés que les jeunes hommmes y vont chercher des femmes et dans le plus grand nombre des uns et des autres, on les marie par trentaine... Les plus avisés commencent à faire une habitation un an devant que de se marier, parce que ceux qui ont une habitation trouvent un meilleur parti. C'est la première chose que les filles s'informent et elles font sagement parce que ceux qui ne sont pas établis souffrent beaucoup avant d'être à l'aise. »

Marie de l'Incarnation, op. cit., octobre 1669.

« Par les dernières lettres que j'ai reçues du Canada, l'on m'a donné avis que les filles qui y ont été transportées l'année passé, ayant été tirées de l'hôpital général, ne se sont pas trouvés assez robustes pour résister ni au climat ni à la culture de la terre et qu'il serait plus avantageux d'y envoyer de jeunes villageoises qui fussent en état de supporter la fatigue qu'il faut essuyer dans ce pays. Comme il s'en pourrait rencontrer dans les paroisses aux environs de Rouen le nombre de cinquante ou soixante qui seraient bien aise d'y passer pour être mariées et s'y établir, (...) employez l'autorité et le crédit qui vous avez sur les curés de trente ou quarante de ces paroisses pour voir s'ils pourraient trouver en chacune, une ou deux filles disposées à passer volontairement en Canada. »

Colbert à l'archevêque de Rouen, février 1670.

« Enjoint à tous compagnons volontaires et autres personnes qui sont en âge d'entrer dans le mariage de se marier quinze jours après l'arrivée des navires qui apportent les filles sous peine d'être privés de la liberté de toutes sortes de chasse, pêche et traite avec les Sauvages. »

Jean Talon, Ordonnance, octobre 1671.

enthousiasme délirant et n'a jamais constitué ce qui aurait pu être un phénomène de masse ou de groupe. L'exclusion officielle des huguenots ou des protestants, par exemple, a empêché la constitution de noyaux forts de peuplement, comparables à ceux qui ont fondé les premières colonies britanniques en Nouvelle-Angleterre. De même, les facteurs de provenance régionale et locale, comme ceux que privilégient les études américaines actuelles, restent secondaires à l'époque de la Nouvelle-France. De fait, les lieux de provenance observés à petite échelle révèlent, à quelques exceptions près, une dispersion significative. On ne remarque pas en Nouvelle-France de tendance au regroupement en fonction d'un habitat d'origine commun. Les motifs de départ doivent donc être observés au niveau des réseaux de parenté ou de connaissances. Il y a tout lieu de croire que c'est dans les situations de famille — stratégies de transmission du patrimoine, évaluation du destin des frères et sœurs et conjoncture socio-économique familiale — qu'il faut rechercher la clef de cette migration. La piste reste à parcourir. Une telle analyse aurait cependant un impact considérable sur celle de la nature des transferts culturels dans la colonie. Privés de leurs assises géographiques connues, privés aussi des possibilités de partage des coutumes locales par l'absence de regroupement des migrants selon leur origine, les comportements, croyances, coutumes qui seront transplantés en Nouvelle-France auront des assises familiales, religieuses ou nationales.

3. Essaimer en Nouvelle-France

Les émigrants se dispersent dans la colonie. Les solidarités d'origine ne se manifestent pas davantage dans la conclusion des alliances matrimoniales impliquant un immigrant. Un relevé des mariages de 100 hommes ayant migré au XVIIᵉ siècle montre que seulement deux ont épousé une femme venant de la même paroisse qu'eux et six une personne de la même ville ou du même évêché. Un certain brassage culturel a pu s'ensuivre. Au XVIIᵉ siècle, dans la vallée laurentienne, pour peu que l'on réussisse à trouver une conjointe, l'on se marie jeune et l'on a beaucoup d'enfants. La mortalité infantile prélève cependant un lourd tribut. Il n'en reste pas moins que le chiffre de la population double à chaque génération et que la majorité des jeunes gens doit défricher un lopin de terre dans la forêt afin de s'établir. L'âge moyen au mariage est de 28 ans pour les garçons et de 19 ans pour les filles. Une union dure en moyenne un peu plus de 20 ans, et si le premier enfant naît au bout de la première année les autres arrivent au rythme de 24 ou 28 mois selon la durée de l'allaitement maternel. Une famille compte en moyenne — démographiquement parlant — 9,1 enfants par famille complète et 5,6 par famille incomplète. La moitié des enfants n'atteignent pas le cap des 10 ans, mais ceux qui résistent jusqu'à 25 ans ont l'espoir de vivre encore 35 années.

Les constats du démographe Hubert Charbonneau révèlent toutefois des distinctions selon les classes sociales. Les mariages des jeunes gens sont d'autant plus précoces qu'ils occupent un rang moins élevé dans l'échelle sociale. Dans ce groupe assez pauvre, la mortalité des enfants est plus grande et la fécondité des familles, plus faible.

Dans le processus de passage de la France à la Nouvelle-France, la relation de parenté et l'encouragement institutionnel jouent un rôle majeur. Tant au départ qu'à l'arrivée, l'intégration à un milieu familial constitue un facteur clé. Le mariage a de puissants effets stabilisateurs. Celui qui fait souche s'est trouvé des alliés. L'individu seul a bien plus tendance à retourner dans la mère patrie. Entre-temps, la ville et le métier constituent des espaces de transition, d'adaptation au milieu. À cette époque, la ville reçoit des immigrants qu'elle évacue vers la campagne après quelques années ou au terme d'une génération, ne réussissant même pas à retenir les effectifs de l'accroissement naturel. En effet, si quelques centaines d'individus peuvent vivre de la pratique de leur métier à la ville ou se tournent vers le commerce des fourrures, 80 % de la population vit de l'agriculture.

Ce mode de constitution d'un peuplement initial se retrouve en partie tout au long de l'histoire de la Nouvelle-France et à l'échelle de l'ensemble de la colonie. Il plonge ses racines dans les situations et les stratégies de famille, ainsi que dans l'attitude à l'égard de la propriété foncière. Les familles comptent en moyenne 4,5 enfants qui parviennent à l'âge adulte. Comme la terre paternelle n'est pas subdivisée, le problème de la transmission du patrimoine et de l'établissement des enfants se pose à chaque génération. Dans les paroisses rurales, au terme de deux générations, les meilleures terres ont été concédées ou, parfois, ramenées à une grandeur quasi standardisée (180 m sur 1 800 m). D'où, à la troisième génération, l'obligation pour les enfants en surnombre de partir, de chercher ailleurs des moyens de subsistance. Un enfant sur deux doit quitter la terre paternelle et la localité pour ouvrir ailleurs de nouveaux fronts pionniers. En contrepartie, les relations de voisinage se densifient, assurant une cohésion sociale serrée.

L'étude des pionniers dans les nouvelles zones de colonisation de la vallée laurentienne révèle que la majorité des arrivants a moins de 30 ans (54 %), mais que l'on retrouve aussi 20 % d'arrivants âgés de plus de 40 ans. Le jeune couple joue un rôle prépondérant dans ce mouvement de colonisation, puisque trois individus sur quatre arrivent déjà mariés : 36 % des couples sont mariés depuis moins de quatre ans, mais 22 % le sont depuis plus de 15 ans et ont au moins six enfants. 66 % de ces migrants s'installent de façon permanente dans ces nouvelles communautés. Ceux qui tissent des liens de famille demeurent stables à 80 %, tandis que ceux qui ne se créent pas de liens de parenté ne le sont qu'à 36 %. De même, un célibataire qui s'intègre à une famille restera sur place trois fois sur quatre, tandis que celui qui demeure seul partira à nouveau, aussi trois fois sur quatre. On peut dégager de ce peuplement des tendances ou des comportements plus fréquents. Des entreprises institutionnelles

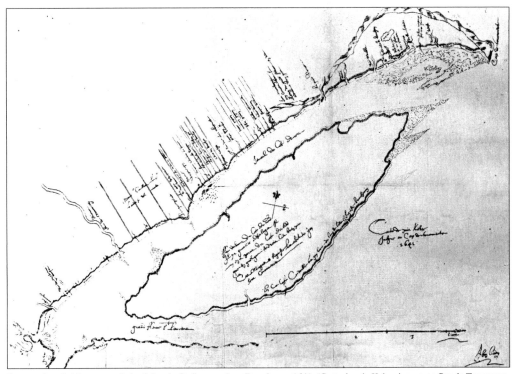

Les premiers établissements de la région de Québec par Jean Bourdon en 1641. (Carte depuis Kebec jusque au Cap de Tourmente 1641). Source : Archives Nationales du Québec. Cote: P1000, S5B-962-Québec-1641.

destinées à occuper un territoire côtoient des initiatives individuelles, de la part des agents recruteurs comme des migrants : toutes deux ont beaucoup contribué à développer l'empire de la France en Amérique à l'époque moderne.

À l'échelle de la nation, l'apport institutionnel paraît considérable, puisqu'il concerne près de la moitié des pionniers. Des situations comme la proximité des ports atlantiques, les conjonctures économiques locales et les motivations religieuses ont influé sur la composition de la population migrante. Certaines régions ont fourni plus de migrants que d'autres. L'appui institutionnel dont ont bénéficié les régiments envoyés dans la colonie ou les filles du roi a gonflé artificiellement le nombre de migrants en provenance de certaines régions. La migration et l'enracinement semblent le plus souvent liés à la proximité des rapports entretenus entre les personnes. Le fait de rejoindre un parent, de s'intégrer à une famille ou d'en former une nouvelle rapidement favorise la permanence de l'établissement. Ainsi ce processus de peuplement émane essentiellement de décisions individuelles, elles-mêmes liées aux situations de famille. Cette mobilité, pour reprendre des mots de Serge Courville, est davantage le fruit de la sédentarité que de l'esprit d'aventure. Elle introduit une dimension nouvelle et fondamentale à la compréhension des processus migratoires.

Il n'en reste pas moins que le bilan du flux migratoire est bien maigre par comparaison aux bassins de population européens ou à celui des colonies britanniques. Les réticences à l'implantation des protestants, l'échec de la politique de métissage ou d'assimilation, mais aussi certainement l'éloignement de la colonie et les rigueurs de la vie ont ralenti l'arrivée d'immigrants. Il a fallu compter avec les ressources sur place.

Chapitre 5

Coloniser un territoire

La colonisation d'une contrée comme la Nouvelle-France au XVIIe siècle résulte de deux mouvements qui interagissent. L'individu agit à l'intérieur. Ses activités professionnelles et son mode de vie contribuent à façonner au fil du temps l'emprise des colons sur le territoire. En même temps, dans ce contexte colonial, l'État planifie de l'extérieur. Il organise la vie en société, définit les règles juridiques, administratives et politiques qui encadrent l'existence de chacun. Il veille à la mise en place de services publics et au bon ordre. Il règle les relations avec les nations voisines.

Ces deux réalités sont fort inégalement perçues aujourd'hui par l'historien, car ce sont presque toujours les élites instruites et proches du pouvoir qui écrivent pour les autres. Leur version est rarement désintéressée, leurs jugements globalisent et généralisent facilement. Au reste, à travers la documentation principale, formée de la correspondance ou des ordonnances*, des gouverneurs, intendants ou évêques parlent surtout des problèmes auxquels ils sont confrontés. L'action des gens ordinaires, qui forment la masse aux yeux des dirigeants, passe presque inaperçue. Tout au plus, retrouve-t-on, en particulier

Correspondance et ordonnances : chaque année, le gouverneur et l'intendant envoient un rapport distinct et un rapport conjoint au ministre de la Marine (responsable des colonies) où est exposée, dans une trentaine de pages, la situation de la colonie. Le ministre transmet à son tour les ordres du roi. Les ordonnances qui émanent de l'intendant et parfois conjointement du gouverneur, sont lues et affichées aux portes des églises après la grand-messe dominicale.

Pêche et séchage de la morue. Source : Musée du Québec.

Bâtiment de pêche normand. Source : Musée du Québec.

dans les actes notariés, des traces des gestes apparemment plus significatifs, engageant des individus les uns envers les autres ou assurant la propriété ou les droits des personnes. Tous ces documents sont cependant riches d'enseignement sur les activités et les modes de vie dans la Nouvelle-France.

Ce chapitre tente de dégager les principales activités des colons dans la Nouvelle-France au XVIIe siècle.

1. La pêche

Même si les ressources en poisson continuent d'attirer régulièrement un nombre élevé de pêcheurs, sur les côtes atlantiques comme sur les rives du fleuve, cette activité reste en grande partie extérieure à la colonie. En général, l'exploitation se gère et s'organise dans la métropole. Certes les colons canadiens se font souvent concéder le droit de pêcher en bordure de leur terre, mais il s'agit surtout de faciliter l'approvisionnement de la table familiale. Il s'agit dans ces cas d'une activité d'appoint, encore bien marginale. Les quelques velléités de lancement d'entreprises de plus grande envergure, bien qu'encouragées par l'État, sont très tôt réduites dans leurs ambitions. Il suffit de rappeler une ordonnance de l'intendant de Meulles en 1686, réservant aux premiers arrivés le choix des grèves* où sécher le poisson, pour se rendre compte du caractère extérieur ou secondaire de cette activité aux yeux des autorités coloniales. Les coloniaux, empêchés de naviguer par le départ tardif des glaces, n'avaient aucune chance de gagner une priorité dans le choix des grèves.

2. Le commerce des fourrures

La pêche avait conduit au commerce des fourrures et cette activité constitua la base du premier véritable système économique de

Des castors du Canada. Vignette tirée de [Carte de l'Amérique du Nord et du Sud], par Nicolas de Fer, 1698. Archives nationales du Canada, Collection nationale de cartes et plans, Ottawa (NMC 26825).

Foire de Montréal, dessin de George Agnew Reid. Archives publiques du Canada, Ottawa.

Truchements : appelés aussi interprètes. Les autorités les envoient chez les nations amérindiennes pour qu'ils apprennent leur langue, observent le pays et les mœurs et incitent les autochtones à ramener des fourrures pour la traite à chaque printemps.

Iroquois : ils forment une conférération de cinq nations :
– les Agniers/Mohawks ;
– les Onneyouts/Oneidas ;
– les Onontagués/Onondayas ;
– les Goyogouins/Cayugas ;
– les Tsonnontouans/Sénécas.

Ils occupent un territoire au Sud du lac Ontario, correspondant à l'État de New York. Ce sont des sédentaires, vivant en village. Ils forment le plus puissant groupe guerrier amérindien, souvent en lutte avec les Français.

la colonie. Les premiers trafiquants étaient des employés et des engagés au service des compagnies, mais presque tous participaient de manière plus ou moins active au développement de cette activité. Des interprètes, les « truchements* », voire même les missionnaires incitaient les nations amérindiennes alliées à échanger régulièrement leurs fourrures avec les marchands de la colonie. La traite pouvait alors s'effectuer parallèlement à d'autres activités. À compter de 1645, tous les résidents de la colonie obtinrent un droit exclusif de troc avec les Amérindiens, mais les conflits internes et entre les nations autochtones réduisirent considérablement les possibilités de profit. Ce fut à tel point que les revenus du commerce des fourrures ne réussirent pas à soutenir l'effort de peuplement et de défrichement des terres. La destruction de la Huronnie par les Iroquois* de 1648 à 1652 brisa complètement le réseau d'approvisionnement. Il fallut abandonner Sainte-Marie-aux-Hurons et réduire les pérégrinations en forêt à cause de la menace indienne. Seuls quelques personnages décidés ramenèrent occasionnellement d'importants approvisionnements.

Au lendemain de la pacification des Iroquois en 1667, un nouveau réseau de traite fut mis en place. Suivant les traces des

« À l'avenir, aucune personne en Canada de quelque qualité et condition qu'elle soit, ne pourra jouir du bénéfice de la traite avec les Sauvages, même dans les lieux de leur résidence, qu'elles n'aient une habitation dans laquelle elles tiennent feu et lieu et où elles travaillent, ou fassent travailler annuellement à l'augmentation d'icelle, selon leurs forces et moyens. »

Jugements et délibérations
du Conseil souverain, *1675*.

Poste de traite. Archives publiques du Canada, Ottawa.

explorateurs et trafiquants de fourrures Pierre-Esprit Radisson et Médard Chouart des Groseillers, il devint de plus en plus courant d'aller chercher la fourrure chez les nations indiennes ou aux postes qu'ils fréquentaient : un mode d'organisation du commerce tout autre que le précédent. Il devint de moins en moins possible d'attendre l'arrivée des flottilles de canots chargés de fourrures et de s'adonner au commerce le temps d'une foire qui ne durait pas plus d'une dizaine de jours. Il fallait s'absenter plusieurs mois et donc, le plus souvent, choisir une des deux activités principales, l'agriculture ou le commerce des fourrures.

L'organisation d'un voyage de traite* devenait une entreprise. Elle requérait une embarcation assez importante et plusieurs hommes pour manier l'aviron. Seul un marchand pouvait assumer la dépense importante en salaires et en vivres, ajoutée aux coûts des articles de troc, souvent constitué d'eau-de-vie*. En plus, les revenus tirés de la vente et, partant, le remboursement du capital investi n'entraient dans les coffres que l'année suivante. Il fallait donc supporter des marges de crédit élevées sans compter que l'entreprise, éloignée des centres de peuplement présentait plus de risques. Ce sont les marchands et les compagnies à monopole qui tirèrent le plus grand profit de ce commerce. Cette activité n'en comportait pas moins des avantages indéniables pour l'individu qui s'y livrait. En 1667, par exemple, une seule peau de castor valait la « façon » d'une corde de bois. Le gain pouvait paraître facile. Un certain nombre

Voyage de traite : un contemporain écrit que les voyages de traite conviennent « aux personnes qui ne s'embarrassent point de faire cinq ou six cents lieues en canot, l'aviron à la main, de vivre pendant une année ou dix-huit mois de blé d'Inde et de la graisse d'ours et de coucher sous des cabanes d'écorce ou de branches ».

Eau-de-vie : l'utilisation de cette boisson alcoolique dans le commerce des fourrures avec les Amérindiens soulève de grandes querelles avec le clergé, qui veut interdire cette pratique. Pour les Amérindiens, l'ivresse qui libère la parole et les gestes s'apparente à la possession du corps par un esprit et à la manifestation d'une divinité.

d'individus pratiquèrent aussi ce commerce d'une manière temporaire. Comme l'homme se mariait en moyenne à 28 ans, il avait le temps de consacrer une année à faire le voyage dans l'Ouest dans l'espoir d'amasser un petit pécule pour favoriser son établissement. Environ la moitié des coureurs de bois et des voyageurs identifiés ne firent qu'une ou deux expéditions. Pour d'autres, le commerce des fourrures ressemblait en tous points à l'exercice d'un métier. On s'y livrait pratiquement durant toute sa vie. Des qualités de canotier, une expérience de vie en forêt et d'échange avec les Indiens pouvaient y inciter.

Il n'est pas facile de préciser le nombre de jeunes gens qui se livrèrent occasionnellement ou de façon plus régulière à la traite des fourrures, car les traces documentaires souffrent manifestement de lacunes importantes. L'historienne Louise Dechêne a relevé en moyenne une centaine de départs par année au début du XVIIIe siècle dont seulement les deux-cinquièmes en étaient à un second départ ou plus. La majorité y ont été comme voyageurs indépendants, tandis que le tiers des personnes s'y sont rendues à titre d'engagés. Au siècle précédent, le nombre a varié considérablement selon les conjonctures militaire et économique. De 1676 à 1679, la course des bois est prohibée. En 1681, on instaure un régime de congés* qui aurait dû avoir pour effet de réduire à moins de 200 le nombre de personnes actives dans la traite. Mais on accorde beaucoup de permis officieux, et un si grand nombre de jeunes gens défient les ordonnances qu'il faut accorder des amnisties générales pour faire revenir dans la

« *Faisons très expresses inhibitions et défenses à toutes personnes de quelque qualité et condition qu'elles soient d'aller à la traitte des pelleteries dans les habitations des Sauvages et profondeur des bois.* »

Frontenac,
ordonnances, *1678.*

« *Il est bien fâcheux que la jeunesse canadienne (...) ne puisse presque rien goûter que ces sortes de voyages où ils vivent dans les bois comme des sauvages et sont deux ou trois ans sans pratiquer aucun sacrement, vivant dans une oisiveté et souvent dans une misère extrême. Quand ils sont accoutumés à cette vie, ils ont peine à s'attacher à la culture des terres (...) Nous voyons au contraire que ceux qui se sont attachés à faire valoir les terres sont riches, ou tout au moins, vivent très commodément, ayant leurs* champs et pêches autour de leur maison et un nombre considérable de bestiaux. »

Champigny,
Mémoire instructif sur le Canada, *1691.*

« *Leur foire ou marché se tient toujours sur le bord du fleuve, le long des palissades de Montréal. Des sentinelles empêchent qu'on entre dans leurs cabanes pour éviter les chagrins qu'on leur pourrait faire ; et pour leur donner la liberté d'aller et venir pendant le jour dans la ville, toutes les boutiques sont ouvertes. On leur échange aussi pour leurs pelleteries du vermillon, des marmites de fer et de cuivre et en un mot toutes sortes de quincaillerie. (...) C'est à qui fera valoir son talent ; les plus fortes amitiés entre marchands ne laissent pas de se refroidir dans ce moment.* »

Aventures du sieur C. Lebeau, *1723.*

Boutique de fourrures à Paris. Source : *Encyclopédie du dictionnaire raisonné*, Éditions R. Laffont.

vallée laurentienne les hommes expérimentés dont on a besoin. En 1685, le gouverneur de la colonie estime leur nombre entre 500 et 800. Compte tenu de la mobilité des effectifs, il semble juste de croire, qu'avant 1700, un homme adulte sur deux a fait un voyage au pays des Amérindiens de la région des Grands Lacs. Cela a pu avoir des effets déterminants sur la rencontre des cultures.

3. L'agriculture

Au fur et à mesure de la satisfaction des besoins primordiaux en services et en main-d'œuvre pour l'implantation d'un établissement nouveau, la majeure partie des colons se tourna vers l'agriculture. Des seigneurs* reçurent des portions de territoire d'environ une lieue de largeur, à charge de les peupler et de les concéder à leur tour. Chaque individu, ou mieux, chaque famille, pouvait ainsi obtenir gratuitement une terre d'un seul tenant, d'environ 3 arpents par 30 (180 m par 1 800 m), généralement dix fois plus longue que large et, à moins d'une topographie particulière (par exemple une île), ayant le front étroit sur

Seigneurs : ils sont issus de différentes catégories sociales : communautés religieuses, noblesse (avec une prédominance d'officiers militaires et officiers civils), mais aussi marchands et colons.

Une ferme de Montmagny à la fin du XVIIᵉ siècle.
Source : Hôtel Dieu de Québec; coll. Lahaise-Guérin.

Droits sur les censives :
1. **Cens** : impôt symbolique de 2 à 6 sols.
2. **Rente** : c'est une redevance annuelle fixée à 20 sols par arpent de front.
3. **Lods et ventes** : un douzième du prix de vente d'une terre.
4. **Corvée** : la valeur d'une à quatre journées de travail par année.
5. **Commune** : redevance établie habituellement par contrat particulier, pour que les animaux aient accès aux pâturages communaux.
6. **Pêche** : redevance du onzième, du quatorzième ou du vingtième poisson quand le seigneur avait accordé le droit de pêche
7. **Mouture** : un quatorzième du grain battu au moulin banal

l'eau. Cette terre était concédée moyennant des droits* seigneuriaux assez peu onéreux : jusqu'en 1666, un cens d'environ 3 deniers par arpent. Par la suite, s'y est ajoutée une rente payable partie en nature et partie en argent de 7 à 8 livres par année par arpent de terre de front et enfin la dîme payable au clergé fixée au 1/26ᵉ.

Cette relative facilité d'obtenir une terre et la faiblesse des charges ne doivent pas cacher les difficultés de l'implantation pour celui qui voulait devenir agriculteur en Nouvelle-France. La terre, il fallait la gagner sur la forêt, au prix d'un travail de défrichement considérable et certainement très dur physiquement. Il fallait nécessairement compter plusieurs années avant de pouvoir vivre de son exploitation.

En retour d'une concession, le seigneur profitait d'un engagement à tenir feu et lieu et à mettre la terre en valeur (c'est-à-dire en général à en défricher en moyenne deux arpents par an), parfois après un accord verbal destiné à protéger ses intérêts ou à vérifier la motivation du colon. Une fois rendu sur les lieux de

« Les habitants qui se sont attachés à la culture des terres et qui ont tombé dans de bons endroits, vivent assez commodément, trouvant des avantages que ceux de France n'ont point, qui sont d'être presque tous placés sur le bord de la rivière, où ils ont quelque pêche et leur maison étant au milieu du devant de leur terre qui se trouve par conséquent derrière et aux deux côtés d'eux. Comme ils n'ont point à s'éloigner pour la faire valoir et pour tirer leur bois qui est à l'endroit où se terminent leurs terres, ils ont en cela de très grandes facilités pour faire leurs travaux. »

Champigny,
au Secrétaire d'État à la marine, 1699.

Trois phases d'enracinement. Archives publiques du Canada (C-5755), Ottawa.

la concession, le colon pouvait commencer son travail de défrichement. Pour l'homme ordinaire, cela a pu paraître une tâche harassante, menée de façon isolée. Seuls quelques personnages mieux nantis ont pu avoir recours à des engagés pour défricher leurs terres. Il est bien possible cependant que plusieurs formes d'entraide et de solidarité de voisinage ou de familles, ainsi que des modalités de transition, comme le travail à titre d'engagé ou de fermier ou encore la pratique d'un métier, aient souvent facilité cet établissement pionnier. Plus tard, les jeunes gens tirèrent souvent profit de leur long célibat et de l'appui de la famille pour préparer une concession en vue de leur établissement. Il revenait néanmoins à chaque individu d'organiser son implantation dans un milieu neuf. La première tâche du défricheur était de choisir le lieu précis de son installation, d'abattre les arbres qui l'encombraient et de se construire une cabane de pieux qui servirait d'abri temporaire. Avec une hache pour tout équipement, des voisins, guère mieux pourvus et plus avancés que lui, il fallait alors couper les arbres, arracher les petites souches, faire mourir les plus grosses. Les branchages étaient brûlés et le reste du bois était réservé pour le chauffage durant l'hiver et la construction d'une petite maison l'année suivante. Au bout d'une année, l'habitant disposait d'un arpent en labour de pioche prêt à être ensemencé et de deux arpents d'abattis (terrain défriché qu'il reste à essoucher). Le colon construisait alors une maison de pieux pour y installer une famille, achetait quelques animaux (vache, porc et volailles) et transformait sa première construction en étable. Il se dotait aussi de quelques instruments de ferme, pioche, bêche, « gratte », faucille et faux. Dès que ses ressources financières le lui permettaient, il se procurait un attelage d'une paire de bœufs, seul moyen de labourer à la charrue.

Il fallait compter au moins cinq ans de travail soutenu, souvent le double, pour qu'une terre fournisse le minimum vital pour une famille. Elle comptait alors une maison, un bâtiment secondaire (grange ou étable ou les deux), une dizaine d'arpents de terre en labour, une pièce en prairie et un petit potager. L'augmentation de la famille et des ressources en main-d'œuvre permettait alors d'envisager la construction d'une maison un peu plus spacieuse, faite de pièce sur pièce (c'est-à-dire, de pièces de bois simplement équarries et posées l'une sur l'autre). Au bout d'une vie de labeur, un pionnier pouvait laisser à ses héritiers une terre ayant atteint un degré d'exploitation proche du degré d'autosuffisance. Il ne restait plus qu'à maintenir le rythme. En effet l'on mettait rarement plus de 40 arpents en labour. Le tiers de la concession restait en forêt afin d'assurer l'approvisionnement régulier en bois de chauffage et de charpente. Le reste comptait quelques arpents en prairie et l'espace réservé aux bâtiments et au potager.

Les conditions juridiques ou économiques d'établissement sont sensiblement les mêmes dans toute la vallée laurentienne. Ainsi, au moment de s'établir, le colon semble très sensible aux possibilités du milieu physique. Dans l'ordre, jouent les facilités d'accès, la présence de prairies naturelles et la nature du couvert forestier. Par contre l'enracinement paraît très fortement lié à une sorte d'intégration sociale. 75 % de ceux qui réussissent à nouer des relations de parenté avec les voisins s'installent définitivement. Ceux qui quittent leur censive sont très majoritairement des célibataires sans attache, et ils le font le plus souvent dans les cinq ans suivant la date de concession. Découragés par le dur labeur, incapables de réunir les fonds nécessaires à l'achat d'équipement et d'animaux ou sans appui dans le voisinage, ils repartent tenter leur chance ailleurs.

Le mode de vie dans la ferme est vite régularisé par les conditions climatiques. Le cycle des saisons impose un rythme de vie et une organisation du travail. Comme 80 % des tenanciers sont des censitaires cultivateurs (les exceptions étant les marchands, communautés religieuses, artisans et voyageurs), la ferme pratique l'autosuffisance. Dès l'âge de cinq ans, garçons et filles sont mis à contribution. Les jeunes gens, vers l'âge de 15 ans remplissent des fonctions comparables à celles des adultes. Au cours de l'hiver, en plus de nourrir les animaux, les hommes bûchent le bois, afin d'agrandir l'espace mis en valeur mais aussi pour assurer le chauffage au cours de la saison hivernale suivante. Ce bois est mis à sécher avant d'être scié en billes et fendu. En mars et avril, à l'époque de la fonte des neiges, le bois est ramené près des bâtiments et les clôtures brisées par la neige sont redressées. Au début de mai, les animaux sont envoyés aux champs et il faut préparer la terre pour les semences. Presque tous disposent pour ce faire d'une charrue à rouelle, d'une herse et d'une paire de bœufs (à défaut de quoi, ils en louent ou en empruntent). L'on sème surtout du blé, mais aussi un peu d'orge et d'avoine. À son tour, le potager est ensemencé de choux, de navets, de carottes, d'oignons, ainsi que de citrouilles et de melons, une culture empruntée aux Amérindiens. Deux fois par jour, le cultivateur trait les deux ou trois vaches qu'il garde pour assurer le lait quotidien et la reproduction

Caveau : d'inspiration amérindienne, petite construction creusée dans un coteau et recouverte de terre ou simple trou dans le sous-sol d'une maison. Il sert à entreposer les fruits, légumes et autres produits périssables, pour les préserver de la chaleur.

de son cheptel. La femme et les enfants entretiennent le potager, éliminant les mauvaises herbes et les insectes nuisibles et destructeurs. Durant l'été, l'habitant veille à l'entretien des bâtiments : la maison qui mesure en général 6 m sur 10 m, la grange et l'étable qui peuvent facilement atteindre 18 m de longueur. À la fin de juillet, il coupe le foin de ses prairies et le dispose en meules de belle taille (3 mètres de diamètre et autant de hauteur) qu'il utilisera pour la nourriture de ses animaux au cours de la saison froide. À la fin d'août, c'est la récolte à la faucille des cultures céréalières qui sont attachées, mises en bottes et engrangées avant d'être battues à l'intérieur de la grange au cours de l'automne. Après quoi le blé est envoyé au moulin du seigneur pour y être transformé en farine. Il faut dès lors préparer le nouvel hiver : rentrer les animaux, abriter le bois, faire boucherie, placer les aliments et la viande au grenier ou dans un caveau* pour garder leur fraîcheur, retourner la terre et, parfois, étendre un peu de fumure.

4. Gens de métier et de services

De simple comptoir de commerce que fut Québec de 1608 à 1627 ou de pôle religieux à l'image de Montréal entre sa fondation en 1642 jusqu'à sa transformation en centre de traite en 1655, ces agglomérations en sont venues progressivement à répondre aux besoins d'une population de souche française de plus en plus nombreuse. Autrement dit, les types d'activités requis pour l'implantation de la colonie se sont multipliés et diversifiés. D'objectifs fixés à partir des programmes de colonisation, il a fallu en venir à offrir une variété de services.

La ville est devenue le lieu de rassemblement des gens de métier et de services. Il a fallu, au moins dans un premier temps, faire appel à des gens dans les métiers de base, afin de construire une agglomération, puis une ville. Cela a exigé une diversité de compétences souvent supérieure aux disponibilités, favorisant ainsi les plus débrouillards et les plus habiles. Le rôle d'une ville en Nouvelle-France diffère considérablement de celui d'une ville dans la vieille France. Elle devient rarement un lieu de refuge. Dans la colonie, on passe de la ville à la campagne et

Tannerie.
Source : Collection privée.

Tonneliers. Source : Musée Carnavalet, Paris.

non l'inverse. Pendant le XVIIe siècle, la population urbaine se stabilise progressivement aux environs de 25 % de la population totale. Elle est surtout constituée d'effectifs jeunes, avec une prépondérance masculine. De fait, l'immigration compte pour une bonne part dans la population urbaine, mais la ville affiche une solde migratoire négatif. Les effectifs masculins de plus de 25 ans comptent autant de célibataires que de chefs de famille, mais, à cet âge-là, une jeune fille non mariée est l'exception. Au début, les mariages se font rapidement et avec les conjoints disponibles. Près des trois quarts des alliances se concluent avec des gens étrangers par l'origine ou la parenté. Par la suite, les comportements changent : on a de plus en plus tendance à se marier entre urbains et partant, entre gens connus.

L'établissement à la ville s'explique par toute une série de facteurs et de circonstances. Il y a d'abord ceux pour qui c'est une étape dans la migration et l'enracinement en milieu colonial : jeunes, migrants et journaliers, disponibles à toute espèce d'activités, mais qui se retrouvent le plus souvent sur une ferme au bout de quelques années. Les plus hauts officiers

Métiers au Canada			
(d'après le recensement de 1681)		Boulangers	7
		Marchands	7
Charpentiers	56	Chapeliers	6
Maçons	30	Couvreurs	5
Menuisiers	24	Cloutiers	4
Charrons	14	Couvreurs	4
Chirurgiens	13	Forgerons	4
Arquebusiers	11	Métiers comptant trois mentions et moins : chaudron-	
Bouchers	8	niers, cordiers, huissiers, meuniers, cuisiniers, arpen-	
Matelots	8	teurs, archers, cabaretiers, calfats, canonniers, couteliers	
		et cardeurs.	

Habitans de Canada. De La Croix, *Nouvelle Metode pour apprendre la geographie universele...* (1705), Collection de l'Université Laval (Centre muséographique).

civils ou militaires ne sont aussi que de passage dans la colonie. Leur séjour en Nouvelle-France n'est qu'une phase dans leur carrière au sein de l'administration française. Pour les autres, qui s'installent à la ville de façon plus ou moins définitive, il existe une étroite relation entre les compétences personnelles et les fonctions urbaines.

Les principales fonctions de la ville, à Montréal, à Québec, comme ailleurs, sont alors d'ordre administratif, religieux, militaire et économique. Ce dernier secteur comprend surtout l'activité maritime et le commerce, les métiers de la construction et de la transformation. Certaines particularités se dessinent toutefois. Québec, tournée vers l'extérieur, développe davantage son activité maritime et portuaire. Au surplus, capitale coloniale, elle regroupe la majeure partie des services administratifs et religieux. Montréal ne connaît pas un développement aussi rapide. Tournée vers l'intérieur, elle assume le contrôle de la traite des fourrures et remplit un rôle administratif secondaire.

« Il sera désigné un lieu commode dans la haute ou la basse ville de Québec, pour y établir un marché le plus tôt qu'il se pourra, qui se tiendra deux fois la semaine, dans lequel tous les habitants qui auront quelques grains, volailles, gibier et autres denrées à vendre pourront les y porter.

« Tous les poids et mesures, comme minot, demi-minot, boisseau, pot, pinte, aune, demi-aune, chaînes, romaines, crochets et balances et généralement tout ce qui est nécessaire pour la vente et l'achat des marchandises qui ne sont point marquées, le seront à la marque du roi (...).

« Il est enjoint à toutes personnes qui feront bâtir à l'avenir des maisons en cette ville, d'y faire latrines et privés afin d'éviter l'infection et la puanteur que ces latrines apportent.

« Défense à toutes personnes de prendre du tabac ni porter du feu dans les rues de cette ville sur peine de punition corporelle.

« Défense à tous cabaretiers de ce pays de prêter ni faire crédit aux fils de famille, soldats, valets, domestiques et autres ni de prendre d'eux aucun gage, comme aussi de donner à boire la nuit, passé neuf heures du soir.

« Tous boulangers qui sont ou seront établis dans cette ville auront en tout temps leurs boutiques garnies de pain blanc et bis pour vendre au public.

« À l'avenir tous les habitants de ce pays seront tenus de faire garder leurs bestiaux soit dans les communes soit dans leurs concessions, chacun à leur égard, sans qu'ils les puissent faire pâturer sur les terres de leurs voisins sans leur consentement. »

Règlements généraux de police, 1676.

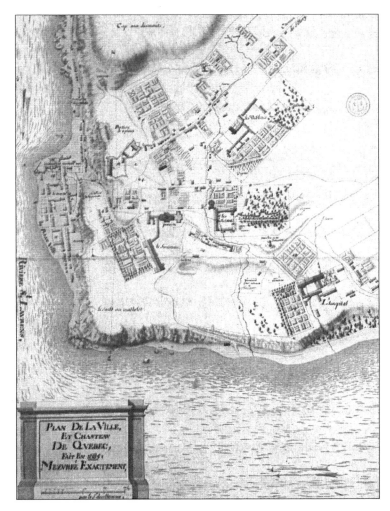

La ville de Québec en 1685 par Robert de Villeneuve. On y aperçoit la basse-ville avec sa fonction marchande et la haute-ville avec ses fonctions administrative et religieuse. Source : Archives Nationales, Paris, France : section outre-mer, Dépôt des fortifications des colonies, Amérique septentrionale, 349B.

À la fin du XVIIe siècle, plus du tiers des effectifs urbains se retrouve dans les métiers de base : construction, transformation des aliments, circulation des denrées et des produits manufacturés. Les maçons travaillent à l'érection des résidences du gouverneur et de l'intendant, des magasins du roi*, des hôpitaux, des maisons d'éducation, des édifices des communautés religieuses et œuvrent pour les particuliers. Les charpentiers et menuisiers bâtissent les maisons et les bâtiments secondaires des particuliers, construisent et réparent les bâtiments destinés à la navigation fluviale ou océanique. À côté des forgerons et serruriers engagés dans les réalisations architecturales, l'on dénombre un bon nombre de cordonniers, de taillandiers ou de tailleurs d'habits. Finalement, quelques bouchers, boulangers et

Magasins du roi : magasins où sont stockées toutes les marchandises telles qu'outils, armes, matériaux de construction, tissus, produits de traite, etc. Les principales villes de la colonie, certains postes de traite et les établissements du roi sont dotés de ces entrepôts d'État.

Arpenteurs : dans un pays neuf, les arpenteurs jouent un rôle très important. Ils tirent les alignements et bornent les possessions des colons. Nommés par l'intendant, ils doivent démontrer leur compétence devant le professeur de mathématique du collège des Jésuites et ajuster leurs instruments (ils utilisent les mesures de Paris).

aubergistes offrent une gamme assez réduite de produits alimentaires aux urbains comme aux gens de passage et aux équipages de navires. La vie de relation crée un autre groupe de gens de métier. Négociants et marchands assurent la circulation des produits importés, en particulier tissus, boissons, outils, ustensiles ou équipements de ferme. Les pilotes, navigateurs et marins, forment aussi une population assez nombreuse, mais que l'exercice même du métier rend moins stable et plus difficile à repérer. Enfin, notaires, chirurgiens et arpenteurs* vivent aussi de l'exercice de leur métier à la ville. La campagne paraît nettement moins bien pourvue en hommes de métier. Chacun des habitants a appris à manier les outils de base et peut régler le quotidien. Plusieurs exercent une activité d'appoint et l'échange de biens et de services y semble une pratique répandue. Il suffit finalement d'un nombre assez limité de personnes pour combler les besoins d'une colonie naissante, quelques centaines d'hommes de métier dans chacune des deux grandes villes. Cela a souvent paru nettement insuffisant aux yeux des autorités qui ont constamment déploré la faiblesse numérique de la main-d'œuvre et, en corollaire, sa cherté. En fait, les lacunes ont été plus manifestes quand les besoins en compétence supérieure et en nombre d'ouvriers se sont accrus, notamment lors de la mise en marche de grandes entreprises industrielles. Près de la moitié des jeunes gens mis en apprentissage ont été rémunérés par leur maître. En revanche, il ne semble pas si facile de vivre et de bien vivre de l'exercice d'activités artisanales à cause de la fluctuation des besoins.

Dès le début, les hommes de métier voulurent transposer en Nouvelle-France les règles et les corporations françaises. Mais la politique de peuplement des autorités favorisa la reconnaissance facile de la pratique. Plusieurs jeunes gens, âgés parfois de 15 à 18 ans, se déclaraient homme de métier. En outre, en 1666, l'intendant Talon supprima les règles des corporations et accorda la maîtrise et partant le droit de tenir boutique à tous ceux qui avaient pratiqué un métier pendant six années consécutives. Le système d'apprentissage auprès d'un maître fut maintenu, mais on estime que seulement 10 à 20 % des hommes de métier passèrent un contrat d'apprentissage. Le plus souvent, après quelques années de travail comme apprenti, puis comme engagé, un homme de métier s'établissait à son compte, reprenait parfois la boutique du maître avec lequel il s'était associé ou tentait de se former une clientèle. La pratique d'un métier est rarement isolée. Il arrive qu'un individu agisse comme entrepreneur et attire gendres, enfants et parents. Le métier se transmet alors dans la famille, en filiation directe ou indirecte. Dans certains cas, comme dans les métiers de l'alimentation, toute la famille contribue à l'entreprise. Parfois, un réseau se noue entre les fournisseurs et les producteurs d'articles transformés, comme entre les tanneurs et les cordonniers. Souvent, la résidence est annexe à l'atelier. D'autres se mettent au service d'hommes d'affaires qui fournissent l'atelier et les outils. La dominante n'en reste pas moins la boutique artisanale, ayant un caractère familial et une clientèle bien identifiée et bien connue, souvent de rang social comparable.

Les conditions de travail sont dures. Il faut trimer du lever jusqu'au coucher du soleil et parfois travailler à la chandelle ou à la lampe. Les congés sont rares, même s'il y a de nombreux jours fériés. En général, le travail s'échelonne sur six journées pleines par semaine, mais il n'y a pas toujours de travail à faire dans ce métier. Plusieurs exercent une autre occupation, proche de leur compétence première. L'artisan doit se faire polyvalent pour compenser le manque de travail et trouver à subvenir à ses besoins. À l'exception des gens du bâtiment, seulement un homme de métier sur quatre devient propriétaire d'une maison. Les gens de services paraissent un peu mieux nantis. Leur profession comporte plus de stabilité, fait souvent appel à des connaissances théoriques plus poussées et les met plus fréquemment en relation avec les autorités. Ils peuvent concevoir un plan de carrière, d'autant plus que l'exercice de leur fonction s'inscrit généralement dans un contexte urbain. Ces officiers et fonctionnaires de l'État sont propriétaires pour la plupart d'une maison de pierre à deux étages, située dans un quartier de prestige.

La vie à la ville illustre à la fois le dynamisme et l'instabilité de la vie économique. À côté d'un noyau central qui a tendance à se fermer de plus en plus et à occuper les postes de commande, s'agite une population pour laquelle la ville comme le métier demeurent un espace de transition. S'il est souvent plus rapide et si les occasions de se tailler une place enviable sont plus nombreuses à la ville, les risques sont aussi plus élevés et les échecs plus nombreux.

Quatre types d'activité ont particulièrement retenu les hommes dans la colonie au XVIIe siècle : dans l'Ouest la traite des fourrures, à l'Est la pêche, dans la vallée laurentienne l'agriculture et la pratique d'un métier ou d'une profession dans les villes. L'agriculture est plus un mode de vie qu'une activité économique. Après bien des années de labeur, la terre produit à peine plus qu'il ne suffit pour répondre aux besoins de la famille. Elle offre cependant une plus grande sécurité. Par contre, l'augmentation du peuplement nécessite constamment l'ouverture de nouveaux fronts pionniers. Presque tous les immigrants et au moins un enfant sur deux doivent recommencer à zéro et se tailler une exploitation à même la forêt. La traite des fourrures est soumise à une série de crises conjoncturelles : guerres entre les nations amérindiennes, diminution dans la qualité des approvisionnements, augmentation des coûts de revient, efforts de réduction des effectifs qui s'y engagent et, finalement, surapprovisionnement. Dans la pêche, comme dans la fourrure et en bonne partie dans les métiers, environ la moitié des effectifs montrent une instabilité géographique ou professionnelle, indice des difficultés d'enracinement.

Carte de la Nouvelle-France de 1685 par Hubert Jaillot. Quatre types d'activités dominent la colonie : la fourrure à l'ouest, la pêche à l'est, l'agriculture et la pratique d'un métier dans la vallée du St-Laurent. Source : Archives publiques du Canada, Collection nationale de cartes et plans, Ottawa (NMC 6349).

Chapitre 6

Gouverner la Nouvelle-France

La création et la consolidation d'une colonie a un objectif : exploiter les richesses de la contrée. Les ressources recherchées varient selon les intérêts en cause. Les compagnies commerciales, les tenants d'une politique de peuplement et de colonisation intégrale, enfin les missionnaires poursuivent des objectifs divergents.

Au fur et à mesure que s'accroît la population française dans la colonie, l'État intervient plus lourdement, étend ses interventions à tous les domaines de la vie, énonce de plus en plus de règles de fonctionnement qui encadrent plus rigidement et souvent de façon tatillonne les diverses facettes de la vie. Il se donne aussi de multiples modes d'intervention et instaure un appareil administratif calqué sur le modèle de celui des provinces de France. Il transfère autant que faire se peut les institutions de la mère patrie dans la colonie. Il gère l'économique, le social et le quotidien.

1. L'exercice du gouvernement

Après avoir été largement déçu par les tentatives de colonisation de Cartier et de Roberval, en particulier à cause de l'absence d'or et de pierres précieuses, le souverain français perd beaucoup d'intérêt pour ces terres neuves. Au début du XVIIe siècle, il recourt aux compagnies commerciales pour veiller au développement de la Nouvelle-France. Moyennant une petite redevance annuelle, il leur confie la gestion et l'administration de l'entreprise coloniale. Il s'inspire en cela du modèle de ses concurrents, en particulier les Hollandais.

a. Les compagnies

Cependant, à mesure que la colonie se développe, l'espoir revient d'en tirer des profits, et le roi devient plus attentif à l'évolution de l'entreprise coloniale. Il révoque et cède le monopole à volonté. Il devient sensible aux dénonciations des objectifs apparemment trop uniquement mercantiles des compagnies qui font passer le commerce avant le peuplement, la colonisation intégrale et l'évangélisation.

Portrait d'Armand-Jean Du Plessis, cardinal de Richelieu (1585-1642) par Philippe de Champaigne (1602-1674). Huile sur toile conservée à la National Gallery de Londres.

En 1627, Richelieu fonde la Compagnie des Cent-Associés qui veut accorder la priorité au peuplement. La Compagnie des Cent-Associés ne réussit guère mieux que les précédentes à remplir ses obligations de colonisation et de peuplement. Ce n'est pas faute d'avoir essayé, ni d'avoir investi de l'énergie et de l'argent dans l'entreprise. La majorité de ceux qu'elle réussit à recruter retournèrent en France, une fois les trente-six mois d'engagement complétés. Les colons amenés par les seigneurs, les communautés et les marchands furent quand même portés à son actif. Le commerce des fourrures, qui ne rapportait pas de façon régulière, suffit à peine à combler les besoins nécessaires au maintien de la colonie. Quand la menace iroquoise eut pour effet d'entraîner la destruction de la Huronnie et celle du réseau de traite, et donc de rendre très aléatoire l'approvisionnement en fourrures, il fallut se rendre à l'évidence : l'entreprise coloniale ne pouvait être que celle d'un roi. Du reste, seule une autorité supérieure saurait concilier les intérêts de plus en plus divergents des commerçants, des colonisateurs et des missionnaires.

Dès l'époque des Cent-Associés, le roi nomma un représentant ayant rang et titre de Gouverneur de la Nouvelle-France. En 1663, le roi prit lui-même en mains les destinées de la colonie.

Caen

Guillaume de. Ce Rouennais, protestant, détient le monopole de la traite en Nouvelle-France de 1621 à 1627. Il est évincé de la compagnie, sous le prétexte qu'il n'a rien fait pour peupler le pays et pour convertir les Amérindiens à la foi catholique.

Les compagnies de la Nouvelle-France

1604-1606 Société à monopole commercial de Du Gua de Monts avec des marchands de Rouen, Saint-Malo, La Rochelle et Saint-Jean-de-Luz.

1608 Société à monopole : Du Gua de Monts et marchands de Rouen.

1609-1611 Régime de libre concurrence : société de Du Gua de Monts et marchands de Rouen.

1612 Bourgeois de La Rochelle.

1613 Marchands de Rouen, Dieppe, Saint-Malo, Honfleur et La Rochelle.

1613-1620 Compagnie du Canada, aussi appelée de Condé, de Champlain, ou de Rouen et Saint-Malo.

1620 Compagnie de Montmorency ou de Caen (du nom des principaux actionnaires).

1621 Ajout des marchands de Rouen et Saint-Malo à la compagnie.

1625 Compagnie de Ventadour : mêmes actionnaires que précédemment.

1627 Compagnie des Cent-Associés.

1645 Compagnie subsidiaire, Communauté des Habitants.

1661 Compagnie des Cent-Associés.

Le jeune Louis XIV venait d'accéder au pouvoir. Il entendait bien régner en maître absolu sur toutes ses possessions et étendre encore son empire. Il visait à l'hégémonie de la France en Europe, comptant bien que les colonies sauraient contribuer à la puissance et au prestige du royaume.

b. L'administration royale

Tout comme en France, le gouverneur, choisi le plus souvent parmi la vieille noblesse et représentant la personne et la dignité du roi, était chargé des relations extérieures, de la diplomatie et des questions militaires. L'intendant, défini comme « l'œil et la main du roi », tiré de l'élite roturière récemment anoblie ou de la petite noblesse, et entièrement dévoué aux intérêts du souverain, veillait aux questions civiles. Responsable des affaires de justice, de police* et de finances*, il concentrait entre ses mains la majorité des pouvoirs. À peu près rien n'échappait à son emprise, sauf qu'il devait partager avec le gouverneur le pouvoir de concéder des seigneuries, d'accorder des permis de traite et de veiller au développement général de la colonie. Cette administration bicéphale a souvent engendré des tensions et des conflits entre des administrateurs jaloux de leurs pouvoirs respectifs. Le gouverneur, chef militaire d'une colonie qui prit souvent l'allure d'une caserne, jouissait d'un prestige et de pouvoirs importants. Les liens étroits entre l'alliance commerciale et l'alliance militaire, et partant, la dualité de fonction des forts-postes de traite, lui donnaient des avantages et des moyens de se constituer de puissants groupes de partisans. De lui aussi relevait le programme de découvertes si important pour les visées expansionnistes du souverain. Les multiples responsabilités confiées à l'intendant lui procuraient cependant des pouvoirs encore plus étendus. En

Portrait de Louis XIV conservé au Château de Versailles.

Police : elle est responsable de la réglementation interne des marchés, de l'hygiène, de la santé et de la sécurité publique.

Finances : la responsabilité des finances fait de l'intendant le personnage le plus influent : il administre le budget, contrôle les dépenses — même militaires —, établit le cours de la monnaie et fixe le prix des denrées. Réglementant le commerce, supervisant la pêche, l'agriculture et l'industrie, il veille au développement économique de la colonie.

Établissement d'un gouvernement royal	Fonctions du gouverneur
« Ordonnons, voulons et nous plaît que tous les droits de propriété, justice et seigneurie, de pourvoir aux offices de gouverneurs et lieutenants généraux desdits pays et places, même de nommer des officiers pour rendre la justice souveraine, soient et demeurent réunis à notre couronne. » Actes du pouvoir souverain, 1663.	« Enjoignons aux officiers du conseil de reconnaître le sieur Frontenac et de lui obéir en tout ce qu'il leur ordonnera : assembler quand besoin les communautés, leur faire prendre les armes, établir des garnisons, commander tant aux peuples desdits pays qu'à tous nos autres sujets, défendre les dits lieux de tout son pouvoir et commander tant par mer que par terre. » Commission de Louis XIV, 1672.

Conseil souverain. Ministère des Communications, Québec.

dernière instance, c'est lui qui veillait à l'application et à l'interprétation des lois. Il pouvait même évoquer* toute cause portée devant la justice. Au plan économique, l'agriculture, le commerce extérieur et intérieur, l'industrie, la monnaie et les travaux publics étaient de son ressort. De lui relevaient les relations entre les personnes, l'activité des hommes de métier, le prix des denrées, l'hygiène et la sécurité publiques.

Le gouverneur et l'intendant siégaient ensemble au Conseil souverain, avec l'évêque et cinq à sept autres conseillers. Ce conseil jouait le rôle d'un tribunal d'appel en matière civile et criminelle. Il disposait aussi de pouvoirs administratifs. L'enregistrement* par le Conseil donnait aux arrêts du roi et aux lettres de nomination leur force légale en Nouvelle-France. Cette structure administrative fut également instaurée dans les autres colonies de la Nouvelle-France. L'Acadie, puis plus tard, la Louisiane furent dirigées par une administration semblable qui, tout en relevant théoriquement de Québec, reçut en fait ses ordres de France. Cette partie supérieure de la pyramide administrative de la colonie était complétée par une série de juridictions subalternes, en particulier dans les trois gouvernements du Canada. Dans chacun d'eux, une cour de première instance, se chargeant souvent d'enregistrer les ordonnances des intendants, s'ajouta aux représentants ou délégués des administrateurs de la colonie.

Fonctions et pouvoirs de l'intendant

« *Rendre bonne et brève justice. Informer de toutes entreprises menées contre notre service. Procéder contre les coupables. Présider au Conseil souverain. Juger souverainement seul en matière civile. Voulons aussi que vous ayez l'œil à la direction, maniement et distribution des vivres, munitions, réparations, fortifications (...).* »

Commission d'intendant, *1665*.

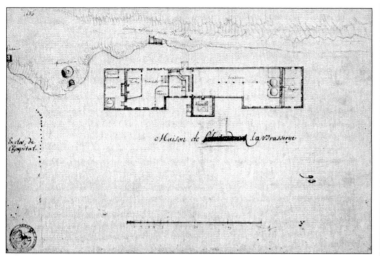

Plan de la brasserie que Talon fit construire à Québec de 1668 à 1670 et qui produisit de 1670 à 1675. Vendu au roi en 1685, le bâtiment allait devenir la maison de l'intendant et le siège du Conseil souverain. Archives nationales de Paris, Section Outre-Mer, Atlas Colonies, vol. III, nº 93.

Cette administration s'inspirait directement du modèle français, à quelques exceptions près, notamment la non-vénalité des offices, le cumul des charges et l'absence d'avocats*. Pour le reste, les principes hiérarchiques, paternalistes et tatillons du système administratif français furent assez intégralement transférés. Si certains administrateurs imprimèrent davantage leur marque que d'autres, tous possédaient une formation qui semblait leur conférer les qualités requises pour assumer la direction d'une colonie comme la Nouvelle-France. Même si la faveur du ministre put jouer un rôle de premier plan dans leur nomination, leur compétence générale ne fait pas de doute. Il s'agit essentiellement de personnes qui avaient fait carrière dans l'administration du royaume et que le hasard ou les circonstances amenaient pour un temps en Nouvelle-France. Cependant, du plus haut administrateur au plus bas fonctionnaire, la coterie politique jouait, amenant chacun à se constituer son réseau de pouvoirs.

Avocats : pour éviter autant que possible les lourdeurs du système administratif français dans ses colonies, la royauté interdit la présence des avocats qui ont la réputation d'embrouiller les affaires...

c. Administrateurs et fonctionnaires

L'importance de cet appareil administratif n'a jamais été numériquement évaluée, même de façon approximative, mais il est évident qu'il prit rapidement des proportions tentaculaires. Certes, le pouvoir effectif reste entre les mains d'un petit nombre de personnes privilégiées et étroitement associées aux autorités. Mais combien d'exécutants sont mis à contribution ? On a évalué leur nombre à quelques centaines au milieu du

Événements administratifs	
1637 Huaut de Montmagny est le premier gouverneur général de la Nouvelle-France.	**1663** Instauration d'un gouvernement royal en Nouvelle-France.
	1663 Création du Conseil souverain de la Nouvelle-France.
1649 Création de la milice dont René Robinau de Bécancour devient le premier capitaine.	**1664** La Coutume de Paris est imposée de façon exclusive en Nouvelle-France.
	1665 Jean Talon devient intendant de la Nouvelle-France.
	1666 Création de la Prévôté de Québec.

Maîtres de métiers jurés: responsables de la qualité du travail, ils vérifient les compétences et les instruments de mesure. En 1673, un règlement précise qu'ils doivent procéder à l'inspection des ouvrages, à la fixation des prix et à la vérification de la qualité du travail. Ils sont nommés par le roi ou élus pour deux ans, par les membres de leur profession, et assermentés; ils sont souvent désignés par les cours de justice pour effectuer les expertises.

Officiers de justice:
1. Le procureur introduit les causes et veille aux intérêts de l'État.
2. Le greffier tient les registres de la cour. Il rédige les procès-verbaux et assume la garde des papiers et effets déposés en preuve.
3. L'huissier est chargé d'assigner les parties et de faire exécuter des décisions.

Officier de milice: instituée officiellement en Nouvelle-France en 1669, la milice assure la défense de la colonie. En théorie, elle regroupe tous les hommes valides de 16 à 60 ans et chaque paroisse compte une compagnie. En cas de conflit, on fait appel à des volontaires. Formée d'hommes connaissant le pays et initiés à la guerre d'embuscade, la milice, forte de ses victoires, est crainte. En période de paix, elle est parfois contrainte à travailler aux fortifications.

siècle suivant, un chiffre qui nous paraît acceptable. Il faudrait pouvoir tenir compte de la composition exacte des services de l'intendance. Outre le secrétaire en titre, combien d'écrivains, de commis, de gardes sont à son service? Le gouverneur dispose d'une garde de 24 archers, auxquels il faut ajouter les gens de sa maison, de 10 à 20 personnes, lui permettant de tenir son rang et de veiller à ses affaires. Les magasins du roi sont aussi confiés à des officiers qui sont secondés par des commis aux écritures, des gardes mais aussi des manutentionnaires. Faudrait-il y ranger les officiers de l'armée, responsables de leurs hommes casernés dans la ville ou dans les forts ou encore en quartier d'hiver chez l'habitant? À côté d'eux, les maîtres de métiers jurés* — chargés occasionnellement de vérifier la qualité des outils, de la production ou du travail — les arpenteurs, les notaires et les responsables du commerce, du port, des chemins sont eux aussi des agents du pouvoir. Dans chaque cour de justice royale et même dans quelques seigneuries, on trouve au moins un juge, un procureur*, un greffier* et un huissier*. Enfin et surtout, chaque seigneurie compte son seigneur et, en plus, presque toujours un officier de milice* qui devient au fil des années un intermédiaire chargé par l'intendant de veiller à l'exécution de ses ordonnances et au bon ordre. De plus, chaque paroisse possède bientôt son curé qui n'est pas le moindre tenant du respect de la loi et de l'autorité.

En somme, la colonie ne manque pas de chefs, grands et petits, souvent jaloux de leur parcelle de pouvoir, de leurs intérêts et de ceux de leurs mandataires. Le nombre de gens qui détiennent une responsabilité quelconque semble effarant. La diversité des règlements édictés par les autorités finit par couvrir tous les aspects de la vie. Rien ni personne ne semble échapper au contrôle des autorités. Les recensements et autres formes de dénombrement, les précisions apportées aux règles relatives à la tenue des registres d'état civil ou des greffes de notaire, la cartographie du peuplement sont autant d'instruments de contrôle que l'État se donne sur chaque individu. La vie paraît étroitement quadrillée par le pouvoir, les institutions qu'il a mises en place et l'administration qu'il s'est donnée.

Le recensement général du Canada de 1688 est un élément de contrôle des autorités sur la colonie. Archives Nationales de Paris, Section Outre-Mer, série G, vol. 461, p. 2.

2. Les institutions

L'administration coloniale se dote en outre d'une série de grands services publics dont les membres agissent plus ou moins directement comme des agents du pouvoir. Les notaires et les arpenteurs, nommés par une commission royale, veillent à l'application des règles relatives à la distribution et à l'occupation de l'espace. Les médecins, chirurgiens et sages-femmes doivent être accrédités par les autorités civiles et religieuses. Un grand-voyer* est chargé de régler le tracé des chemins et des rues et de faire participer la population à leur entretien. Un capitaine de port* règle la circulation maritime et pourvoit aux aménagements portuaires. Les officiers de milice, procureurs de justice et seigneurs doivent faire exécuter les ordres de l'intendant.

Tout cet encadrement ne doit pas faire illusion. Les soldats sont décrits comme les pires garnements ; les agriculteurs ne se laissent pas mener facilement, répondant par l'inertie aux

Grand-voyer : responsable du réseau routier. À la campagne, sur la requête du seigneur, de l'officier de milice ou d'habitants, il convoque les principaux et les habitants pour établir le tracé des rues et répartir les tâches, notamment la construction des ponts. À la ville, il veille à l'alignement des maisons et s'assure que la circulation n'est pas entravée.

Capitaine de port : il est chargé de veiller à l'entretien des rades et des quais, de doter le port d'équipements, de planifier l'accostage des navires, d'assurer le maintien de l'ordre et de faciliter la navigation sur le Saint-Laurent.

décisions contrariantes ; quelques centaines d'hommes se mettent hors-la-loi en partant dans les bois sans congé. La fréquente répétition des ordonnances des intendants et des mandements des évêques traduit la vanité des efforts des autorités à tout contrôler. Entre le prescrit et le vécu, il existe une marge qui semble considérable. Pourtant, la petite population de la vallée du Saint-Laurent au XVIIe siècle semble bien paisible, retirée pour la majorité sur une terre qui absorbe toutes ses énergies. L'habitant de la Nouvelle-France est habile à investir ou tourner à son avantage les institutions qui l'encadrent.

a. La Coutume de Paris

À côté de la structure administrative étatique et des règles de l'Église de Rome passées au filtre du gallicanisme, la Coutume de Paris* couvrait aussi les droits, privilèges et obligations de chacun dans la vie en société, de sa naissance jusqu'après son décès. La Coutume de Paris a été imposée à l'exclusion de toute autre à compter de 1664. Code juridique, elle définit le statut des personnes et précise les droits de chacun. Dans les alliances matrimoniales, la Coutume ne retient que le régime de la communauté de biens. Les règles d'héritage diffèrent selon que l'on naît noble ou roturier. Dans le premier cas, l'aîné reçoit la majeure partie des terres. L'on comprend que les autres fils se tournent vers l'armée et vers le clergé. Chez les roturiers, les biens sont répartis à parts égales entre les héritiers. Ce cadre juridique favorise une répartition de la richesse qui garantit la stabilité d'un ordre social hiérarchisé. Chez les nobles, à chaque génération, la richesse reste concentrée entre les mains d'un héritier, tandis que chez les roturiers les maigres acquis sont répartis entre chaque enfant. Les riches s'enrichissent, les pauvres s'appauvrissent. Ce schéma, tout caricatural qu'il soit, traduit néanmoins les principes d'un système d'autant plus important qu'il commande la vie de 80 % de la population.

En Nouvelle-France, les principes inhérents à la Coutume de Paris portent à faux, parce que la structure économique diffère : la terre ne représente pas le seul et le plus grand des avoirs et elle sert rarement d'assise au pouvoir ou à la promotion sociale. Certes, le conjoint survivant d'une union retient un temps la moitié de l'héritage. De même l'aîné reçoit une part légèrement plus élevée que les autres. Mais ce qui prédomine, c'est le partage égalitaire des biens mobiliers. En France, la Coutume de Paris favorise la hiérarchisation sociale et, partant, la stabilité des statuts ; en Nouvelle-France, elle est source d'égalitarisme.

Coutume de Paris : ensemble de lois civiles régissant les droits des individus, en particulier leur statut personnel, les régimes matrimoniaux, la propriété et la transmission des biens. Ces lois, observées dans la région parisienne depuis le xe siècle, ont été codifiées en 1510 puis en 1580. Cette coutume, implantée en Nouvelle-France en même temps que d'autres coutumes (du Vexin ou de Normandie), l'emporte à partir de 1664 et est adaptée aux particularités de la vie dans la colonie.

b. L'institution familiale

L'autre institution de base de la société française, la famille, s'inscrit dans un contexte différent dans l'espace colonial, particulièrement au XVIIe siècle. Dans la mesure où près de la moitié des unions qui se contractent au cours de ce siècle comprennent un orphelin ou une personne détachée de sa famille (soldats et filles du roi) et que les biens matériels en cause ne sont souvent que des espoirs, les alliances se nouent en dehors de stratégies familiales de long terme. Le voisinage et l'insertion dans le groupe l'emportent. Si les règles sociales sont largement maintenues dans le choix d'un conjoint, on a plus facilement recours à un étranger (40 % des unions). De même, la parenté ne joue pas le rôle supplétif auquel on aurait pu s'attendre pour parer aux problèmes des familles en difficultés. L'historienne Louise Dechêne a montré, par exemple, l'importante proportion d'anciens soldats qui ont épousé des veuves à Montréal au XVIIe siècle, profitant ainsi des travaux réalisés par le premier conjoint.

c. Une institution communautaire, la seigneurie

La seigneurie et la paroisse* occupent pratiquement toute la place institutionnelle. La seigneurie a constitué l'unique mode d'occupation des terres en Nouvelle-France. L'État place sa confiance en des personnes qui font partie de l'élite, la donne parfois à des gens d'initiative et de débrouillardise, pour assurer le développement de la colonie.

Paroisse : unité de base de l'organisation ecclésiastique sur laquelle s'exerce le ministère d'un curé. Un conseil de fabrique, constitué des trois marguilliers en charge et des anciens marguilliers, gère les affaires temporelles. En Nouvelle-France, Monseigneur de Laval préférant gérer le diocèse à partir du Séminaire de Québec, ce n'est qu'en 1721 qu'on dresse la carte des paroisses.

Paiement des cens et des rentes. Archives nationales du Canada, Ottawa.

Chaque seigneur doit concéder des terres en censive et mettre en valeur la portion de territoire qui lui a été concédée. Entre le seigneur et le censitaire s'établit un rapport de dépendance, vestige du droit féodal. Le seigneur jouit de certains privilèges* honorifiques : port de l'épée, banc à l'église, pain bénit, préséance, etc. À la terre concédée sont rattachés des droits comme la chasse, la pêche ou la coupe du bois que le seigneur peut cependant garder pour son propre usage, ce que plusieurs font selon les richesses naturelles de leur seigneurie. En outre, comme on l'a vu précédemment, le seigneur perçoit un cens, signe de vassalité, et des rentes annuelles fixes, payables à son manoir. Celles-ci, de 7 à 10 livres* par an, équivalent en gros à 5 ou 10 % des revenus de la terre. Le censitaire doit aussi faire moudre son blé au moulin seigneurial et s'acquitter des droits banaux en cédant le quatorzième minot. Il en est de même pour les produits de la pêche (1/13e). De plus, si le seigneur organise des pâturages communaux, il peut exiger des redevances. Enfin, toute transaction de biens fonciers est sujette au paiement d'un droit sur la valeur de la vente (lods et ventes).

Le censitaire n'est pas quitte pour autant. Il doit mettre sa terre en valeur et tenir feu et lieu, sous peine de retrait. Il faut défricher, dresser les clôtures, creuser des fossés, entretenir un chemin, participer à la construction de ponts, assumer sa part de corvées publiques ou religieuses et suivre les exercices de la milice. En effet, théoriquement, à compter de 1669, tout homme de 16 à 60 ans fait partie d'un corps de milice local, seigneurial ou paroissial, et participe aux expéditions militaires, aux préparatifs et à la construction du système de défense de la ville, sous l'autorité d'un officier. Même le seigneur est assujetti au capitaine de milice sur ce plan-là.

3. Le programme religieux

La paroisse, autre institution d'encadrement communautaire, ne se développe vraiment qu'à la fin du XVIIe siècle. Tout au long du mandat de Mgr de Laval, les curés relèvent directement du Séminaire de Québec* et restent amovibles. Dans cette Église naissante, l'orientation missionnaire garde longtemps la priorité. Par la suite, la hiérarchie diocésaine, les institutions centrales et les services d'hospitalisation et d'éducation priment dans les efforts d'organisation. L'arrière-plan idéologique de l'Église de la Nouvelle-France repose sur les principes qui se dégagent du concile de Trente* : prédominance du Christ au

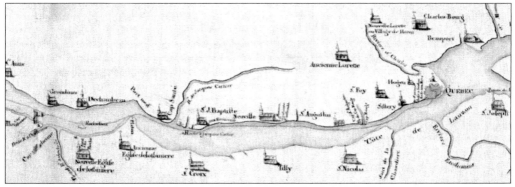

Paroisses établies des deux côtés du St-Laurent. *Service historique de l'armée de terre, château de Vincennes, réf. : 7B68*

détriment des saints, qualité du clergé, observation rigoureuse des préceptes religieux et rejet des croyances et coutumes populaires déviantes.

L'Église ne connut que des succès mitigés dans son action missionnaire. Elle se heurta d'abord à une conjoncture conflictuelle, aux aspects mercantiles de cette rencontre des cultures — comme le commerce de l'eau-de-vie —, aux craintes suscitées par la propagation des épidémies*, mais encore, plus globalement, à la mentalité indienne. Au XVIIe siècle, malgré le zèle considérable des missionnaires qui ne craignent pas de suivre les nations nomades dans leurs pérégrinations, les conversions se comptent à l'unité. Et encore, dans trop de cas, ceux qui acceptent de recevoir le baptême le font à l'article de la mort. Quant aux autres, aux dires des missionnaires, ils ont facilement tendance à oublier certaines règles fondamentales dès que leur course à travers les bois les éloignent pour un temps de l'enseignement des

Epidémies : les relations qu'entretiennent les Amérindiens avec les Européens les mettent en contact avec des virus contre lesquels leur système immunitaire est sans défense. La moindre grippe peut être mortelle. On estime que les épidémies ont décimé la moitié des populations autochtones.

Chomedey de Maisonneuve
Paul de, (1612-1676), originaire de Champagne. Ce gentilhomme prend la direction de la Société Notre-Dame pour fonder une ville missionnaire à Ville-Marie (Montréal) dont il est gouverneur de 1642 à 1665, année de son retour en France.

Lalemant
Charles, (1587-1624), premier supérieur des Jésuites en Nouvelle-France. Il rentre en France en 1638. À Paris, il occupe le poste de procureur des missions du Canada et favorise la fondation de Montréal.

Brébeuf
Jean de, (1593-1649), missionnaire jésuite, fondateur de la mission de Sainte-Marie-aux-Hurons. Après 15 ans d'apostolat, il meurt, martyrisé, comme beaucoup de missionnaires,

lors d'une offensive iroquoise. Pour tourner en dérision le baptême, il est ébouillanté ; on lui place un collier de haches brûlantes autour du cou, on lui coupe les lèvres et on le bastonne sans qu'il laisse entendre aucune plainte. Édifiés par son courage, les Amérindiens mangèrent son cœur.

Bourgeois
Marguerite, (1620-1700), originaire de Champagne. Externe de la Congrégation Notre-Dame de Troyes, qui est vouée à l'éducation des filles, elle est recrutée par Maisonneuve. Les sœurs s'établissent dans toute la colonie. L'originalité de Marguerite Bourgeois est d'avoir fondé une communauté de femmes non cloîtrées.

Mance
Jeanne, (1606-1673), prend une part très active à la fondation de Montréal où elle ouvre, dès 1642, un Hôtel-Dieu.

Marguerite Bourgeoys (1620-1700) fondatrice de la congrégation Notre-Dame au Canada. Archives des sœurs de la Congrégation de Notre-Dame de Montréal.

missionnaires. Enfin, ils ont la fâcheuse tendance, aux yeux des prêtres, d'acquiescer à tout, mais d'en faire à leur tête, et de concilier trop facilement l'enseignement de l'Église avec leurs croyances traditionnelles. Le programme d'évangélisation subit diverses modifications. Après l'échec relatif des missions, l'on privilégia l'éducation des enfants et, en un second temps, la sédentarisation. Les réussites ne furent guère plus nombreuses. Les enfants furent incapables de s'habituer à la vie disciplinée, respectueuse d'une autorité qui leur parut abusive, loin de leurs parents et de la nature. Ceux qui ne moururent pas au bout de quelques mois désertèrent.

Par la suite, l'œuvre d'évangélisation se poursuivit dans deux directions. Les missionnaires continuèrent à se rendre chez les Indiens les plus éloignés pour y répandre la connaissance de leur Dieu. L'abnégation dont ils faisaient preuve, leurs connaissances techniques, leurs biens, leurs relations avec les responsables civils de la colonie et leur autorité sur les Français de passage leur conféraient un immense prestige. Ils furent de précieux intermé-

Le martyre des Pères jésuites : la mort du père Jogues et des pères Brébeuf et Lalemant, d'après une peinture attribuée à l'abbé Pommier. Musée de l'Hôtel-Dieu de Québec.

diaires, mais leur apostolat prit du temps à se traduire en conversions et en pratiques catholiques. La deuxième option missionnaire, la création de réserves, eut des effets différents. Elle réunit, pour des séjours prolongés, des groupes amérindiens à qui l'on inculquait les principes de la religion catholique et le mode de vie français. Certaines réserves furent aménagées par les Français pour accueillir des Amérindiens en fuite devant leurs ennemis, comme les Hurons installés à Sillery* puis à l'Ancienne Lorette, près de Québec ; d'autres furent aménagées pour recevoir les Indiens alliés désireux de se rapprocher des Français, comme la mission du Sault-au-Récollet créée par les Sulpiciens en 1692, puis transférée plus tard dans la seigneurie du lac des Deux-Montagnes. On voulait y former « de bons soldats et de

Des Hurons. Bibliothèque municipale de Montréal.

bons sujets au roi, en même temps que de bons chrétiens ». Ces réserves regroupèrent de 300 à 1 500 personnes, partiellement sédentaires, ouvertes à la religion catholique et perdant peu à peu une partie de leurs traditions. Elles devinrent des enclaves où les traditions amérindiennes coupées du contexte dynamique de leur civilisation survécurent difficilement. Par contre, jamais l'entreprise d'évangélisation et de civilisation n'aboutit à un métissage intense ou à une assimilation.

L'Église s'efforça aussi de répondre aux besoins spirituels d'une population française de plus en plus nombreuse. À la petite équipe de missionnaires et de dévôts, s'ajoutèrent bientôt

Sillery : ouverte en 1637, la réserve de Sillery, située à quelques kilomètres à l'Ouest de Québec, constitue la première tentative de sédentarisation et de francisatioin des Amérindiens, Montagnais, Algonquins, puis Hurons. Ces nomades ne supportant pas le mode de vie à la française, la réserve est abandonnée en 1660. Les Hurons s'installèrent à l'Ancienne Lorette, à une quinzaine de kilomètres au Nord de Québec, où leur réserve existe toujours.

Principaux événements religieux

1615 Arrivée des premiers missionnaires en Nouvelle-France : les récollets Denis Jamay, Jean Dolbeau, Joseph Le Caron.

1625 Arrivée des missionnaires jésuites: Charles Lalemant et Jean de Brébeuf à Québec et Ennemond Massé venu d'Acadie.

1632 Fondation de la mission de Sainte-Marie-aux-Hurons.

1639 Établissement des Ursulines à Québec avec Marie de l'Incarnation.

1639 Les Augustines Hospitalières de la Miséricorde de Jésus de Dieppe fondent l'Hôtel-Dieu de Québec.

1642 Fondation de Ville-Marie par Chomedey de Maisonneuve.

1642-1649 Martyre de six pères jésuites et de deux donnés.

1657 Les prêtres de la Société de Saint-Sulpice créée par Jean-Jacques Olier prennent charge de Montréal.

1658 Poursuivant l'œuvre d'éducation de Marguerite Bourgeois, les religieuses de la Congrégation s'établissent à Montréal.

1658 François de Montmorency de Laval est nommé vicaire-général de la Nouvelle-France.

1663 Fondation du Séminaire de Québec par Mgr de Laval.

1659 Les Hospitalières de Laflèche prennent la succession de Jeanne Mance à l'hôpital de Montréal .

1664 Québec devient la première paroisse du diocèse.

1669 Création de la confrérie de la Sainte-Famille.

1685 J.-B. de La Croix de Chevrières de Saint-Vallier remplace Mgr de Laval à la tête du diocèse de Québec.

1692 Fondation de l'Hôpital-Général de Québec.

un clergé et des communautés venus de France. Le nombre de prêtres et de religieux paraît très important : ils exercèrent une profonde influence sur les destins individuels. C'est leur intervention qui entraîna l'exclusion théorique des protestants de la colonie. Le protestantisme ne réussit jamais à s'implanter. Du reste, au XVIIᵉ siècle, l'Église de Rome en Nouvelle-France, c'est aussi l'Église de France. Les règles gallicanes donnent au souverain un droit de regard sur les nominations et sur l'organisation matérielle de l'Église dans la colonie. L'Église et l'État, intimement liés, poursuivent des objectifs sociaux et nationaux, similaires ou complémentaires. En 1658, François de Laval est nommé par Rome vicaire apostolique de la Nouvelle-France, puis, en 1674, évêque en titre, relevant toutefois de l'archevêché de Rouen. Il se trouvait à la tête d'un diocèse immense, où œuvraient des communautés religieuses qui ne s'entendaient pas toujours entre elles. Dès 1663, il fonde le séminaire de Québec et il en fait le pourvoyeur du

Portrait de Mᵍʳ François de Laval (vers 1672) attribué à Claude François, dit Frère Luc, 1614-1685. Musée du Séminaire de Québec.

clergé séculier de la colonie. Chaque prêtre peut y adhérer, à la condition de mettre en commun ses biens et ses revenus. Le séminaire veille aux besoins des curés et perçoit la dîme. Cette disposition assure l'unité du clergé en même temps qu'elle renforce l'autorité de l'évêque. Par ailleurs, si l'évêque craignait la

Mission du Sault-Saint-Louis. Bibliothèque nationale de Paris, C.N.D.P.\

prolifération des communautés, il sut néanmoins gagner l'estime des plus importantes, en particulier des Jésuites*, des Sulpiciens* et des Récollets*, et encouragea leurs œuvres religieuses et sociales. Grâce aux subventions royales et aux dons faits aux communautés, les hôpitaux s'agrandirent, desservant gratuitement la population en cas d'accident, de maladie ou d'épidémie. Les soins aux malades, conçus comme une œuvre de charité, se traduisaient le plus souvent pour les habitants les plus déshérités par un séjour moyen d'une durée d'un mois.

L'éducation restait réservée à un petit nombre. Il s'agissait surtout d'encourager les bonnes dispositions et de mieux préparer à la vie. Elle visait davantage à former de bons citoyens qu'à approfondir l'instruction. Le projet de fonder de petites écoles de campagne ne se réalisa que bien lentement, et seulement 20 % de la population rurale savait lire et signer. À la ville, cette proportion atteignit 50 %. Enfin, au moment du retrait de Mgr de Laval en 1685, le clergé comptait un peu plus de 100 prêtres dont 13 Canadiens et près de 100 religieuses dont la moitié étaient des filles du pays. L'Église de France s'était solidement implantée.

La pratique religieuse fut ainsi rigoureusement encadrée. On réussit même, en ce pays immense où l'église pouvait être fort éloignée et les déplacements périlleux à cause de la rigueur du climat ou de la précarité des moyens de transport, à faire respecter l'obligation de baptiser les enfants le plus tôt possible (75 % dans les 24 heures, 95 % dans les trois jours). L'opposition de l'intendant et des habitants obligea le clergé à partager les rigueurs de la vie coloniale, en fixant au 1/26ᵉ plutôt qu'au 1/13ᵉ le taux de la dîme*. Les prêtres généralement instruits ne réussirent pas à imposer leurs choix de dévotion. Malgré leur souhait, jamais saint Joseph ne bénéficia d'une faveur populaire comparable à celle vouée à sainte Anne, patronne des menuisiers et charpentiers, protectrice des marins en difficulté et des Amérindiens. En revanche, la pratique religieuse est stricte. Les fidèles reçoivent régulièrement les

Principaux ordres religieux réguliers :

1. Les Jésuites. Présents en Acadie de 1611 à 1613, ils arrivent dans la vallée laurentienne en 1625. Rentrés en France après la prise de Québec en 1629, ils reviennent pour de bon en 1632. Membres du premier des ordres missionnaires, ils se retrouvent aux avant-postes de la colonie.

2. Les Sulpiciens. Ils arrivent dans la colonie en 1657. Détachés du Séminaire de Saint-Sulpice de Paris, seigneurs et curés de l'île de Montréal, ils ne recrutent que des prêtres français.

3. Les Récollets. Arrivés dès 1615, ils quittent la colonie en 1629. Ils y reviennent en 1670, à la demande expresse des autorités civiles afin de réduire le pouvoir des Jésuites. Aumôniers du gouverneur et de l'armée, ils ont la réputation d'être près du petit peuple.

Dîme : impôt prélevé pour couvrir les dépenses de la fabrique et de la paroisse. Il constitue le revenu le plus important des curés. Il porte sur les récoltes de grains et il est payable au presbytère.

Cette illustration servait à l'enseignement des connaissances religieuses élémentaires. « La carte du royaume des cieux » porte, en sous-titre, l'inscription suivante : Avec le chemin pour y aller, suivant le rapport véritable de celuy qui en est venu, et qui y est retourné, et selon les révélations qui en ont été faites à ceux qui y ont été après luy. » Collection Lahaise-Guérin, Monastère des Ursulines, Québec.

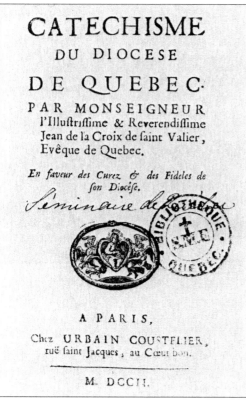

Page couverture du Catéchisme du diocèse de Québec, 1702.
Bibliothèque du Séminaire de Québec.

sacrements. La création de confréries fait d'une élite sociale une élite morale. Les incitations à la prière quotidienne et aux dévotions sont suivies. Dans le passage de la France à la Nouvelle-France se produit une épuration des coutumes.

Dans cette Église en pleine croissance, au XVIIᵉ siècle, les institutions centrales offrent un enseignement spirituel et un secours social que les colons apprécient sans réticence. Cependant, le clergé ne cesse de se buter à ce qu'il perçoit comme une pratique à l'italienne, à un non-respect de l'autorité et à une éducation déficiente des enfants. Cela dit, il lui paraît préférable de déchaîner ses forces contre la course des bois et le commerce de l'eau-de-vie, sources d'amoralité, d'instabilité et si nuisibles à l'œuvre missionnaire.

4. Une politique de développement

La France, au contraire de l'Angleterre, a constamment misé sur la puissance du royaume. Sa politique reposait sur une stratégie européenne. Les colonies n'étaient utiles que dans la mesure où elles contribuaient à l'enrichissement et à la puissance de la mère patrie. Les questions européennes avaient toujours préséance sur les affaires impériales, d'où des succès assez mitigés.

L'État, comme les entrepreneurs privés, fut soumis aux aléas et aux difficultés de l'implantation coloniale en Amérique du

Les frères Kirke

David, Lewis, Thomas, John et James, fils d'un marchand de Londres, sont commandités par une compagnie pour évincer les Français du Saint-Laurent. Après une expédition infructueuse en 1627, ils remportent une victoire en 1629 et forcent Champlain à se rendre. De 1629 à 1632, Québec est sous domination anglaise et les frères Kirke exploitent la traite.

Dollard des Ormeaux

Adam. Arrivé au Canada en 1658, il organise une petite expédition (16 Français, 4 Algonquins et 40 Hurons) pour intercepter les chasseurs iroquois et s'emparer de leurs four-

rures. Prête à la guérilla, cette expédition succombe face à l'ensemble des chasseurs. La résistance et le courage de ces hommes en ont fait des héros.

Le Moyne

Illustre famille de la Nouvelle-France. Charles, le père, fait fortune dans le commerce des fourrures, s'illustre dans plusieurs faits d'armes et est anobli en 1662, recevant le titre de Longueuil. Ses douze fils se distinguent dans les armes. Charles est le seul à être fait baron ; Jean-Baptiste Le Moyne de Bienville explore la Louisiane et en devient gouverneur ; Pierre Le Moyne d'Iberville est le plus célèbre homme de guerre de la Nouvelle-France.

Nord. Bien des projets restèrent sans suite ou ne purent être réalisés faute de ressources humaines ou financières. De plus, le statut colonial avait généralement pour effet de concentrer entre les mains des bailleurs de fonds et des entrepreneurs européens les profits tirés de la colonie. Quant à l'administration parisienne, elle estimait, dans un jugement à courte vue, que la colonie coûtait plus qu'elle ne rapportait. Elle eut constamment tendance à réduire les fonds consentis à la colonie, malgré les représentations des intendants de la Nouvelle-France et des armateurs des ports français.

Seule une courte période semble faire exception à la règle, la première intendance de Jean Talon de 1665 à 1668 sous l'égide de Colbert. À cette époque, le roi envoya des régiments pour pacifier les Iroquois. Il intensifia considérablement le peuplement. Colbert injecta les fonds nécessaires à l'essor colonial. Des explorations furent lancées dans toutes les directions. Talon planifia le développement en prônant d'abord une politique d'autosuffisance, puis la recherche d'un rendement total. La pêche devint « l'âme et le soutien du négoce », l'agriculture, « indispensable au commerce et à l'industrie », le commerce, essentiel à la force du royaume. En quelques années, surgirent une foule d'entreprises : briqueterie,

Portrait de Jean Talon (vers 1626-1694) par Claude François, dit Frère Luc, 1614-1685. Monastère des Augustines de l'Hôtel-Dieu de Québec.

Principaux événements militaires

1609 Alliance de Champlain avec les Hurons et premier affrontement avec les Iroquois sur le lac Champlain.

1610 Deuxième affrontement avec les Iroquois.

1615 Troisième affrontement avec les Iroquois : défaite française.

1629 Reddition de Québec aux mains des frères Kirke.

1632 Par le traité de Saint-Germain-en-Laye, l'Angleterre rétrocède la Nouvelle-France à la France.

1648-1652 Destruction de la Huronnie par les Iroquois.

1660 Défaite de Dollard des Ormeaux au Long-Sault.

1665 Envoi du régiment de Carignan-Salières pour mater les Iroquois.

1667 Pacification des Iroquois par les troupes sous les ordres du lieutenant-général de la Nouvelle-France Tracy.

1682 Reprise des guerres iroquoises.

1684 Expédition du gouverneur La Barre chez les Iroquois.

1687 Raid du gouverneur Brisay de Denonville au pays des Tsonnontouans.

1689 Massacre des habitants de Lachine.

1690 Organisation par Frontenac de raids contre des villages américains : Pierre Le Moyne D'Iberville à Coarler, François Hertel à Salmon Falls, René Robineau de Portneuf à Casco.

1690 Sous le commandement de William Phipps, des troupes coloniales britanniques recrutées à Boston s'emparent de Port-Royal et attaquent Québec.

1694 Pierre Le Moyne D'Iberville s'empare des postes anglais de la baie d'Hudson.

1696 D'Iberville ravage les postes anglais de Terre-Neuve.

1697 Traité de Ryswick. La France récupère Port-Royal, mais rétrocède les postes de Terre-Neuve et le fort Albany (baie d'Hudson).

1701 Le gouverneur Hector de Callière conclut avec 1 300 chefs, ambassadeurs et représentants des nations amérindiennes la Grande Paix de Montréal qui met fin à un siècle de tensions et de conflits.

brasserie, cultures industrielles, production de lainages et d'étoffes du pays, exportation de bois, construction navale, échanges avec les Antilles, explorations de sites miniers, etc. L'intendant mit de l'ordre dans la concession des terres et des seigneuries, favorisa la production agricole, réévalua la monnaie, organisa l'activité des hommes de métier et réglementa la vie à la ville.

Toutefois, jusqu'à la fin du Régime français, les activités économiques coloniales restèrent soumises aux principes premiers de la politique économique de la France qui pratiquait un mercantilisme* industriel un peu étroit. La colonie était perçue essentiellement comme une pourvoyeuse de matières premières. Elle devait importer de la métropole les produits ouvrés dont elle avait besoin. En conséquence, les manufactures étaient interdites dans les colonies. De plus, le commerce étranger était non seulement frappé des plus expresses inhibitions, défenses et amendes, mais aussi était-il prescrit que tout commerce se fasse par des navires de France, à équipage français, et que tout le trafic de réexportation, même entre les colonies, passe effectivement par la métropole. Dans ce contexte, les entreprises de Talon font un peu figure d'exception. S'il ne fait pas de doute qu'elles eurent d'heureuses retombées, elles parurent, après coup, un peu prématurées et artificielles. Elles étaient soutenues par les investissements métropolitains. Quand la guerre reprit en Europe, elles s'éteignirent peu à peu. La quête des richesses naturelles reprit le premier rang des préoccupations.

Le commerce des fourrures, doublé des volontés impérialistes de Louis XIV, entraîna une extension considérable du territoire colonial. Après la destruction de Sainte-Marie-aux Hurons en 1649 et jusqu'en 1665, les habitants de la colonie vécurent dans l'angoisse d'être massacrés ou refoulés en France. L'intervention du roi mit fin pour un temps à ces problèmes de relations avec les Iroquois. À la suite

Mercantilisme : doctrine économique qui vise l'enrichissement des États par l'accumulation des principales richesses que sont l'or et l'argent. Une colonie ne doit exister que pour fournir des matières premières à la métropole ; il est interdit d'y créer des manufactures qui feraient concurrence à celles de la métropole.

Un porte-drapeau de l'armée française au XVIIe siècle. Ministère de la Guerre, Paris.

des explorations, la France, grâce à ses intermédiaires religieux, commerciaux ou militaires, entretint des agents chez les nations amérindiennes et réussit à établir des relations politiques et économiques plus harmonieuses. Le territoire sous contrôle français en vint à couvrir les trois quarts du continent. Mais les progrès et les ambitions de la colonisation britannique amenèrent les deux principales puissances coloniales de l'Amérique du Nord face à face. La concurrence s'aviva sur tous les fronts, dans la région atlantique, la baie d'Hudson et les environs des Grands Lacs. Des escarmouches et des raids dévastateurs s'organisèrent de part et d'autre. Les trêves restèrent momentanées et toujours fragiles. L'équilibre des forces n'était pas atteint.

Au total, il n'y eut pas toujours concordance de vues et d'intérêts entre les promoteurs de la colonisation en Nouvelle-France au XVIIᵉ siècle et les simples habitants. L'État, prenant la relève de compagnies dépassées par les difficultés rencontrées, finit par jouer un rôle prépondérant. Mais ses efforts furent de bien courte durée. De plus, les modalités de vie définies en France ne s'accordaient pas toujours avec la réalité canadienne. Au moment même où l'on crée à Québec, une place Royale, symbole de l'autorité française, les intendants commencent à distinguer les Canadiens des Français.

Chapitre 7

Transferts, adaptations et emprunts culturels

Les Français venus s'établir en Nouvelle-France amènent avec eux leur bagage culturel. Dès leur installation, ils doivent adapter leur organisation matérielle et leur mode de vie à l'espace physique nord-américain, tandis que la rencontre avec les cultures amérindiennes bouleverse profondément leur système de valeurs. Il suffit de deux ou trois générations pour que les descendants de migrants français s'identifient comme Canadiens.

1. Le contexte des transferts culturels

Les conditions de migration et d'installation en Nouvelle-France au XVIIᵉ siècle ont façonné des assises culturelles particulières. Le transfert de population de la France vers la Nouvelle-France ne s'est pas fait massivement ou en réaction contre le système ou les valeurs françaises, comme souvent pour les colonies britanniques.

L'analyse des circonstances de départ et les nombreux retours montrent l'absence de rupture entre les deux sociétés. Les pionniers arrivent au compte-gouttes, tout au long du siècle. Ceux qui arrivent en groupe — les soldats, les filles du roi ou les engagés — le font à la suite d'une décision individuelle. Il n'y a pas plus de regroupement régional au départ qu'à l'arrivée. La société de la Nouvelle-France ne constitue pas un fragment de celle de la mère patrie. Les migrants sont en forte majorité des jeunes gens, célibataires, souvent orphelins. Ils misent sur un devenir meilleur, mais ce n'est pas pour cela qu'ils ont rejeté le milieu d'où ils sont issus. À l'arrivée, ces migrant(e)s se répartissent en fonction du territoire et s'établissent définitivement s'ils prennent un conjoint. Cependant, ils épousent rarement un individu originaire de la même région, et la majorité s'installe, de façon plus ou moins isolée, sur une terre.

Ce contexte de migration a pour effet de renforcer les éléments familiaux et religieux du bagage culturel. À cet égard, tout ce qui a trait aux formes de sociabilité sera profondément boulversé au moment de la transplantation dans la colonie. Les coutumes, rites, croyances qui s'appuient sur des lieux géographiques précis auront peine à se transposer. Ainsi, la légende relative à une caverne, une grotte, un mont, une croisée de chemin survit difficilement à l'absence de ce repère dans la contrée d'adoption. Quand bien même se trouveraient de semblables repères physiques dans la colonie, il faudrait trouver des personnes du même pays pour faire partager et revivre une tradition. De fait, les légendes les plus courantes ont trait aux êtres imaginaires comme le diable, les lutins ou les feux follets*, ou se rapportent aux choses de la mer. Et, si bon nombre de légendes réussissent à survivre en s'adaptant, beaucoup sombrent dans l'oubli. En définitive, les traditions issues du conte, héritées de l'époque médiévale et fondées plus sur l'imaginaire que sur les circonstances ou les chansons, un air, un rythme, resteront plus vivaces que le folklore local.

De même, les particularités linguistiques régionales, qui se maintiennent en France, s'estompent rapidement dans la colonie. Pourtant, la réalité linguistique française du XVIIᵉ siècle s'appuie sur de solides et anciennes assises régionales. Chaque parler s'inscrit comme un fait social, correspondant à des positions historiques et politiques fortes. Chaque parler, qui n'est ni

Feux follets : dans le folklore québécois, les feux follets sont l'une des formes les plus connues de manifestation des morts. Dans les cimetières et les marécages, la nuit, d'étranges lueurs, manifestations d'âmes en peine ou en quête de prières, s'élèvent au-dessus de la terre. Ces petites flammes, dues à l'exhalaison d'hydrogène phosphoré, suscitent toutes sortes de craintes.

La chasse-galerie fait partie du folklore québécois.

une langue ni un patois, est l'expression d'une culture qui puise littéralement dans le tréfonds des peuples. En Nouvelle-France, le processus de francisation s'affirme rapidement et les patois ou parlers disparaissent. La diversité d'origine des immigrants et le mélange lors de l'établissement ont conduit à l'adoption d'une langue compréhensible par tous. Le linguiste Philippe Barbaud a suggéré une explication intéressante de ce processus d'unification linguistique. L'écart entre les parlers était si considérable qu'il était essentiel de pratiquer une langue commune. La constitution d'une langue et sa transmission relèvent du couple plutôt que de l'individu. Et c'est la femme qui joue un rôle primordial dans l'initiation des enfants à la langue. Comme le plus grand nombre des immigrantes vient de l'Ile-de-France, on assiste dans la colonie à une généralisation rapide du français. À cela, bien sûr, il faudrait ajouter que le français a aussi été la langue du pouvoir, celle des autorités tant civiles que religieuses.

2. L'adaptation au milieu physique

L'adaptation à l'espace Nord-américain eut aussi des effets considérables. Choisir de s'implanter en Nouvelle-France, c'était accepter de s'adapter à un nouvel environnement caractérisé par son immensité, les rigueurs* de son climat et la disponibilité des terres. L'eau, l'hiver, la forêt et l'immensité ont pris valeur de symboles culturels dans ces contrées. La construction historique ou intellectuelle a fait de l'agriculteur, de ses descendants fixés à demeure sur la terre familiale et du coureur de bois, ce chevalier des grands espaces aux horizons infinis, deux images fortes et symboliques bien que contradictoires du Canadien français. La réalité paraît maintenant plus complexe. Les longues pérégrinations des explorateurs, des missionnaires et des trafiquants de fourrures ont révélé un territoire immense, aux ressources diversifiées. Mais il y eut en ce domaine beaucoup de carrières éphémères, de séjours de quelques mois. On ne saurait nier pourtant l'importance de ces voyages, réalisés par une moitié des jeunes hommes de la colonie, sur leur adaptation à l'environnement naturel, leur connaissance de ses ressources, leur comportement et leur mode de vie.

La relation au territoire n'a pas eu moins d'effet. Partis d'un royaume où la terre était rare, parfois parcellisée à l'extrême, les migrants découvraient une vaste contrée qui n'attendait que la hache du défricheur et la pioche de l'agriculteur. Dans la colonie, chacun put obtenir sans frais sa terre en propre, de

Rigueur du climat : elle est attestée par la forte amplitude thermique. À Québec, la température moyenne, en juillet, est de 25 degrés Celsius et de −17 en janvier. L'hiver dure de novembre à fin avril et la couverture neigeuse atteint facilement 3 mètres.

Habitants de la région de Québec, lors des travaux agricoles. Archives publiques du Canada, C 2029.

Sagard

Gabriel, frère récollet, missionnaire en Huronnie de 1623 à 1624. Il a écrit trois ouvrages consacrés aux premiers temps de la Nouvelle-France, dont une histoire publiée en quatre volumes en 1636. Les chercheurs utilisent encore les deux volumes du *Grand Voyage au Pays des Hurons* (1633), d'une remarquable précision.

dimension bien suffisante pour faire vivre une famille et, à l'occasion, produire des surplus. Parce que les terres étaient divisées en longues bandes étroites perpendiculaires à la voie d'eau, l'accès de chacun à la voie principale de communication en fut facilité d'autant. Le rapport juridique de dépendance entre le seigneur et le censitaire résista difficilement à cette uniformisation des moyens de production. La dispersion tout au long des rangs, l'éloignement des autorités civiles et même souvent du seigneur engendra à la fois un certain isolement et une autonomie qui pouvaient se traduire en autosuffisance. La paroisse rurale aurait pu regrouper ces pionniers, mais elle ne se développe qu'à la toute fin du siècle. Le réseau de sociabilité restait à construire.

Enfin, l'hiver contribua largement à définir les modes de vie. Il fallut organiser le travail selon les saisons, tirer profit des avantages qu'il offrait et contourner les difficultés qu'il soulevait. Laurence Lamontagne a relaté en détail ce processus

« *L'hiver nous surprit plus tôt que nous n'espérions et nous empêcha de faire beaucoup de choses que nous nous étions proposées.* »

Samuel de Champlain, *1605.*

« *Pendant les grandes neiges, nous étions souvent contraints de nous attacher des raquettes sous les pieds, ou pour aller au village, ou pour aller quérir du bois.* »

G. Sagard, *1636.*

« *Tout le monde y est bien logé et bien meublé ; la plupart des maisons sont en bois, à deux étages ; les cheminées sont extrêmement grandes, car on y fait des feux prodigieux pour se garantir du froid qui est excessif depuis le mois de décembre jusqu'en avril.* »

Lom d'Arce, baron de Lahontan, *1703.*

« *Il y a dans ces froids si âpres et si longs, des inconvénients, auxquels on ne saurait jamais remédier. Je mets au premier rang la difficulté de nourrir les bestiaux qui, pendant tout l'hiver, ne peuvent absolument rien trouver dans les campagnes ; par conséquent coûtent beaucoup à nourrir, et dont la chair, après six mois d'une nourriture sèche, n'a presque point de goût.* »

P. de Charlevoix, *1744.*

d'adaptation. Elle a montré qu'il fallait une génération pour s'adapter, que la société elle-même en était venue à domestiquer l'hiver et à l'utiliser avantageusement, à compter des années 1680. On apprit à se servir du froid pour conserver les aliments. On trouva une façon de construire des bâtiments qui puissent résister davantage à l'action du gel et du dégel. On réussit à se prémunir contre le froid, par le choix de vêtements plus appropriés et par le chauffage des maisons. La raquette devint un moyen de locomotion précieux, permettant d'organiser des raids surprises contre des villages britanniques éloignés de plus de 100 lieues. On se rendit compte qu'il était plus facile de circuler sur les grandes étendues neigeuses que dans les ornières des routes détrempées. Les opérations maritimes et commerciales s'ajustèrent au temps de relâche, causé par le gel du Saint-Laurent pendant six mois de l'année. On en profitait pour régler les comptes, caréner* les bâtiments, terminer une entreprise et en commencer une nouvelle. L'habitant profitait de l'hiver pour couper et fendre le bois de chauffage en prévision de la saison froide suivante. Le beau temps et le dégel du printemps étaient utilisés pour sortir le bois de la forêt, parfois pour exploiter la sève de l'érable. Dès la fin d'avril, il pouvait mettre les animaux au pacage et préparer la terre pour les semailles. À compter de la mi-juin et jusqu'à la fin de juillet, il ramassait les fourrages que les animaux consommeraient au cours de l'hiver suivant. À compter de la mi-août il récoltait et engrangeait les céréales. Puis il faisait battre son grain, se débarrassait des surplus avant le départ des vaisseaux et préparait la terre pour l'hiver. C'était aussi l'époque où il récoltait les légumes du potager et où la femme mettait les aliments en conserve pour l'hiver. Ainsi, les besoins primaires de la vie, s'abriter, se chauffer, se vêtir et se nourrir, étaient satisfaits en conciliant les rigueurs et les avantages de la saison froide.

Les ressources particulières de la Nouvelle-France ont aussi influencé la structure économique et sociale de la colonie. La Coutume de Paris, imposée de façon exclusive dans la colonie à compter de 1664, favorisait, en théorie, une redistribution de la richesse qui renforçait la structure sociale. En France, le système seigneurial facilitait la concentration des biens fonciers, source de la richesse, entre les mains des gens de la classe supérieure et

Caréner : nettoyer la partie immergée d'un navire. Le bateau tiré à terre ou couché sur le côté, on gratte algues et parasites ; on chauffe et brosse le bordage ; puis on calfate.

« *Les Canadiens sont naturellement grands, bien faits, d'un tempérament vigoureux (...). La nécessité les a rendus industrieux de génération en génération. Les habitants des campagnes manient tous adroitement la hache. Ils font eux-mêmes la plupart des outils et des ustensiles de labourage, bâtissent leur maison, leur grange (...).* »

Anonyme, vers *1735*.

Pierre.
1635 âgé de 13 ans, il rejoint son père en Nouvelle-France.
1637-1641 aide aux missionnaires en Huronnie.
1641 soldat rattaché au service du gouverneur, interprète.
1644 interprète officiel et commis au fort de Trois-Rivières.
1649 mariage avec une Huronne, élève des Ursulines.
1651 capitaine de Trois-Rivières ; marguillier.
1652 mariage, en secondes noces, avec une Française.
1653 commandant du fort de Trois-Rivières.
1654 gouverneur en titre de Trois-Rivières.
1657 élu par ses concitoyens conseiller du Roi au Conseil de Québec.
1661 anoblissement.
1662 porte-parole de la colonie auprès du roi.
1663 confirmé dans le poste de gouverneur de Trois-Rivières ; le Conseil souverain lui confie la charge de juge royal qu'il abandonne après un an.
1667-1717 âgé de 45 ans, il cède son poste de gouverneur à son gendre, se retire sur sa seigneurie et en fait une des plus considérables de la colonie.

leurs héritiers. Au contraire, les maigres avoirs des paysans étaient subdivisés à chaque génération. Mais en Nouvelle-France, la richesse principale réside dans le commerce des fourrures ; une terre non concédée et non défrichée ne vaut à peu près rien et la seigneurie ne rapporte pas suffisamment au seigneur pour assurer son quotidien. Comme les biens mobiliers sont divisés à peu près à parts égales entre chacun des enfants à chaque génération, l'application de la Coutume de Paris en Nouvelle-France, au lieu d'avoir des effets structurants hiérarchiques, engendre, tout comme le régime de propriété foncière, un système égalitariste.

La faiblesse numérique de la population et les conditions économiques favorisent aussi l'éclatement des barrières sociales traditionnelles. En Nouvelle-France, la société d'ordre n'est pas juridiquement constituée. Un édit royal permet même au noble de faire du commerce sans déroger, produisant une noblesse qu'on a dite besogneuse. Il est possible aux plus habiles de cumuler plusieurs charges ou postes. La maîtrise de métier est reconnue automatiquement après six ans de pratique et les corporations se voient refuser l'existence légale. Enfin, il est possible à certains, comme le montre l'exemple célèbre de Pierre Boucher, de gravir rapidement les échelons de la hiérarchie sociale. Il serait tout à fait illusoire cependant de croire que la structure sociale a été complètement renversée. Elle reste étroitement semblable à celle de la mère patrie, sauf que les ouvertures sont plus nombreuses, les frontières moins étanches et les chances plus grandes. De hiérarchique, son principe devient égalitariste. La rencontre de l'Amérindien a peut-être contribué à cette évolution.

3. Les emprunts culturels

Il n'est pas toujours facile d'identifier clairement les emprunts de la société française à la culture amérindienne. Les éléments matériels de l'apport amérindien à la société française relèvent en bonne partie des relations avec la nature. Les Français ont emprunté les principaux moyens de transport, soit la raquette et le canot. Ils ont fait leurs des produits comme le tabac, la courge, la pomme de terre, le maïs (ou blé d'Inde) et le sucre d'érable. Ils ont également adapté des façons de se vêtir, de s'abriter et de se nourrir. Ils ont emprunté des techniques de chasse, de pêche et de cueillette. Ils ont appris à s'orienter en forêt et à tirer profit de certaines plantes médicinales. Il est cer-

« Campement de Mr de la Barre » ; illustration tirée de *Nouveaux voyages de M. le baron de Lahontan dans l'Amérique septentrionale*, La Haye, 1715. Bibliothèque des Archives publiques du Canada, Ottawa.

Un « Canadien en raquettes », gravure de I.B. Scotin reproduite dans l'*Histoire de l'Amérique septentrionale...* (1722), de Claude Charles Le Roy Bacqueville de La Potherie. Archives publiques du Canada, Bibliothèque (nég. n° C-113193), Ottawa.

tain cependant que l'échange ne s'est pas fait à sens unique. Outre des éléments matériels liés à la survie, des traits culturels fondés sur une redécouverte de l'homme primitif et de la pureté originelle ont pénétré les sociétés occidentales. Plus tard, Jean-Jacques Rousseau étayera ses idées politiques en calquant son célèbre enfant de la nature sur le non moins célèbre chef huron Kondiaronk.

Le modèle amérindien a également fourni de nouveaux exemples de relations entre les personnes. C'est le Français qui s'est mis à l'apprentissage des langues amérindiennes. Il a appris à nouer des contacts en offrant des présents. Il a aligné sa diplomatie sur l'éloquence indienne, en associant son discours grandiloquent à des dons ayant valeur de symbole. Il a dû se réadapter à une civilisation de l'oral.

La littérature du XVIIe siècle fourmille de témoignages concordants sur l'attrait qu'ont exercé la sauvagerie et la vie indienne sur les habitants de la Nouvelle-France. Les textes traduisent une perception si unanime et si forte qu'il convient de leur faire une place spéciale. Ils se ramènent en un mot à

Kondiaronk

Chef huron, de la nation des Pétuns de Michillimakinac, connu sous le nom de « Le rat », symbole de ruse pour les Amérindiens. Allié des Français, reconnu pour sa grande sagesse, il participe aux négociations de la Grande paix de Montréal en 1701 mais meurt, le 2 août, … au moment de la ratification du traité.

Marie de l'Incarnation, fondatrice des Ursulines de la Nouvelle-France. Archives publiques du Canada.

Marie de l'Incarnation

(1599-1672).
Veuve, elle entre chez les Ursulines. Elle s'installe en Nouvelle-France en 1639 pour se consacrer à l'évangélisation des jeunes Amérindiennes. À plus de quarante ans, elle étudie les langues amérindiennes et rédige plusieurs dictionnaires (algonquin, iroquois). Sa correspondance (13 000 lettres) constitue une source exceptionnelle de renseignements sur la vie en Nouvelle-France.

l'expression de Marie de l'Incarnation selon laquelle il « est plus facile de faire des Sauvages avec les Français que l'inverse ». Enfin d'autres témoignages insistent sur la force de cette influence sur les mentalités. Ils font ressortir l'importance que les Canadiens accordent à la liberté et à l'indépendance, en même temps que leur tendresse si grande envers les enfants qu'elle écarte toute correction et toute discipline.

4. Une société nouvelle

La migration, l'adaptation au milieu, l'influence des cultures amérindiennes contribuent rapidement à l'éclosion d'une société nouvelle de souche française. Il faut nettement distinguer la nature de cette identité et les façons dont elle s'exprime. Cette identité ne résulte pas d'une construction entièrement nouvelle. Elle s'érige, se façonne et se définit sur des fondements bien français. Sa souche et ses racines sont typiquement françaises et ne seront jamais reniées. C'est plus simplement le fruit de l'arbre qui s'adapte ou se transforme, comme résultant d'une transplantation et d'une greffe. Il est évident aussi que cette identité restera moins perceptible dans des domaines relevant de processus biologiques et, partant, dans les données démographiques ou les cycles de la vie. De même, en général, l'écart entre les règles de vie prescrites en France et dans la colonie, sera moins grand que celui entre ces règles et les réalités de la vie. L'autorité civile et religieuse, et plus largement l'élite coloniale, continuent bien souvent de participer étroitement au système de valeurs français, leur présence dans la colonie n'étant que temporaire. On assiste donc à une juxtaposition de deux systèmes qui parfois s'opposent, parfois se complètent, et à des changements qui seront plus sensibles dans le domaine social que religieux. En fait, les valeurs prônées comme supérieures dans le discours des autorités sont dictées par cette appartenance européenne.

La genèse de l'identité canadienne se reflète notamment dans l'identification nominale. Aux premiers temps de la colonie, le terme Canadien se réfère aux autochtones. À compter de 1645, dès la création de la Communauté des habitants, le commerce du castor est réservé expressément aux gens qui ont fait souche, se sont établis à demeure, sont considérés comme des hivernants, des domiciliés, des habitués au pays ; autant de termes qui les distinguent des Français fraîchement débarqués. Après quelques décennies d'absence, le mot Canadien réapparaît, sous la plume de l'intendant Talon et de Dollier de Casson, sulpicien, auteur d'une *Histoire de Montréal** en 1672, mais cette fois il désigne les habitants francophones du Canada.

Tous les champs d'action du pouvoir paraissent avoir été touchés par ce fossé qui se creuse entre Français et Canadiens. Dans le domaine économique, une requête de marchands canadiens à l'encontre des marchands forains fait appel à des arguments d'ordre historique. Un évêque de Québec estime pour sa part que les prêtres canadiens traitent leur doyen comme un inférieur et leur évêque comme un égal. Pour consolider son autorité et rétablir le respect de la hiérarchie, il se propose de placer un curé français entre les paroisses dirigées par des prêtres canadiens. Et bien des communautés n'admettent que des Français dans leurs rangs. Dans les domaines administratifs et militaires, se développe une vive compétition entre les Canadiens et les Français pour l'obtention de postes ou d'honneurs. La distance paraît aussi large entre les individus qu'entre les nations. L'intendant Dupuy a bien saisi cette évolution, quand, en 1727, il demande au ministre de la Marine d'envoyer 300 ou 400 personnes qui renouvelleront une race de Français, celle que les premiers y ont formée devenant « fière et canadienne à mesure qu'elle s'éloigne de son principe ».

Les manifestations concrètes de cette identité particulière sont nombreuses et il serait vain de vouloir en dresser un inventaire exhaustif. Qu'il suffise ici d'en rappeler des exemples. Les autorités françaises refusent aux avocats le droit de pratiquer

Un couple de Canadiens. Bibliothèque municipale de Montréal.

Histoire de Montréal : c'est en 1672 que Dollier de Casson, supérieur des Sulpiciens, a publié une *Histoire de Montréal*, après avoir recueilli les témoignages de ceux qui ont participé à la fondation de la ville. La division de l'ouvrage, selon les saisons de navigation, souligne l'importance des facteurs géographiques dans le mode de vie.

Contrairement à la France où elle est réservée à la noblesse, la chasse est encouragée et permise à l'habitant canadien. Service historique de la Marine, Vincennes, France : vol. 4040B, n.12 a-d.

Tenir boutique : en France, pour tenir boutique (avoir le droit de vendre sa production), un homme de métier doit avoir obtenu sa maîtrise. La corporation des maîtres ne la délivre qu'après apprentissage, compagnonnage et réalisation d'un chef-d'œuvre, ce qui peut prendre plusieurs années. Ces conditions restreignent sévèrement l'accès à la maîtrise. En Nouvelle-France, les intendants (dont Jean Talon) empêchent l'introduction de ce système : il suffit d'avoir exercé le métier pendant six années pour accéder à la maîtrise.

leur profession au Canada afin d'éviter les interminables querelles de procédure. Elles ont cependant facilité la pratique des métiers et généralisé le droit de tenir boutique*. L'attitude face aux armes à feu est particulièrement significative. Alors qu'en France le droit de chasse est étroitement réglementé et réservé aux classes supérieures de la société, ce prestigieux symbole de la hiérarchie sociale est complètement renversé dans la colonie. Les autorités favorisent la circulation des armes à feu, émettent même des ordonnances pour obliger chaque habitant à s'en procurer, et la chasse est très largement répandue. D'autres changements s'opèrent sous l'influence des conditions de vie. L'espace planifié par la royauté est investi à leur manière par les habitants. La subdivision des terres, occasionnée par les partages de biens après décès, reste une règle de droit ; dans les faits, les habitants se préoccupent en général de préserver l'intégrité de leur censive. Les modes de concession et de transmission favorisent un régime de propriété foncière où domine un principe : « une terre, une famille ». Dans un autre ordre d'idée, les autorités en viennent également à tenir compte de plus en plus de l'opinion de la population. En 1689, le gouverneur Frontenac est sévèrement réprimandé pour avoir réuni ce qu'il a malencontreusement appelé les états généraux. Il se fait rappeler par le ministre de la Marine, responsable des colonies, que, dans le royaume de France, la pratique veut que chacun parle pour soi et personne au nom des autres. Par la suite, il y eut de fréquentes consultations des notables. Les conditions de vie furent aussi

« *Les Français étant naturellement braves, je ne vois pas qu'en aucun lieu de mon royaume, j'ai eu de la peine à les faire armer, mais bien souvent à les empêcher d'être armés (...) je ne doute pas que vous ne les portiez tous à s'armer en peu de temps.* »

Louis XIV au gouverneur Frontenac, *1675.*

« *Si l'on veut sauver et établir solidement le Canada, que Sa Majesté en donne le commandement à M. le marquis de Montcalm. Il possède la science politique comme les talents militaires. Homme de cabinet et de détail, grand travailleur, juste, désintéressé jusqu'au scrupule, clairvoyant, actif, il n'a d'autre vue que le bien ; en un mot, c'est un homme ver-* tueux et universel. Quand M. de Vaudreuil aurait de pareils talents en partage, il aurait toujours un défaut originel : il est Canadien.* »

Opinion d'un commissaire de la guerre, *1758.*

« *Les Canadiens et les Français, quoiqu'ayant la même origine, les mêmes intérêts, les mêmes principes de religion et de gouvernement, un danger pressant devant les yeux, ne peuvent s'accorder. Il semble que ce soient deux corps qui ne peuvent s'amalgamer. (...) Il semble que nous soyons d'une nation différente, ennemie même.* »

Le chevalier de Bougainville, *1758.*

touchées par la nécessité de s'adapter au pays. Les habitants mangent beaucoup plus de viande qu'en France, tandis que la ration de pain reste faible. L'on constate que l'habitation de bois offre une meilleure protection contre le froid, qu'il faut cependant la doter d'un âtre important et qu'il est utile d'éviter de percer des fenêtres du côté du Nord-Est. La pente du toit est adaptée à l'importance de la couverture neigeuse. L'outillage de fer du début est progressivement remplacé par un outillage de bois, moins coûteux et facile à fabriquer sur place. L'on apprend à se prémunir du froid, à circuler et à jouer dans la neige ou sur la glace. L'on construit d'imposantes glacières pour favoriser la conservation des aliments. Des composantes du cycle de la vie furent modifiées, parfois de façon paradoxale. Malgré les distances, le délai entre la naissance et le baptême reste de très courte durée. On peut y voir la préoccupation de l'évêque d'éliminer toute pratique ressemblant à celles des protestants. Par contre, l'univers de la naissance ne demeure pas exclusivement féminin. Plus du tiers des ondoiements d'enfants, même

Habitante canadienne du XVIIᵉ siècle. Musée du Québec, collection Lahaise-Guérin.

dans le sein de la mère, sont confiés à des hommes : mari de la sage-femme, grand-père, oncle, père, parrain et, dans quelques cas, officier de milice ou seigneur, voisin ou passant. Le mariage, lui, en vient à se contracter à peu près au même âge qu'en France et on ne connaît à peu près rien des rites qui pouvaient entourer cette cérémonie. Par contre, en 1685, l'évêque supprime la bénédiction des fiançailles parce que les futurs époux auraient eu trop tendance à se croire et à agir comme s'ils étaient déjà mariés. Le clergé semble aussi avoir encouragé les remariages rapides, se faisant parfois entremetteur. Si les rites mortuaires sont également peu connus, l'hôpital, de maison de la mort est devenu un lieu de guérison.

Une démarche historique à rebours, en partant du présent ou d'un passé récent, peut aussi contribuer à éclairer des traits culturels majeurs de cette société, pour peu qu'on accepte l'existence d'une mémoire de schèmes, au sens défini par Jean Piaget. L'ethnologue Anne-Marie Desdouits, comparant la société québécoise et celle du pays de Caux à partir des témoignages oraux relatifs au début du XXᵉ siècle, a relevé des différences notables. Dans le pays de Caux comme au Québec, l'on note une très forte empreinte religieuse. Par contre, la religion québecoise s'aligne plus étroitement sur les règles prescrites par les autorités : pas de fontaine ou de source miraculeuse où l'on pourrait assurer le salut des enfants morts à la naissance, peu de reliques et même interdiction parfois de faire des pèlerinages. Au Québec, l'emprise religieuse est plus forte qu'en France. La journée de classe au Québec commence par la prière, puis l'instruction religieuse, plutôt que par la leçon de morale rappelant à l'enfant ses devoirs envers la famille, l'école, la patrie et la société. La différence la plus marquée réside néanmoins dans la sociabilité. Là où il y a fête sociale en France, au Québec, le même événement donne plutôt lieu à une fête strictement familiale, que ce soit lors du baptême, de l'entrée à l'école, de la communion, de la fin d'année, etc. La dispersion des habitants, mais aussi la nature du phénomène migratoire et les conditions de vie en Nouvelle-France ont façonné ces comportements qui se perpétuent encore de nos jours. Au moment où les autorités coloniales érigent une Place royale à Québec en 1680, les habitants y circulent parce que s'y tient le marché. À la campagne, l'habitant vit plutôt isolé sur sa ferme. Il n'a qu'un lieu de rencontre régulier, l'église paroissiale. Pendant tout ce premier siècle de colonisation, dans ce pays neuf, à chaque génération, plusieurs des enfants doivent se faire à leur tour pionniers et, pour s'établir, défricher une terre. La reproduction sociale passe d'abord par les choix individuels.

TROISIÈME PARTIE

Vivre en Nouvelle-France
au XVIIIe siècle

Chapitre 8

Espaces et populations

La vie en Nouvelle-France au XVIIIe siècle est marquée par la diversité des espaces et des populations. Entre eux se tissent un véritable écheveau de liens. Chaque aspect de la vie quotidienne et locale comme chaque événement national exercent une influence l'un sur l'autre. Ainsi même l'unité cadastrale d'exploitation sera touchée quand son propriétaire sera embrigadé dans la milice pour participer à la réalisation du rêve d'un empire français en Amérique du Nord. À l'inverse, c'est dans l'emprise au sol, en étendue comme en profondeur, que s'évaluent les succès de l'entreprise de colonisation. Là résident, en bonne partie, les raisons du devenir de la Nouvelle-France.

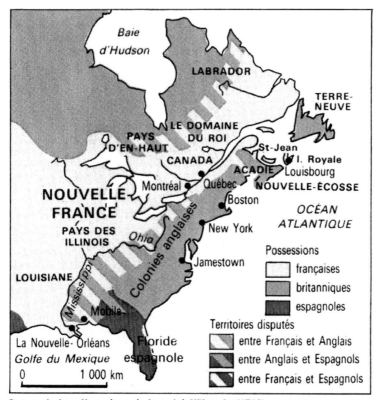

Les territoires disputés après le traité d'Utrecht (1713)

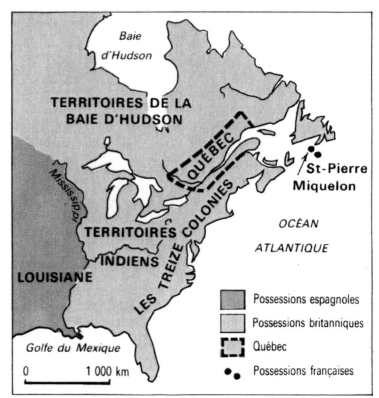

L'Amérique du Nord après le traité de Paris (1763)

L'historien Guy Frégault estimait que 1713 (le traité d'Utrecht) annonçait 1763 (cession du Canada à l'Angleterre). Il y voyait le succès d'un mode de colonisation sur un autre. Les données comparées du peuplement et de l'occupation territoriale dans les colonies françaises et britanniques, ajoutées aux volontés politiques des deux métropoles respectives, expliqueraient finalement la victoire militaire de l'un sur l'autre. En fait les enjeux économiques et territoriaux sont définis dès la fin du XVIIe siècle. Par la suite, pendant près de trois quarts de siècle et malgré une longue période de paix de 1713 à 1744, les autorités de la Nouvelle-France semblent agir en fonction de ce conflit latent ou déclaré.

Pendant ce temps, la vie s'organise, les espaces sont occupés et aménagés par une population qui double en nombre tous les 20 ans surtout par accroissement naturel. Ce peuplement concilie à la fois les souhaits des autorités d'améliorer le système de défense et les pratiques familiales d'occupation des terres.

1. Apogée et effondrement des rêves d'empire

Les ambitions hégémoniques de Louis XIV à partir de 1661 ont défini, pour plus d'un siècle, les fondements du rêve d'un empire français en Amérique. Après une série d'oppositions, par nations indiennes interposées et qui détournent l'attention, la France et l'Angleterre constatent que leurs territoires se rejoignent et, dès lors, s'identifient réciproquement comme le véritable ennemi. La lutte entre l'Angleterre et la France pour la suprématie en Amérique du Nord ne cesse que par l'élimination d'une des deux puissances.

La concurrence commerciale et militaire, entre les colonies comme entre les métropoles, sur le territoire nord-américain se développa sur trois fronts : en Acadie, dans la baie d'Hudson et dans la région des Grands Lacs et du Mississippi.

À l'Est, les colonies de la Nouvelle-Angleterre convoitaient le poisson et la fourrure. Elles pratiquèrent une politique économique agressive, se développèrent et érigèrent des forts. Mais la fidélité aux Français de la puissante nation indienne des Abénaquis empêcha les Britanniques de gagner du terrain.

Quant à la baie d'Hudson, la France envoya Pierre Le Moyne d'Iberville. Entre 1686 et 1697, presque chaque année, ce capitaine des vaisseaux du roi, fils d'un des plus gros actionnaires de la Compagnie du Nord, monta une expédition militaire, s'emparant de navires, de forts et raflant les produits de la pêche et de la traite, tant dans la baie que sur les côtes de Terre-Neuve et en Acadie. Ses conquêtes territoriales furent cependant annulées par le traité de Ryswick* de 1697.

À l'Ouest, région par excellence de la fourrure, les Français organisèrent en 1689-1690 des représailles*, en 1690 des raids dévastateurs contre des villages britanniques (Coarler, principal

Traité de Ryswick : il met fin, en 1697, à la guerre de la Ligue d'Augsbourg commencée depuis 1688. La France garde l'Alsace et Strasbourg mais son hégémonie est terminée.

Représailles : à l'instigation du gouverneur de Manhattan, des Iroquois massacrèrent les habitants de Lachine (près de Montréal), en 1689.

Exploits de Pierre Le Moyne d'Iberville

Juillet 1686 : après 85 jours d'une marche périlleuse pour atteindre la baie d'Hudson, lui et ses compagnons (70 Canadiens et 30 Français) s'emparent des forts Moose et Charles. D'Iberville, isolé dans le fort Moose, réussit à tenir ses ennemis en respect jusqu'à ce que ses compagnons pratiquent une autre brèche dans la palissade.

Automne 1688 : bloqué dans le fort Albany par un navire anglais, il doit se résoudre à hiverner. Après des coups terribles, la troupe de 85 Anglais doit déposer les armes devant les 16 Canadiens.

Février 1690 : il participe à titre de commandant en second au raid contre le village de Corlaer en Nouvelle-Angleterre.

L'expédition franchit environ 1 000 kilomètres en raquettes sur la neige.

Octobre 1694 : après un siège d'un hiver, il soumet la garnison du fort York.

Été 1696 : il s'empare du fort William Henry.

Novembre 1696 à la fin de mars 1697 : il s'empare de Saint-Jean, ravage 36 établissements terre-neuviens, fait 200 tués, 700 prisonniers et récupère 200 000 quintaux de morue.

Septembre 1697 : monté sur le *Pélican* armé de 44 canons, il coule deux navires anglais (56 et 32 canons) et en met un troisième en fuite (36 canons).

De 1699 à 1700 : il va fortifier la Louisiane.

Le **bombardement et** la **prise du fort Nelson**, gravure de I.B. Scotin reproduite dans l'*Histoire de l'Amérique septentrionale...* (1722) de Claude Charles Le Roy Bacqueville de La Potherie, Bibliothèque des Archives publiques du Canada, Ottawa.

centre de traite, Salmon-Falls et Casco) et répliquèrent aux tentatives d'appropriation du commerce par la construction de forts.

Le centre de la colonie fut un moment menacé. En 1690, il fut envahi par voie terrestre (2 000 hommes, sous la direction de Winthrop, remontant la vallée du lac Champlain) et par voie maritime : l'amiral Phipps fit le siège de Québec et son émissaire auprès du Gouverneur Frontenac s'entendit répondre

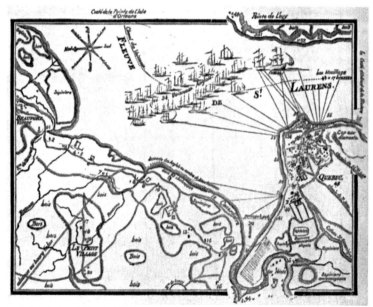

Plan de l'attaque de l'amiral Phipps contre Québec en 1690. Bibliothèque nationale de Paris.

« Allez dire à votre maître que je lui répondrai par la bouche de mes canons. ». Le traité de 1697 permit à chacune des métropoles de récupérer ses anciennes possessions. Rien n'était réglé.

La paix venait à peine d'être rétablie avec les Iroquois en 1701 que le problème de la succession au trône d'Espagne* raviva le conflit entre les métropoles. En 1702, la guerre reprend donc sur tous les fronts. Des plans de campagne semblables à ceux de la période antérieure sont tracés. Les Français réussissent quelques petits raids sur les côtes de Terre-Neuve et se maintiennent dans la baie d'Hudson. En 1710, l'Angleterre reprend son projet de double invasion par mer et par terre, mais sans plus de succès. Plusieurs des bâtiments de la puissante flotte de Walker (12 000 hommes) se brisent sur les récifs des Sept-Iles et les deux chefs militaires rebroussent chemin.

À ce moment, la Nouvelle-France paraît au faîte de sa puissance et de son extension territoriale. Elle se maintient dans la baie d'Hudson, à Terre-Neuve, en Acadie ; elle contrôle l'Iroquoisie et elle consolide ses établissements dans la région des Grands Lacs et à l'embouchure du Mississippi. Cela fait illusion. L'historien Marcel Trudel, dans une formule heureuse, décrit cette situation : la Nouvelle-France fait penser à un colosse aux pieds d'argile. Elle est faiblement peuplée, trop dépendante d'une seule ressource économique et incapable d'occuper en profondeur un territoire si vaste.

En 1713, la France signe à Utrecht* un traité de paix désastreux pour la colonie. Elle cède à l'Angleterre tout le bassin de la baie d'Hudson, abandonne ses possessions terre-neuviennes, en particulier Plaisance, renonce à une grande partie de l'Acadie et laisse aller l'Iroquoisie sous l'hégémonie anglaise. La Nouvelle-France se réduit à un très long corridor constitué de l'axe laurentien et d'une ouverture sur la vallée du Mississippi par les Grands Lacs.

Il faut sans délai colmater les brèches et les faiblesses à l'entrée du golfe, le long du triangle Grands Lacs – Ohio – Mississippi et à l'embouchure de ce dernier fleuve. Durant toute la période de paix qui suit, la France érige une série de forts aux endroits stratégiques et concède des terres pour favoriser l'établissement le long des voies d'invasion. En même temps, elle poursuit ses visées expansionnistes vers l'Ouest.

Dès le lendemain du traité d'Utrecht, la métropole entreprend la construction d'une impressionnante forteresse à Louisbourg, dans l'île du Cap-Breton. Elle veut ainsi garantir l'accès du Saint-Laurent à ses navires et assurer une certaine protection aux Français pratiquant la pêche dans le golfe. À l'autre extrémité de

Succession : Charles II étant sans descendant direct, l'empereur Léopold et le roi Louis XIV avaient des droits égaux à la succession au trône d'Espagne. Celle-ci, qui risquait de rompre l'équilibre des forces en Europe, se régla par la guerre qui opposa surtout la France et l'Angleterre de 1702 à 1712 et qui entraîna la reprise des hostilités en Amérique.

Walker

Hoveden, (1656 ou 1666-1725 ou 1728). D'origine irlandaise, amiral en 1710. L'échec de son expédition cause sa radiation de la marine.

Traité d'Utrecht : les négociations pour mettre fin à la guerre de Succession d'Espagne débouchent en 1712 sur un armistice entre la France et l'Angleterre. Une victoire, inespérée, aide la France à négocier. En 1713, Louis XIV signe des traités avec l'Angleterre, les Provinces-Unies, le Portugal, la Savoie et la Prusse. La France cède surtout ses conquêtes américaines pour conserver son emprise en Europe.

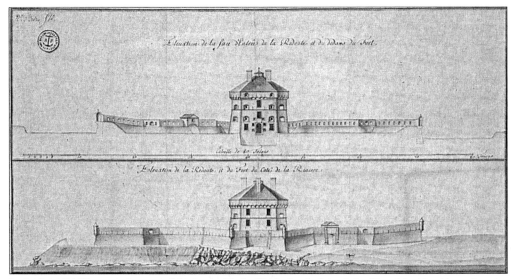

Le fort Saint-Frédéric, construit pour empêcher les Anglais de s'établir dans la région du lac Champlain et leur bloquer la route d'invasion de la vallée du Saint-Laurent. Dessiné par Chaussegros de Léry (1735). Archives nationales, Paris : Section Outre-Mer, Dépôt des fortifications des colonies, Amérique septentrionale, 510 A.

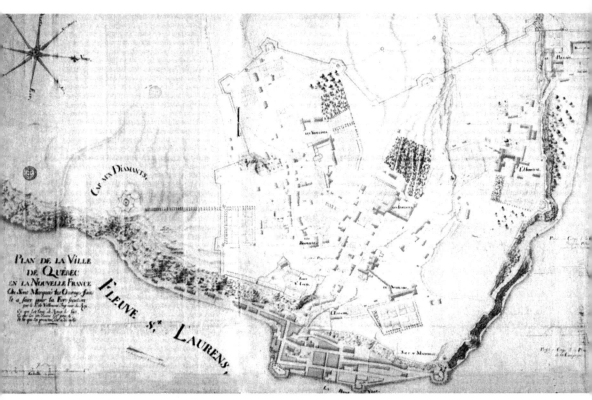

Plan de la Ville de Québec. Archives nationales, Paris.

la colonie, elle confie à un financier, Crozat, émule de John Law, le soin de peupler, de coloniser et d'assurer la défense de la Louisiane. Dans la région des Grands Lacs, la France érige quelques puissants postes fortifiés, en dépit de l'opposition des Britanniques. Elle s'efforce aussi d'isoler et de refouler la puissante et belliqueuse nation des Renards*, dont elle vient à bout après plusieurs conflits armés en 1712, 1726 et 1734. Au cœur de la colonie, la France entreprend de mettre en place un système de défense, érigeant des remparts de pierre autour des villes de Québec et de Montréal, y construisant des bastions et des batteries. Enfin, elle tente de bloquer la route du lac Champlain, par la consolidation du fort Chambly en 1711 et sa reconstruction en 1731.

De fait, pendant la période de paix (1713-1744), 75 % des sommes consacrées à la colonie par la royauté sont affectées à des objectifs militaires.

Au cours de la même période, la politique française se double d'une autre préoccupation : reconnaître et occuper le territoire. Les rêves expansionnistes continuent. Dès 1716, elle adopte un nouveau « plan de découverte ». De 1731 à 1743, Pierre Gaultier de Varennes, sieur de La Vérendrye pousse toujours plus loin vers l'Ouest, à la recherche de la fameuse route des Indes et il atteint presque le pied des Rocheuses. Aux principaux points de rencontre des voies de communication, il érige des postes qui constituent autant de relais français. Il participe également, avec plusieurs autres agents de la métropole à la consolidation des alliances amérindiennes, grâce à une politique de présents.

Crozat

Antoine, (1655-1738), financier français. S'engageant à peupler la Louisiane, il obtient le monopole du commerce pour 15 ans. Il renonce, en 1717, car il a perdu l'espoir de découvrir des mines et de commercer avec les Espagnols.

Law

John, (1671-1729), financier écossais. Après avoir étudié les mécanismes bancaires, il fonde, en 1716, à Paris, une banque d'émission, puis la Compagnie d'Occident, au capital de 100 M. de livres ; il otient le monopole de la mise en valeur de la Louisiane. Son entreprise se termine en banqueroute.

Renards : nation alliée des Britanniques. Occupant une position stratégique sur la côte ouest du lac Michigan, elle contre l'expansion de la France et menace son commerce de fourrures.

Varennes

Pierre Gaultier de, (1685-1749). Après une carrière militaire en France, il revient au Canada en 1712 où il vit sur sa seigneurie. En 1731, il crée une petite société pour fonder, avec ses fils, des postes de traite dans l'Ouest. Leurs prospections les mènent presqu'au pied des Montagnes Rocheuses.

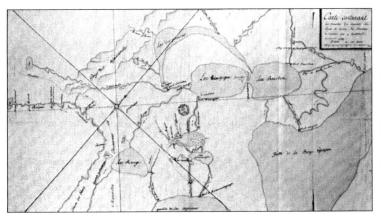

Les découvertes de La Vérendrye et des postes établis dans l'Ouest poussent les limites de l'empire français encore plus à l'ouest. Service historique de la Marine, Vincennes, France : Service hydrographique, recueil 67, n° 23.

La stratégie d'occupation du territoire s'intensifie. Les autorités voient d'un bon œil l'ouverture de nouvelles zones de colonisation pour recevoir les surplus de population des plus anciennes zones de colonisation. Les Acadiens sont invités à s'installer dans les établisssements français. À compter de 1720, l'île Saint-Jean (devenue depuis l'île du Prince-Édouard) commence à se peupler, tandis qu'une forte population, surtout militaire, s'installe dans l'île du Cap-Breton, proche de la forteresse de Louisbourg. Dans la vallée laurentienne, les régions du Richelieu et de la Chaudière sont concédées en seigneuries et censives. Les rives du fleuve entre Québec et Montréal, particulièrement à la hauteur du lac Saint-Pierre, sont peuplées de nouveaux habitants. De même, la rive Sud du Saint-Laurent, en aval de Québec, reçoit un nombre impressionnant de nouveaux colons. La péninsule gaspésienne commence à être occupée par des groupes de pêcheurs-agriculteurs. Du côté Nord, les seigneuries concédées à des fins temporaires, expressément dans le but de faciliter la pêche, ont pour effet à moyen terme de repousser les Inuit de ces rivages. Dans la région des Grands Lacs, aux militaires des forts et aux trafiquants de pelleteries, vient s'ajouter une population civile en croissance. Environ une dizaine d'individus s'établissent au Détroit chaque année. En 1740, on y compte une centaine de familles. Près d'un millier d'individus passent par le pays des Illinois* entre 1720 et 1750, dont près de 40 % s'installent. En Louisiane, après une période de recul causé par l'échec financier de John Law, la présence de quelques centaines de personnes permet de fonder une ville, la Nouvelle-Orléans, en 1722.

L'échec d'Utrecht paraît avoir été compensé. Il est encore possible de rêver d'un empire encore plus vaste, d'autant plus que la situation économique de la colonie s'est grandement améliorée. À compter des années 1725, des échanges commer-

Pays des Illinois: le long du Mississippi, au Sud du lac Michigan, s'étendent de belles plaines régulièrement inondées. Le foin y pousse dru. C'est un pays de mission (paroisses de Fort de Chartres, Kaskaskia, Cahokia) et de traite, peuplé à partir des années 1720 de Canadiens et de Français.

Finances du Canada (en livres)			
Construction des bateaux, radoub		Dépenses imprévues de la colonie	3 000
et entretien des canots	9 300	Appointements des officiers généraux	
Courses et voyages à l'intérieur de la colonie	4 000	et autres entretenus	52 898
Fret et voiturage des vivres et		Appointements des officiers réformés	7 300
autres munitions de Québec à différents endroits	6 600	Solde des compagnies de soldats	154 812
Journées d'ouvriers et façons d'ouvrages	7 300	Gages et entretien des employés	
Achats de marchandises et munitions		dans les magasins et bureaux	15 161
de guerre et de bouche	12 800	Loyer des magasins et bureaux de la colonie	4 425
Présents à faire aux Sauvages	22 000	Gratifications ordinaires	4 470
Bois à brûler pour les corps de garde et prisons	4 000	Gratifications extraordinaires	5 433
Subsistance, remèdes et médicaments		Autres diverses dépenses	22 195
aux malades des hôpitaux	4 200	Dépenses pour les fortifications	82 457
		Fonds ordonnés par l'état du roi, 1743.	

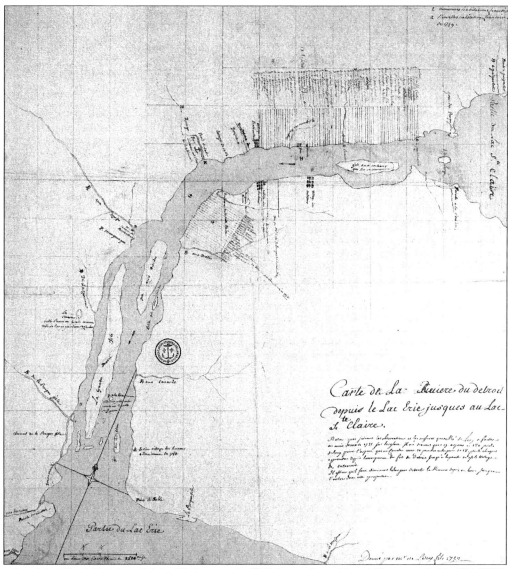

« Carte de la rivière du Detroit depuis le lac Erie jusques au lac Ste Claire » par Gaspard-Joseph Chaussegros de Léry (fils) (1752). Service historique de la Marine, Vincennes, France : Service hydrographique, recueil 67, n° 71.

ciaux réguliers réunissent Québec, Louisbourg, les Antilles et la Louisiane, en plus, bien sûr, de la mère patrie. En 1750, le gouverneur Barrin de La Galissonière rappelle la situation de la colonie dans l'empire français d'Amérique et développe l'idée d'un empire colonial francophone, réunissant l'île Royale, le Canada et la Louisiane. Il consolide les forts des Grands Lacs, cherche à assurer la neutralité des Indiens, prône le développement de l'axe du Mississippi, de Détroit jusqu'à la Nouvelle-Orléans et propose de chasser les Britanniques de l'Ohio. Il y

La Galissonière

Roland Michel Barrin de, (1693-1756). Marquis, beau-frère de l'intendant Michel Bégon, officier supérieur dans la marine royale. En 1747, il est nommé « commandant général en la Nouvelle-France » Il conçoit de réunir les colonies françaises, Acadie, Canada et Louisiane, pour garantir leur survie économique.

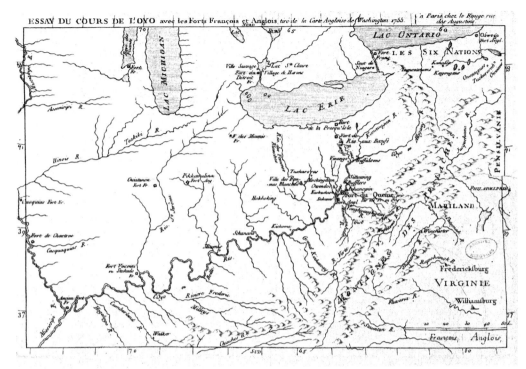

Le pays des Illinois et de l'Ohio et ses établissements français barrent la route vers l'ouest aux colons anglais. Archives nationales, Paris : Section des cartes et plans, NM 173, n° 46.

Guerre de Succession d'Autriche : guerre européenne qui éclate, en 1740, après la mort de l'empereur Charles VI. L'origine de ce conflit est la contestation de la pragmatique sanction de 1713 qui assurait le trône à Marie-Thérèse, fille de Charles VI. En Nouvelle-France, cette guerre entraîne la prise, en 1745, de la forteresse de Louisbourg, donnant aux Anglais le contrôle du golfe du Saint-Laurent et des pêcheries françaises.

Traité d'Aix-la-Chapelle : il met fin, le 28 octobre 1748, à la guerre de Succession d'Autriche. En Amérique, la France et l'Angleterre restituent leurs conquêtes.

va, à son avis, de la richesse future de la colonie, de l'honneur et du prestige de la royauté, ainsi que de la force de la France.

Ces rêves vont s'estomper rapidement. La guerre de Succession d'Autriche* se transporte en Nouvelle-France de 1744 à 1748. La faiblesse de la colonie apparaît alors avec la chute facile en 1745 de la forteresse de Louisbourg supposée imprenable. La signature de la paix d'Aix-la-Chapelle* en 1748 ne règle rien, encore une fois. Dès l'année suivante, un fort contingent de Britanniques s'installe dans la baie de Chibouctou et fonde la ville de Halifax, au milieu de la population acadienne. Après six ans de querelles et d'attaques incessantes, les autorités

La Nouvelle-Orléans de 1726, aux portes du Mississippi. Archives nationales, Paris : Section Outre-Mer, Dépôt des fortifications des colonies, Louisiane, portefeuille V1A, n° 71.

anglaises prennent les grands moyens. L'été de 1755, quelque 6 000 Acadiens sont déportés* : environ 2 000 réussissent à s'enfuir vers le Canada. L'ultime engagement militaire était commencé.

2. Les colonies de la Nouvelle-France

Les termes de Terres Neuves au XVIe siècle, tout comme celui de Nouvelle-France aux XVIIe et XVIIIe siècles, étaient souvent utilisés comme des termes génériques. Ils ne désignent pas alors les mêmes entités territoriales. Ce n'est qu'au fur et à mesure que l'on progresse dans le temps, que ces dénominations en viennent à prendre des usages courants.

Vers 1740, la Nouvelle-France comprend en fait trois colonies, relevant du secrétaire d'État à la Marine. L'Acadie, la Louisiane et le Canada, sont dotées d'une administration comparable à celle des provinces de France : un gouverneur, un intendant (ou commissaire ordonnateur) et un Conseil souverain ou supérieur, et divers services administratifs de commerce, voirie, justice, etc. Les autorités acadiennes et louisianaises relèvent en théorie du gouverneur général et de l'intendant de la Nouvelle-France, dont le siège est installé à Québec et dont les fonctions comprennent aussi la direction du Canada.

En fait, ces colonies sont aussi éloignées les unes des autres que de la France, si bien que les ordres viendront en général directement de la mère patrie. Jamais les faibles liens commerciaux ne se doubleront d'un affermissement des liens juridiques entre les colonies. Il subsistait bien aussi quelques petits établissements français à Terre-Neuve, d'ailleurs fort isolés les uns des autres, mais, depuis le traité d'Utrecht, l'Angleterre avait juridiction sur l'île et ses pêcheries.

Après Utrecht, l'Acadie française comprend essentiellement deux îles. À l'île Royale où a été érigée la forteresse de Louisbourg et où siège le gouvernement, se trouve une population de près de 3 000 personnes vivant surtout de la pêche, sans compter le millier de soldats qui habitent la forteresse. L'île Saint-Jean ne compte qu'un peu plus de 2 000 habitants vivant de l'agriculture.

Déportation : le refus de prêter le serment d'allégeance provoque la déportation des Acadiens qui sont dispersés dans les colonies britanniques d'Amérique du Nord. Quelques centaines d'Acadiens réussissent à gagner la Louisiane.

Déportation des Acadiens

« Comme il avait été décidé antécédemment d'expulser les habitants français de la province s'ils refusaient de prêter le serment, il n'y avait plus par conséquent qu'à prendre les mesures nécessaires pour opérer leur expulsion et à décider à quels endroits les déporter.

Après mûre délibération, il fut convenu à l'unanimité que pour prévenir le retour des habitants français dans la province et les empêcher de molester les colons qui pourraient s'être établis sur leurs terres, il était urgent de les disperser dans les diverses colonies sur le continent. »

Séance du Conseil tenue chez le gouverneur britannique, à Halifax, *juillet 1755.*

Vue de la ville de Louisbourg par Claude-Étienne Verrier (1731). Bibliothèque nationale de Paris, Département des cartes et plans, Res. Ge. C. 5019.

Les Français occupent encore quelques postes de pêche, de traite et de commerce et des forts sur la partie continentale de l'Acadie.

La Louisiane comporte deux noyaux de peuplement. Le siège du gouvernement est établi à la Nouvelle-Orléans, une petite ville d'environ 1 000 habitants située à l'embouchure du Mississippi. Environ 1 000 kilomètres plus au Nord, dans le pays des Illinois, sont installées, en trois ou quatre emplacements principaux, quelques centaines de familles attirées au départ par le commerce des fourrures, les mines et les vastes plaines irriguées et fertilisées par le Mississippi.

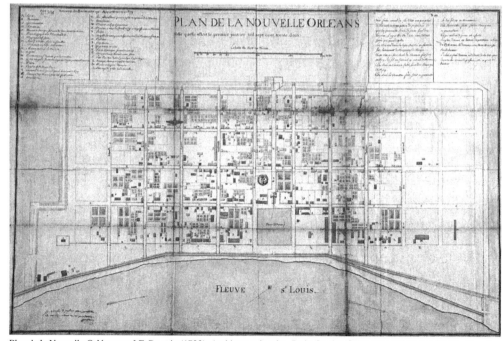

Plan de la Nouvelle-Orléans par I.F. Broutin (1732). Archives nationales, Paris, Section Outre-Mer, Dépôt des fortifications des colonies, Louisiane, portefeuille VIA n° 90.

a. Les gouvernements du Canada

À la même époque, un officier de l'administration française établi au Canada depuis 30 ans, Nicolas-Gaspard Boucault, dresse un tableau du territoire canadien, décrivant chaque région, ses habitants et ses ressources. Il distingue, d'Est en Ouest, le Labrador, le Domaine du roi, le Canada proprement dit, les Pays d'en Haut et ceux de la Mer de l'Ouest*.

Le Labrador n'est généralement occupé que de façon saisonnière, uniquement pour y pratiquer la chasse et la pêche commerciales. Il est constitué d'une série de postes côtiers, souvent dévastés par les Inuit au cours de l'hiver.

Le Domaine du roi comprend tout le bassin du Saguenay et du lac Saint-Jean. Le roi y afferme quelques postes pour la traite des fourrures. Il n'y a que quelques îlots de peuplement permanent, près des lieux de rencontre et d'échange avec les Amérindiens. C'est un territoire de missionnaires et de commerçants.

Commerce avec les Inuit. Archives nationales du Québec.

Le domaine du roy en Canada. Service historique de la Marine de Vincennes.

Boucault

Nicolas-Gaspard, (1655-1755). Il exerce son activité dans l'administration publique.
1719-1726 : secrétaire de l'intendant ;
1721 : en tournée pour délimiter les paroisses ;
1728 : procureur du roi à la Prévôté et à l'Amirauté de Québec ;
1729-1736 : subdélégué de l'intendant ;
1736-1754 : lieutenant particulier (juge) à la Prévôté et à l'Amirauté.
À son retour en France en 1754, il écrit un mémoire, *Idée générale du Canada.*

Mer de l'Ouest : dès les débuts de la Nouvelle-France, les Amérindiens évoquent l'existence d'une mer immense, loin à l'Ouest du continent ; les découvreurs et les autorités espèrent vivement qu'il s'agit de la route qui mène en Chine. Pendant longtemps, des explorateurs français ont cherché à la découvrir. Au XVIIIᵉ siècle, la Mer de l'Ouest désigne la région des Grands Lacs et toutes les terres peu connues, situées plus à l'Ouest.

Trésorier général : responsable des finances. Il est représenté en Nouvelle-France par un commis — ce dernier reçoit les fonds, en argent et en marchandises, envoyés par le roi. Il a la garde des droits casuels ou commerciaux perçus dans la colonie et, sous les ordres de l'intendant, il règle les dépenses de l'État : appointements et gratifications des administrateurs, soldes des militaires, grands travaux (fortifications, construction navale, forges de Saint-Maurice), présents aux Amérindiens, etc.

Au milieu du XVIIIe siècle, le Canada compte environ 40 000 habitants répartis dans trois gouvernements : Québec, Montréal et Trois-Rivières. Québec, siège administratif et épiscopal de la Nouvelle-France et, partant, du Canada, abrite le gouverneur, l'intendant, l'évêque et un conseil supérieur, ainsi que les titulaires des grands services de l'État : trésorier général*, officiers de l'Amirauté et de la Prévôté, responsables de la construction navale, de la voirie, du port, directeur du Domaine*, etc. Montréal et Trois-Rivières sont des gouvernements autonomes, mais relevant de celui de Québec. À leur tête, se trouvent des gouverneurs particuliers, avec parfois à Montréal un subdélégué de l'intendant, un grand vicaire et une cour de justice de première instance qui veille à l'application des ordres du roi ou de l'intendant.

Vue des trois villes de la vallée laurentienne : Québec, Trois-Rivières et Montréal (vers 1720). Newberry Library, Chicago, États-Unis.

Le bassin des Grands Lacs constitue les Pays d'en Haut. Missionnaires, trafiquants de fourrures et militaires s'y retrouvent en nombre, ainsi qu'une population civile de près de 1 000 habitants dont 600 à Détroit. Les autorités de la colonie utilisent les commandants de fort et les missionnaires comme des représentants locaux à qui ils délèguent moins des pouvoirs que des responsabilités précises et limitées, attendant d'eux toute information concernant l'affirmation de la présence française et le maintien de la paix avec les nations amérindiennes.

Au delà, la Mer de l'Ouest ne compte que de petits postes indiquant que des Français y sont passés et en tirent des fourrures.

b. Le découpage en seigneuries et en paroisses

Le système seigneurial, dont on a déjà dit ce qu'il était, a constitué un mode institutionnel de distribution et d'occupation des terres. En dépit d'une certaine mobilité spatiale et de pratiques

Domaine : établi par lettres patentes en 1717, cet organisme perçoit les droits de quint, prélevés lors de la vente d'une seigneurie et les lods et vente sur les censives du roi ; il perçoit aussi des impôts sur les revenus de la location des postes et de la traite dans le bassin du Saguenay. Il fixe également les tarifs douaniers sur les marchandises importées. Le personnel du Domaine se compose d'un directeur qui rend compte de sa gestion au trésorier général, d'un receveur qui fait office de percepteur et de comptable, de visiteurs qui inspectent les marchandises, de commis et de gardes.

Le palais de l'intendant de Québec, centre administratif de la colonie, par Chaussegros de Léry. Archives nationales, Paris.

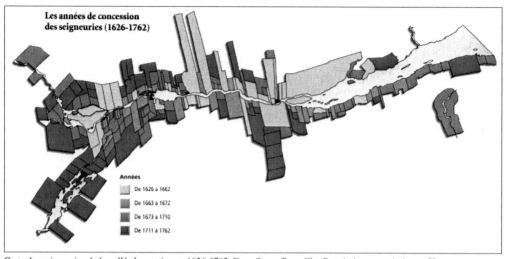

Les années de concession des seigneuries (1626-1762)

Années
De 1626 à 1662
De 1663 à 1672
De 1673 à 1710
De 1711 à 1762

Carte des seigneuries de la vallée laurentienne, 1626-1762. Dans Serge Courville, *Population et territoire*, p. 58.

familiales prenant en compte les besoins des vieux parents ou l'aide aux plus jeunes enfants, le système seigneurial prévoyait l'établissement d'une famille par censive. Celle-ci, par les espaces réservés à la forêt, à la culture céréalière et aux prairies fournissait aisément de quoi vivre de l'agriculture, à la condition de fournir un labeur constant. Tout au long du Régime français, 75 à 80 % de la population de la vallée du Saint-Laurent vécut de la culture des terres. L'augmentation rapide de la population, grâce à une natalité élevée, et les principes de distribution de la propriété foncière entraînèrent une expansion considérable du territoire rural exploité au XVIIIe siècle.

Les autorités de la colonie ouvrirent périodiquement de nouvelles zones à la colonisation, en particulier la rive Sud en aval de Québec, la vallée de la Chaudière et celle du Richelieu. En même temps, les vides entre Québec et Montréal furent comblés. À l'intérieur de plusieurs seigneuries, surtout celles situées près de villes, se formèrent un deuxième, un troisième, voire même un quatrième rang dans la profondeur des terres. L'accessibilité du territoire par voie d'eau, la proximité de la ville, la dimension et la qualité des censives ainsi que les services offerts (église, moulin, route) ont semblé influencer les choix de localisation des nouveaux colons. Il s'ensuit, dans le paysage, une longue succession de terres étroites et parallèles qui laissent l'habitant assez isolé et éloigné du regroupement des services qui, plus tard, autour de l'église ou du manoir, constitueront l'amorce d'un village.

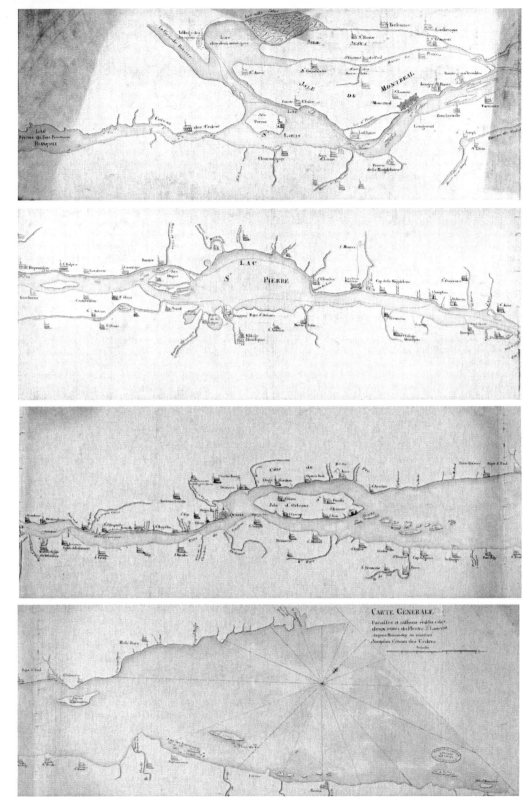

Carte générale des paroisses et missions établies des deux côtés du fleuve St Laurent (1750). Service historique de l'Armée, 7 B 68, Vincennes, France.

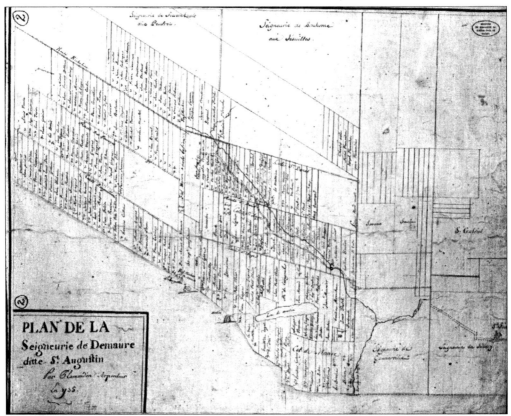

« Plan de la Seigneurie de Demaure ditte St Augustin », 1735. Archives du monastère des Augustines de l'Hôtel-Dieu de Québec, PR3-00001-001.

Manoir de Lanaudière ; le manoir est un lieu important du régime seigneurial en Nouvelle-France. Archives nationales du Québec. Auteur : J.W. Michaud. Cote : E6, S7, P95337.

Au début du XVIIIe siècle, le monde rural, constitué d'environ 120 seigneuries, contient une population d'un peu plus de 10 000 habitants. À la fin du Régime français, la Nouvelle-France compte environ 180 seigneuries, dont 70 ont plus de 25 censives mises en valeur. Au total, près de 40 000 habitants se partagent quelque 8 000 censives.

Il y eut souvent identité de frontières entre les seigneuries et les paroisses, mais celles-ci apparurent plus tardivement, au moment où il y avait un nombre suffisant d'habitants. La paroisse était juridiquement créée par l'évêque, mais seulement après l'approbation de l'intendant qui avait droit de regard sur la gestion des biens temporels de l'Église. Au contraire de son prédécesseur qui avait confié le service diocésain aux prêtres du Séminaire de Québec, Monseigneur de Saint-Vallier voulut consolider le cadre paroissial, sur le modèle métropolitain. Le nombre de paroisses passe de 15 en 1678, à 40 en 1724 et à près d'une centaine à la fin du Régime français. Les curés deviennent inamovibles et les paroisses, par le biais d'une fabrique, doivent veiller à l'entretien du curé, de l'église ou de la chapelle paroissiale et du presbytère. Ainsi, l'Église des missions s'est transformée en une église diocésaine, évoluant et prenant force au fur et à mesure de l'augmentation de la population.

Peu à peu, la structuration juridique de l'espace s'adapte aux besoins, et aux souhaits de la population.

c. Les espaces aménagés

L'aménagement des espaces de vie s'effectue en parallèle avec l'établissemnt de leurs limites juridiques et physiques.

À la campagne, si chaque chef de ménage, à l'exception de quelques hommes de métier ou de profession, possède une terre, il n'est pas rare que l'unité d'exploitation soit plus complexe. Dans une bonne proportion de cas, le père de famille se préoccupe d'accroître son patrimoine foncier, par voie de concession ou d'achat afin de favoriser l'établissement de ses enfants. L'on assiste ainsi souvent au regroupement des membres d'une même famille, dans une même localité. L'exemple du seigneur des Éboulements, Pierre Tremblay, est un des plus notables. Il établira ses dix enfants et leur conjoint dans sa seigneurie. Et à la génération suivante, les 56 familles de censitaires seront contituées d'au moins un descendant direct. La transmission des terres, une demie au conjoint survivant, un quart à l'aîné et le reste réparti également entre les autres enfants, oblige souvent au rachat de parts pour éviter la fragmentation des terres. Les

La Croix de Chevrières de Saint-Vallier

Jean-Baptiste de, (1653-1727). Arrivé dans la colonie en 1685, il est le deuxième évêque de la Nouvelle-France, sacré à Québec en 1688. Il fonde l'Hôpital-Général de Québec en 1692. Malgré l'opposition de Monseigneur de Laval, il divise le diocèse en paroisses, réduisant les pouvoirs du Séminaire de Québec. Ses obsèques font scandale. À sa demande, il est inhumé, en catimini, à l'Hôpital-Général et non à la cathédrale comme le voulaient le chapitre des chanoines et le Conseil souverain.

mariages entre voisins, les donations doublées de vente, le choix préalable, mais en constante négociation, de l'héritier, l'apport à ceux qui doivent migrer, le recours à des conjoints étrangers pour éloigner les enfants en surnombre, tout cela contribue à resserrer la cohésion sociale et à en assurer la reproduction.

Au XVIIIe siècle, la ville, protégée par des fortifications, concentre les fonctions administratives, militaires, commerciales, religieuses. À l'habitant, rural ou urbain, elle offre les principaux services d'hospitalisation, d'éducation et de justice, en plus de tous les recours administratifs. C'est là également qu'il est possible de se procurer les produits fabriqués par les gens de

---

Causes de donation

« (...) Que le dit Comparant et sa dite femme sont hors d'état de pouvoir plus longtemps faire valoir par eux mêmes a cause de leur âge avancé et de leurs infirmités, motifs puissants qui les avait portés à faire une première donation à l'un des enfant du premier Mariage du dit comparant, Lequel aurait abandonné et resilié cette donation, ainsy que René LeTartre fils du dit premier Mariage du comparant auquel il avait passé une nouvelle donation qu'il a pareillement abandonnée et resiliée ; par ces considérations et voulant le dit comparant pour le bien de la chose, éviter à l'avenir, entre tous les enfans du comparant, au nombre de neuf souches, un partage qui ne pourrait que leur être préjudiciable et leur susciter des difficultés d'autant plus que par la déclaration du Roy pour les terres de cette Colonie, il est formellement fait défense de faire aucun établissement sur moins d'un arpent et demy de terre de Front ; (...) pour se procurer une sûreté à pouvoir vivre aussi commodément qu'ils l'ont pu faire jusqu'à présent et ne point démember leur bien sont par ces raisons et pour le bien de la chose demeurés daccord de faire donation de la moitié de leur dit bien tant immeubles que meubles, et de vendre l'autre moitié, le tout tel et ainsy qu'il suit (...). »

Les biens concernés

« (...) ont volontairement Reconnu et Confessé avoir fait et font par ces présentes, donation entre vifs, pure, simple et irrevocable sans espérance de la pouvoir révoquer sous quelque pretexte que ce soit si ce n'est pour cause d'ingratitude, ou faute d'exécution des charges cy apres promis et promettent conjointement et solidairement, un d'eux seul pour le tout, sans division, discussion, renonçant aux dits bénéfices et à tout autres, garantie de tous troubles, dettes, hypothèques, dons, doüaire (...) à Joseph Alary et à Marie Angelique Le Tartre sa femme gendre et fille du dit donateur. Le dit Joseph Alary accepteur et acceptant (...) C'est à scavoir. De la juste moitié des dites dix-neuf perches six pieds de terre de front sur quarante arpents de profondeur (...) Comme aussi en pareillement fait donation de la juste

moitié tant de la maison, la grange et l'Etable, que de la juste moitié des meubles de ménage et d'agriculture, consistant en totalité en ce qui suit : savoir, une crémaillère, trois sceaux Ferrés, trois bouteilles de verre, quatre flacons, un ciseau, une gouge, un marteau, une petite masse de fer, une scie de Long, une garniture d'outils à sabots, une poêle à frire, un gril de fer, une pelle à feu, trois plats d'étain, six assiettes d'étain, une douzaine de Cuillères d'étain, douze fourchettes, un chandelier de cuivre jaune, une petite salière d'étain, deux marmites en fer, trois pioches, deux haches, une à dôler et l'autre à bucher, un vieux poelon, une lampe de fer, trois fers à repasser, six chaises de merisier, une huche, un petit poele de taule avec son tuyau, un cheval, deux bœufs de trois ans, une vache, un petit veau, cinq moutons, une vieille cuillère à pot, un buffet, un coffre, une herminette, un vieux Jocy avec sa chaîne à la poutre, une tourtiere, un petit trois pieds de fer, deux gobelets d'étain, un mauvais rasoir, une vieille calèche en l'état qu'elle est et quatre fretes de Roues ; et encore la moitié au total dans un moulin à scie (...). »

Les conditions de la donation

« Cette donation ainsi faite pour les raisons et motifs susdits et parce que tel est la volonté des donateurs, à la charge de tout cens et rentes par l'avenir à compter du jour que l'usufruit cy dessus reservé fini. Comme aussi à la charge par les dits donataires de demeurer avec les donateurs sur la totalité de la d. Terre cy dessus jusqu'au décès du dit donateur et jusques à ce, faire valoir la totalité tant de la moitié de terre cy dessus donnée que de l'autre moitie cy après vendue aux dits donataires, lesquels seront tenus de nourrir, chauffer, éclairer, vêtir et entretenir les d. donateurs selon leur état et condition ; les soigner tant sains que malade, les faire médicamenter durant leurs infirmités, les mener et conduire au service divin les jours de fêtes et de dimanche et après leur décès les faire inhumer et leur faire dire à chacun vingt cinq messes basses de Requiem pour le repos de leur âme (...). »

ANQ-Q, CN 301-91, Greffe Dulaurent, Donation et vente. *René Le Tartre et Marie-Catherine Dolbec à Joseph Alary et Marie-Angélique LeTartre, 15 octobre 1753.*

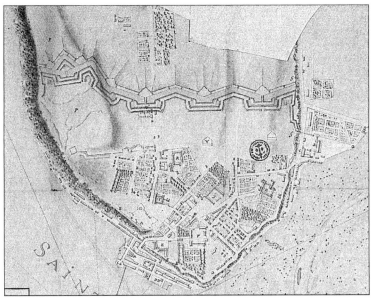

Plan de la ville de Québec et ses projets de fortifications, par Chaussegros de Léry (1730). Archives nationales, Paris : Section Outre-Mer, Dépôt des fortifications des colonies, 410.

métier ou importés de métropole. Centre d'approvisionnement et de distribution, elle reflète la vitalité économique de la colonie. Les industries et les boutiques y occupent une place importante. Les métiers de la navigation, de la pêche et de la construction navale, de l'alimentation et de l'hébergement reflètent les activités maritimes et portuaires. La prolifération des métiers de la construction, du cuir, du bois et de la pierre illustre le dynamisme urbain. Tout cela fonctionne assez semblablement à ce que l'on retrouve dans la mère patrie, mais dans une

À propos des villes

« Le gouverneur général du Canada réside habituellement à Québec, mais il vient souvent à Montréal et y passe généralement l'hiver. Le séjour de Québec est plus commode en été, à cause des arrivages fréquents de vaisseaux du roi, qui apportent au gouverneur des lettres auxquelles il doit répondre (...) Montréal est la seconde ville du Canada (...) Elle est passablement bien fortifiée et entourée d'un mûr élevé et épais. À l'Est, elle est protégée par la rivière Saint-Laurent et sur tous les autres points par un fossé profond rempli d'eau qui défend les habitants contre tout danger d'une incursion soudaine des troupes de l'ennemi. Cependant elle ne pourrait soutenir un long siège, parce qu'elle requiert une forte garnison, à cause de son étendue et parce qu'elle renferme principalement des maisons de bois (...) Chaque vendredi est jour de marché, et les paysans viennent en ville avec des provisions qui sont bientôt écoulées, car c'est le seul jour de marché de la semaine. Le vendredi

aussi, nombre d'Indiens s'y rendent pour vendre leurs produits et en acheter d'autres.

Québec, la ville la plus importante du Canada, est situé sur la côte occidentale de la rivière Saint-Laurent, tout au bord de l'eau (....) La ville est bâtie sur la montagne (...) et derrière commencent de grands pâturages (...) La cité est divisée en haute et basse ville (...)

La plupart des marchands habitent la basse ville, dont les maisons sont serrées les unes contre les autres. Les rues sont étroites, raboteuses et presque toujours humides. Il y a dans cette partie de la cité une église et un petit marché. La haute ville est habitée par les gens de qualité, fonctionnaires, négociants ou autres. Elle renferme les principaux édifices de la cité, dont voici ceux qui méritent une mention particulière : le palais du gouverneur... la cathédrale (...) l'église de la basse ville (...) le collège des Jésuites (...) le Séminaire (...) la maison de l'intendant (....). »

Pehr Kalm, *1749.*

sorte de microcosme où les différences sont accentuées entre l'élite française et la population coloniale.

Une autre réalité coloniale particulière a frappé l'imagination : l'occupation des grands espaces. À tous, le Saint-Laurent et son réseau de rivières offrent, on l'a dit, une voie de communication sans pareille. Outre les ressources économiques qu'il recèle, il rompt l'isolement entre les personnes, établit un pont entre la ville et la campagne et permet les relations avec l'extérieur. La forêt représente un obstacle mais en même temps une source d'approvisionnement en bois de chauffage et de charpente ; c'est aussi un milieu de vie. Explorateurs, missionnaires, soldats, trafiquants de fourrures parcourent ces grands espaces qui laisseront des traces indélébiles dans l'imaginaire québécois.

L'État veille aussi à utiliser au mieux ces espaces. Il réglemente l'utilisation de la moindre portion de terre. Il en prévoit les modes d'occupation et de transmission. Il veille surtout aux enjeux territoriaux qu'ils représentent. Le Saint-Laurent est une voie de pénétration qu'il importe de protéger, une route de commerce, un axe économique, une ressource unique. Un capitaine de port, une cour d'amirauté et un bureau du Domaine responsable du commerce et de la circulation maritimes surveillent son utilisation. Partout, mais particulièrement aux frontières, l'État met à profit la contribution de chacun pour étendre et consolider son empire.

3. Le peuplement

De 1700 à 1755, la population de la Nouvelle-France passe de quelque 14 000 habitants à près de 55 000 grâce à une forte natalité (55-60‰). L'immigration reste surtout masculine, jeune et assez rare. Chaque année arrivent quelques dizaines de migrants : soldats, faux-sauniers, hommes de métier. La moitié repart après un séjour de quelques années. Encore à cette époque, le mariage favorise l'établissement et l'intégration à la société coloniale. En outre, la ville et le métier constituent des lieux transitoires d'insertion. Après quelques années ou au bout d'une génération, ces migrants ou leurs descendants se retrouvent pour la plupart dans le monde rural.

La distribution de cette population dans l'espace suit un schéma assez constant. La volonté d'assurer une terre à chaque famille prime. Chaque génération d'enfants est appelée à devenir à son tour, pour une bonne moitié, une génération de pionniers. Pour préserver l'intégrité des terres, un enfant sur deux doit se tourner vers de nouvelles zones de colonisation. Comme au siècle précédent, le jeune couple joue un rôle prépondérant dans ce processus.

Ce processus vaut tant pour la colonisation de proche en proche que pour celle qui se déroule à deux milliers de kilomètres de distance ou à un siècle et demi d'écart. Le peuplement du pays des Illinois entre 1700 et 1750 confirme la prédominance de ces types de rapport et de ce mode de peuplement. Les religieux, les militaires et quelques trafiquants de fourrures ont joué un rôle précurseur dans l'établissement. Au total, 476 adultes se sont établis en permanence dans la région à cette époque. Au cours des 20 premières années, seulement 24 personnes dont une seule femme s'y sont installés ; 19 d'entre eux, des trafiquants de fourrures, ont épousé des Amérindiennes. Par la suite, le métissage ne représentera plus que 10 % des alliances matrimoniales. Au cours de la période suivante, il vient aux Illinois plus de Canadiens que de Français, quelques femmes et des familles complètes. Près de la moitié provient des villes de Québec et de Montréal, et les autres, de paroisses rurales dispersées dans toute la colonie. Au moins le tiers et probablement plus de la moitié de ces migrants ont des liens de parenté. Au pays des Illinois, comme dans les anciennes paroisses de colonisation de

Récapitulation générale de tout le pays des Illinois en 1732. Archives nationales, Paris : Section Outre-Mer, série G[1], Vol. 464.

« Carte de l'Amérique septentrionale depuis le 28 degré de latitude jusqu'au 72 » (détail) par Jacques-Nicolas Bellin (1755). Archives publiques du Canada, Ottawa : Collection nationale de cartes et plans, (NMC 21057).

la vallée du Saint-Laurent, le célibataire masculin paraît plus mobile, tandis que le mariage favorise l'enracinement. En définitive, 92 % des pionniers nouent des liens de parenté entre eux, et, en 1752, les migrants ne constituent plus que 19 % des effectifs.

4. Relations avec les Amérindiens

Cette marche du peuplement colonial modifie le schéma des relations avec les nations amérindiennes. Au tout début du XVIIIᵉ siècle, la question iroquoise est définitivement réglée par la signature de la Grande Paix de Montréal* en 1701. Peu soutenus par leurs alliés britanniques, en lutte contre les autres nations indiennes, les Iroquois se virent pratiquement forcés de demander la paix. Le gouverneur Callière eut d'ailleurs recours à tous les moyens possibles pour les y amener. Finalement, les ambassadeurs de la confédération iroquoise se rendirent à ses vues. Après de longues négociations, il réussit à imposer une paix générale signée par les représentants des 30 tribus réunis à Montréal et en présence de quelque deux mille Indiens de toutes nations.

Au cœur du pays occupé par les Français, l'assujettissement paraît total. C'est le gouverneur français qui décide des lieux d'établissement, sévit contre les malversations de certaines nations, décide des alliances et des mariages des chefs, réunit

Grande Paix de Montréal : après les démonstrations de force organisées par le gouverneur Frontenac en 1698 et les revers des Iroquois, Français et Amérindiens recherchent la paix. Durant l'été 1701, sous l'autorité de Louis-Hector de Callières, gouverneur de Montréal depuis 1684 et de la Nouvelle-France depuis 1698, les Iroquois des Cinq nations et une trentaine de nations des Grands Lacs, soit plus d'un millier d'Amérindiens, se réunissent à Montréal. Après négociations, remises de prisonniers et échanges de présents, les Amérindiens signent le traité de paix qui scelle l'alliance franco-amérindienne contre les ambitions hégémoniques britanniques.

parfois dans un même territoire des Indiens de différentes nations. Ainsi les Abénaquis, chassés de leur territoire, sont relocalisés le long du Saint-Laurent, près de Trois-Rivières et de Québec. Les registres d'état civil montrent un mélange croissant de mariages entre personnes de tribus différentes. Les réserves amérindiennes créées par les autorités près des trois villes du gouvernement du Canada en viennent à regrouper chacune plus de 1 000 personnes. Le grand chef huron Kondiaronk avait bien su exprimer cette dépendance quelques annnées plus tôt, en signifiant au gouverneur Frontenac qu'il entendait dorénavant se dire son fils et non plus son frère.

En revanche, aux frontières des territoires occupés par la France se reproduit un processus comparable à celui qui vient de s'achever. Cette fois cependant, plutôt que d'être en butte aux Iroquois, les Français, souvent par l'intermédiaire de leurs alliés du Haut-Mississippi, doivent affronter les Renards. Encore une fois, le contrôle du commerce du castor constitue la pomme de discorde. La zizanie s'installe entre les nations. Les Français préfèrent une paix favorable au commerce. D'un autre côté, pour assurer leur domination sur ces territoires, ils poursuivent leur programme d'exploration, concluent des alliances commerciales avec les tribus, ont recours à des missionnaires et à des militaires comme agents de la politique française. Peu à peu se forment de petits îlots de peuplement autour des postes et

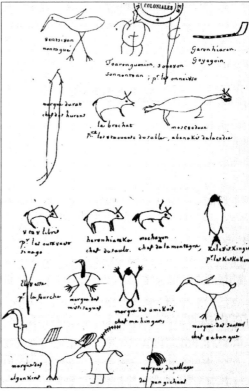

Signatures des chefs indiens lors du traité de paix conclu avec les Iroquois, Montréal, 4 août 1701. Archives nationales, Paris, Fonds des Colonies, série C[11A], vol. 19, fol. 43-43v.

Délibérations de paix en 1701

« Les Hurons et les Miamis entrèrent avec leurs présents de castor (...) Chichikatalo leur chef (Miamis), personnage d'un mérite singulier, dont l'air ressemblait beaucoup à ces empereurs romains, dit qu'ils avaient écouté la voix de leur Père (le gouverneur), par le Français qu'il leur avait envoyé de sa part, que cette voix leur avait fait prendre la résolution de descendre, qu'ils étaient bien aises de se trouver avec tous les enfants de leur Père, qu'il n'avaient fait aucune difficulté d'amener les esclaves qu'ils avaient pris sur les Iroquois... Chichikatalo continua. Puisque notre Père veut que la terre soit unie et que tous ses enfants deviennent amis, voici un calumet de paix que je te présente, afin que tu y fasses fumer tous tes enfants et l'Iroquois, que nous faisons aussi notre frère ; pour nous nous y fumerons volontiers les premiers, n'ayant d'autre volonté que la tienne... Fais en sorte que toute la nation Miamis puisse se rassembler dans un seul endroit, proche la rivière Saint-Joseph ; reçois donc le calumet. Le chevalier de Callières lui dit qu'il le gardait pour faire fumer tous ses enfants et il les fit déjeûner. »

Bacqueville de la Potherie,
Histoire de l'Amérique septentrionale, *1753.*

des forts, tandis que, de 1731 à 1743, La Vérendrye pénètre toujours plus loin vers l'Ouest, ramenant des fourrures et des esclaves.

À la veille de l'affrontement définitif avec l'Angleterre et ses colonies américaines, l'empire français paraît encore colossal, même s'il a commencé à s'effriter dans la région atlantique. Grâce à la maîtrise des deux grands axes fluviaux, le Saint-Laurent et le Mississippi, les possessions françaises d'Amérique encerclent les colonies britanniques américaines. Toutefois, exception faite de la vallée du Saint-Laurent plus densément peuplée, il s'agit pour ainsi dire d'une colonisation par tête de pont, aussi fragile que le plus faible maillon de la chaîne de fortifications qui les relie. Autant l'extension territoriale pouvait donner l'illusion de puissance sur une carte géographique, autant le petit nombre et la dispersion de la population recensée en traduisaient la faiblesse.

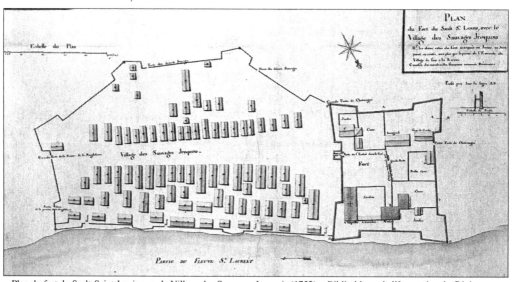

« Plan du fort du Sault-Saint-Louis avec le Village des Sauvages Iroquois (1752) ». Bibliothèque de l'Inspection du Génie, Ms f° 210°, n° 2, Paris.

Chapitre 9

L'économie de la Nouvelle-France, 1700-1755

Dans une société d'Ancien Régime et, au surplus coloniale, l'État — entendons la royauté et ses représentants administratifs — paraît omniprésent dans l'organisation de la vie économique. S'il ne la maîtrise pas entièrement, ce n'est pas faute d'essayer. L'économie est une préoccupation majeure parce qu'elle est un moyen de pouvoir. Dans le royaume, elle peut assurer la cohésion et la paix sociale, à l'extérieur, elle sert d'assise aux prétentions hégémoniques.

1. Les pouvoirs de contrôle de l'État

L'État a ainsi été amené à définir les conditions de la production et celles de l'échange. La Coutume de Paris appliquée en Nouvelle-France a prévu et précisé les droits et conditions de propriété, de transmission et de partage des avoirs. L'État fixe les budgets de la colonie et leur utilisation, surveille et contrôle la distribution de biens et de services. Depuis le début du XVIIe siècle, il applique, plus ou moins systématiquement, une politique économique globale, le mercantilisme, appuyée sur une réglementation tatillonne. La politique économique de la France repose sur un mercantilisme industriel rigoureusement appliqué depuis l'époque de Colbert. Dans cette optique, les colonies sont au service du royaume. Elles doivent fournir les matières premières qui, transformées dans les manufactures françaises, pourront être vendues à l'étranger et, éventuellement retournées dans la colonie, sous forme de produits ouvrés. La France pratique ainsi une politique tarifaire à double volet, favorable à l'entrée de matières premières et à la sortie de produits manufacturés, mais, dans le sens inverse, défavorable à la sortie de matières premières et à l'arrivée de produits finis. À l'égard des colonies, elle édicte les plus sévères défenses contre le commerce avec les nations étrangères et elle prohibe la transformation dans la colonie, empêchant ainsi la création d'industries qui viendraient concurrencer les établissements métropolitains. Pendant longtemps, elle ne déroge à cette pratique que pour les

Maurepas

Jean-Frédéric Phélypeaux de, (1701-1781). Secrétaire d'État à la maison du roi (1718-1749) ; ministre de la Marine et responsable des colonies en 1723. On le dit mercantiliste réformateur ou libéral ; opposé à la politique menée par Colbert, il estime que c'est le commerce qui fait la richesse et la puissance des nations. Il accorde une priorité au développement économique des colonies. En 1749, ses satires des maîtresses du roi Louis XV causent sa disgrâce ; il est renommé ministre d'État en 1774 sous Louis XVI.

produits alimentaires essentiels. Cependant, à compter des années 1725, sous la direction d'un ministre réformateur, Phélipeaux de Maurepas, cette politique s'adoucit et se libéralise. Le ministre se montre très favorable au commerce intercolonial et favorise l'implantation d'industries de transformation de matières premières.

Les autorités de la Nouvelle-France sont très attentives au développement économique. Elles s'efforcent de prendre la mesure des progrès accomplis. Elles font tenir des registres annuels de l'activité commerciale. Elles procèdent périodiquement à un recensement de la colonie, afin de vérifier l'évolution de la population, des cultures, du cheptel et des services. Elles font réaliser des dénombrements exacts des terres, s'inquiètent des lenteurs du développement et prennent des mesures concrètes pour l'accélérer. En effet, même si l'accroissement de la population et la paix permettent à la colonie d'enregistrer des progrès dans tous les domaines économiques, aux yeux de bien des administrateurs royaux imbus de théories mercantiles, la colonie coûte cher et rapporte peu.

Enfin, par une réglementation appropriée, multiple et adaptée aux circonstances, les autorités s'efforcent de canaliser les besoins de la société. Elles s'assurent de la disponibilité de l'ensemble des biens et services nécessaires. Elles veillent à l'adéquation des ressources humaines, faisant venir aussi bien des ouvriers pour la construction navale que des sages-femmes, favorisant l'obtention de la maîtrise des métiers, tout en veillant autant que possible à leur compétence. En certains cas, elles décident du nombre de personnes autorisées à pratiquer un métier — bouchers, boulangers ou aubergistes — fixent les prix, la qualité et la quantité des produits disponibles. Elles vérifient les qualifications des notaires ou des chirurgiens. Elles énoncent les conditions de pratique d'un métier ou d'une profession, délivrant à cette fin des commisssions, permis ou congés. Elles s'assurent de l'accès facile et gratuit à la propriété foncière. Elles veillent à la mise en valeur des terres, au respect des règles du régime seigneurial, cherchent à éliminer les entraves à la produc-

« *Les personnes qui voudront tenir boucherie seront tenues de faire une déclaration au greffe de la justice... et d'avoir suffisamment de viande pour en fournir au public chaque semaine. (...) Le bœuf et le veau seront vendus à la boucherie cinq sols la livre depuis Pâques jusqu'au premier juillet, et depuis le premier juillet jusqu'au Carême la livre de bœuf quatre sols et la livre de veau six sols... Defense à toute autre* personne *d'aller acheter à la campagne ni bœuf ni veau pour revendre, permet aux habitants de la campagne d'apporter leur viande et de l'exposer en vente les vendredi et samedi, jours de boucherie, laquelle pourra être prise par les bouchers à six deniers moins que le prix ci-dessus fixé.* »
Ordonnance relative aux boucheries,
13 août 1701.

Extrait du recensement général du Canada pour l'année 1737. Archives nationales, Section Outre-Mer, série G¹, vol. 640, Paris.

tion ou à la commercialisation des surplus. Rien pratiquement n'échappe à leur surveillance et à leur contrôle.

a. Les interventions de l'État

L'intervention directe de l'État s'observe aussi à d'autres niveaux. Et tout d'abord, elle fixe le cours de la monnaie et règle sa circulation. Comme toute autre colonie au XVIIIᵉ siècle, la Nouvelle-France souffre d'une grave pénurie de numéraire. Les autorités ont périodiquement recours à des expédients, comme une dévaluation de l'argent du Canada — à trois quart de la valeur de la livre tournois ou française — ou en fabriquant une monnaie de carte*. L'innovation de l'utilisation des cartes à jouer comme papier-monnaie visait à compenser le manque

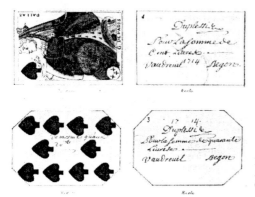

Monnaie de carte (1714). Archives publiques du Canada (C-17059), Ottawa.

Monnaie de carte : les services à l'État, les rémunérations des officiers et fonctionnaires sont payés en numéraire expédié, chaque année, par le vaisseau du roi. En 1685, le manque de fonds pousse l'intendant de Meulles à créer une monnaie de papier à partir de cartes à jouer sur lesquelles il inscrit un montant et appose son cachet ; il rachète ces cartes dès l'arrivée du vaisseau du roi. Même désavoué, le stratagème se répète et devient de plus en plus un instrument de crédit : en 1714, circulent environ 2 000 000 de livres de monnaie de carte, soit sept fois plus que les fonds annuels envoyés par le roi. En 1729, le système s'affine encore : intactes, les cartes valent 24 livres ; écornées, 12 livres ; coupées au trois quarts, 6 livres.

d'argent sonnant pour effectuer les dépenses autorisées par le roi. Malgré le désaveu du roi, il fallut périodiquement revenir à ce système qui, en plus, se dégrada du fait que les émissions en vinrent à dépasser le montant garanti en numéraire. Une première dévaluation de cette monnaie à 50 % de sa valeur en 1714, au lendemain d'Utrecht et d'une crise majeure dans le commerce du castor, ne changea pas l'expédient. Souvent cette

Ratification par les habitants du Canada pour gérer le commerce de la fourrure de castor en France et en Hollande (1700). Archives publiques du Canada, Division des manuscrits, MG 18, C 3, Ottawa.

monnaie de carte ne fut reçue que pour une partie de sa valeur dans les échanges entre producteurs et négociants.

Chaque année, des sommes prévues par « l'état du roi » sont envoyées dans la colonie pour acquitter les dépenses autorisées, surtout à des fins administratives et militaires. Ainsi la solde des troupes, les traitements des officiers et les dépenses pour les fortifications représentent des injections de capitaux d'autant plus significatives qu'elles sont quasi uniques. Ce budget varie généralement de 300 000 à 400 000 livres, soit, habituellement plus de 100 000 livres en-deçà des coûts réels, si bien que, d'année en année, le roi s'endette au Canada, tandis que ses représentants prêchent l'économie. Pourtant, cette dépense coloniale représente moins de 1 % des dépenses du royaume, cinq fois moins que les sommes affectées aux « menus plaisirs » du roi. Et la situation alla en se détériorant de plus en plus.

Outre les fortifications, l'État investit directement dans certaines industries comme la construction navale et les forges du Saint-Maurice. Il se préoccupa de faciliter les communications tant maritimes que terrestres. Un capitaine de port fut chargé de dresser des relevés hydrographiques du fleuve afin de rendre la navigation moins périlleuse. Une route de terre relia enfin Québec et Montréal en 1735. Le grand-voyer, répondant à la fois aux souhaits des autorités de construire une voie royale et aux requêtes des habitants soucieux d'avoir plus facilement accès au marché et aux services religieux, obligea chacun à faire sa part dans l'amélioration des communications.

Par incitation générale ou par réglementation particulière, l'État en vient à influencer le choix des genres de vie, c'est-à-dire des activités caractéristiques de groupes de personnes. Réfractaire au nomadisme, qui traduisait des valeurs morales et sociales inacceptables, il tenta de contrôler la circulation dans la « sauvagerie » par l'émission de congés et en menaçant de peines très sévères ceux qui oseraient déroger à la règle. À l'inverse, il fit des efforts considérables pour favoriser l'implantation sur les terres qui entraînait un mode de vie plus respectueux de l'ordre social défini par les autorités civiles et religieuses.

b. Les limites du pouvoir de l'État

L'État mesure, évalue, juge, oriente et tente de contrôler la vie économique, mais il ne réussit pas à s'assurer une mainmise complète sur les activités économiques, leur organisation et leur évolution. Des contraintes majeures, relevant de la faiblesse des ressources humaines et financières, de la technologie rudimentaire de l'époque, des pratiques économiques, des règles de l'offre et de la demande ou encore de la mise en marché limitent son emprise. À terme, son action se réduit souvent à une adaptation à la réalité. Jusqu'à un certain point, la France est victime de sa propre politique continentaliste et mercantiliste. Les activités économiques, trop uniquement axées sur la satisfaction des besoins du royaume, ont empêché la construction d'un empire en même temps que l'essor des colonies. Ainsi, les restrictions au commerce étranger entraînèrent une contrebande* généralisée. D'un autre côté, les autorités de la colonie se plaignirent constamment de la rareté et de la cherté de la main-d'œuvre qualifiée, au moins pour les grandes entreprises. Enfin, le roi manquait d'argent pour soutenir adéquatement ses colonies. La faiblesse des ressources humaines et financières, ajoutée à une politique continentaliste à courte vue, plaçait la colonie en position précaire.

Le système seigneurial qui, en France, assurait les fondements de la vitalité économique et du dynamisme urbain, ainsi que la consolidation d'une structure sociale par le mode de partage des richesses, n'a pu s'implanter et avoir des effets comparables dans un territoire où l'attrait financier principal résidait dans le commerce des fourrures plutôt que dans la propriété foncière. Il s'ensuit que l'économie de la Nouvelle-France parut dominée par une production très peu diversifiée, de luxe et très sensible à une conjoncture extérieure. Il fut également impossible d'insérer dans le marché international des produits qui se retrouvaient en plus grande quantité et de meilleure qualité à proximité ou dans d'autres colonies. L'État ne put enfin parer aux tâtonnements inévitables dans l'adaptation de la technologie européenne à l'environnement Nord-américain. Aussi, fut-il souvent contraint de pratiquer une politique d'attente.

Au tout début du XVIIIe siècle, la colonie est aux prises avec une grave crise du commerce des fourrures. La formation d'une compagnie générale, la Compagnie de la Colonie*, apparaît comme un moyen de sauver et d'enrichir la colonie. Il suffit de cinq ans pour qu'elle reconnaisse sa faillite et de dix années supplémentaires pour que l'État décide d'en acquitter les dettes, après avoir dévalué la monnaie de la moitié de sa valeur. Pendant encore vingt ans, l'État se contente de prodiguer des encouragements, mais non des subventions, aux entrepreneurs privés. Il ne se rend pas compte de la valeur des initiatives axées sur le potentiel et la satisfaction des besoins des colonies. Il constate, seulement une fois qu'il est bien enclenché, l'intérêt des échanges avec les Antilles. Il ne réalise pas les changements qui se produisent dans les rapports de production, notamment dans les métiers du cuir et du bois, par suite de l'abolition des corporations de métier. Enfin, quand il s'engage à fond, de bon ou mauvais gré, dans les industries navales et sidérurgiques, il crée une structure artificielle qui se solde par un échec.

Si l'on considère, de plus, que l'État est à la fois le principal fournisseur et le meilleur client des hommes d'affaires, il n'est pas étonnant qu'il ait fallu tant insister sur son rôle et son importance dans la vie économique. Plusieurs historiens y ont même vu une entrave à la formation d'une bourgeoisie dynamique et consciente de ses intérêts propres. Quand l'État fixe les prix et le cours de la monnaie, achète la production, contrôle la circulation des biens et des hommes, il ne reste à l'homme d'affaires qu'à tenter d'associer ses avoirs aux finances publiques et sa fortune à celle des administrateurs.

2. Les domaines de l'économie

Assez paradoxalement, on pourrait dire que la Nouvelle-France au XVIIIe siècle est à la fois radicalement semblable et fondamentalement différente de celle du XVIIe siècle. L'économie y est encore dominée par les deux activités prédominantes datant de l'époque de la colonisation naissante, l'une de production, l'agriculture, et l'autre d'échange, le commerce des fourrures. Les années 1700 marquent une charnière capitale. Il est devenu impossible de pratiquer concurremment l'agriculture et le commerce des fourrures. D'ailleurs, le commerce des fourrures, en crise, ne peut plus absorber les surplus d'une main-d'œuvre même temporaire. Au même moment, une quantité importante de jeunes gens et de jeunes filles, enfants des soldats et filles du roi venus à l'époque de l'intendant Talon atteignent l'âge de s'établir. On assiste dès lors à un renouvellement de la population par des gens nés sur place plutôt que par les immigrants et à une sorte de repli sur la seule activité garantissant un seuil de survie, l'agriculture. De façon parallèle, la vie urbaine s'intensifie et l'on assiste à une multiplication d'initiatives et de services.

a. Les activités de production

Le monde rural laurentien connaît une extension à mesure que la population s'accroît et l'agriculture enregistre des progrès partout. La population rurale passe d'environ 8 000 personnes au début du siècle à plus de 42 000 en 1739. Dans le même temps, la superficie des terres en culture quadruple, atteignant quelque 125 000 arpents, et le cheptel augmente proportionnellement au nombre d'habitants. Le nombre de terres concédées en censive passe de 600 en 1663 à environ 6 500 vers 1725. L'on développe de nouvelles seigneuries le long des principaux affluents du Saint-Laurent, parfois dans la profondeur, et les vides entre Québec et Montréal sont comblés, tandis que le peuplement s'étend sur la rive Sud en aval de Québec.

Le nombre de seigneuries atteint les 180 vers 1725. Dans près de la moitié d'entre elles, l'occupation ne se limite plus au premier rang le long du fleuve, mais, suivant en cela les facilités d'accès vers l'intérieur, un deuxième, un troisième et jusqu'à un sixième rang ont été concédés. Une soixantaine de ces seigneuries comptent au moins 25 censives et jusqu'à plus de 100. Si l'on retient les calculs de R.C. Harris selon lesquels il fallait au moins 15 familles bien établies pour assurer des revenus au titulaire d'une seigneurie, plus du tiers de l'espace seigneurial serait donc économiquement rentable. De fait, dans presque toutes ces seigneuries, les services à la collectivité se sont multipliés. On y trouve une église ou une chapelle*, une commune* louée par le seigneur aux habitants, quelques hommes de métier et de commerce, et parfois, sur le domaine du sei-

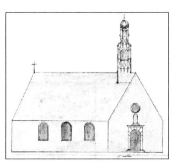

Une église paroissiale, lieu principal de rassemblement communautaire. Musée de la civilisation, cote : Z-160.

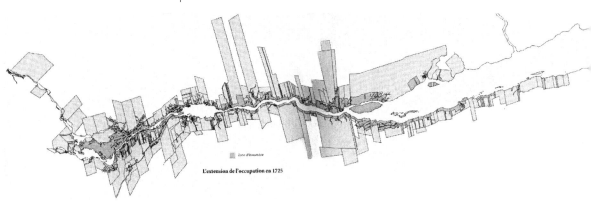

L'extension de l'occupation en 1725. Dans Serge Courville, *Population et territoire*.

gneur, près de son manoir, l'amorce d'un regroupement villageois. À lui seul, le nombre de moulins dans la vallée laurentienne passe de 41 en 1685, à 76 en 1719, pour atteindre 90 en 1721 et 118 en 1734.

La mise en valeur des terres et des seigneuries varie selon leur localisation, l'ancienneté du peuplement, la qualité des sols — nature des terroirs et couvert forestier — et parfois selon les facilités d'accès au marché. Il s'ensuit une grande diversité de situations et de niveaux de production. De façon très générale, chaque exploitation agricole comporte quatre utilisations. Outre l'espace réservé aux bâtiments — maison, grange, étable et parfois une écurie — ainsi que le potager, la censive est divisée grosso modo par tiers : la forêt au bout de la terre, les prairies et jachères pour le pacage des animaux et les terres ensemencées en cultures céréalières. Les semences comprennent, par ordre d'importance, le blé français, l'avoine, les pois, le maïs et l'orge. Quant au cheptel, le gros bétail comprend les chevaux et les bêtes à cornes, tandis que les porcs et les moutons font partie du menu bétail. Dans l'ensemble de la vallée laurentienne, environ 80 % des espaces mis en valeur sont

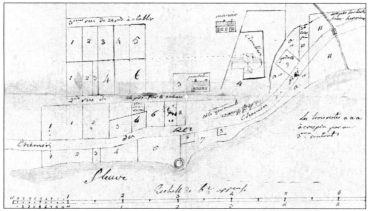

Façade et plan d'un moulin à eau construit à la Nouvelle-Orléans (1732). Documentation française.

Plan du village de Château-Richer vers 1760. Société du Musée du Séminaire de Québec, Procure, folio 26.

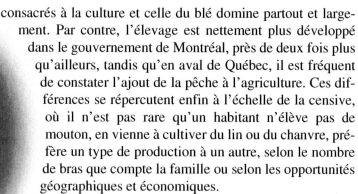

consacrés à la culture et celle du blé domine partout et largement. Par contre, l'élevage est nettement plus développé dans le gouvernement de Montréal, près de deux fois plus qu'ailleurs, tandis qu'en aval de Québec, il est fréquent de constater l'ajout de la pêche à l'agriculture. Ces différences se répercutent enfin à l'échelle de la censive, où il n'est pas rare qu'un habitant n'élève pas de mouton, en vienne à cultiver du lin ou du chanvre, préfère un type de production à un autre, selon le nombre de bras que compte la famille ou selon les opportunités géographiques et économiques.

Gilles Hocquart intendant de Nouvelle-France de 1731 à 1748. Portrait conservé au musée du Château de Ramezay, Montréal.

En dépit de cette disparité des choix et des situations, il y a des constantes, que des moyennes font quand même ressortir. L'exemple de l'exploitation des terres dans trois seigneuries, deux anciennes — l'une dans le gouvernement de Québec et l'autre dans celui de Montréal — et une plus récente sur la rive Sud du fleuve à plus de 100 kilomètres de Québec illustre ces constantes et ces disparités.

Exploitation des terres des trois seigneries (1725-1726)			
	Longueuil	Rivière-Ouelle	Beauport
Censive			
Dimension des censives	62,5	189	100,1
Arpents en valeur	21,7	18,1	26,1
Individus par famille	6,8	5,0	7,3
Animaux par famille			
Bêtes à cornes	6,9	5,3	4,2
Chevaux	1,8	1,1	1,2
Moutons	3,2	2,9	3,6
Porcs	5,3	2,7	3,1
Production			
Blé au minot	150	78,9	73,6
Pois au minot	18,5	13,1	29,4
Avoine au minot	25,1	17,5	26,3
Tabac à la livre	10,0	3,5	10,5
Lin à la livre	12,2	10,5	12,6
Orge au minot	--	--	1,7
Maïs au minot	1,1	2,7	1,3

Dans la mesure où la mise en culture d'une vingtaine d'arpents de terre suffisait à assurer la subsistance d'une famille, il faut considérer que l'agriculture se portait relativement bien et permettait d'exporter des surplus, et ce, même si certains observateurs ont fait grand état de pratiques culturales déficientes. Les recherches récentes en ce domaine ont radicalement modifié l'image uniforme ancienne. Il y a des choix multiples, une importante mobilité spatiale, des situations d'ancienneté et de nouveauté qu'une moyenne occulte trop facilement, une multiplicité d'activités complémentaires, un partage de services pour la satisfaction des besoins matériels, la nourriture des animaux et la transformation des grains, en somme un dynamisme considérable dans le monde rural.

L'autre grande activité de production au Canada dans la première moitié du XVIIIe siècle, c'est l'industrie lourde de l'époque, la construction navale et les forges de Saint-Maurice vers la fin des années 1730. Les autorités coloniales se sont toujours préoccupées de découvrir des mines et de tirer profit des forêts. Au début des années 1730, un intendant plein de talent et d'initiative, Gilles Hocquart intensifia les explorations, fit procéder à des expériences et à des analyses, encouragea avec les deniers de l'État des entrepreneurs privés et mit progressivement en place une infrastructure industrielle. La conjoncture internationale favorisa ses initiatives. Devant la menace croissante que représentait l'Angleterre, la France, et en particulier le ministre Maurepas, voulut développer la marine de guerre, construire des

Reconstitution de la forge haute, d'après le plan de Léry en 1739 et l'inventaire d'Estèbe en 1741.
Illustration : Bernard Duchesne, Pars Canada.

Madame de Ramezay (1668-1742). Elle a exploité un moulin à scie, une briqueterie et une tuilerie. Un exemple de femme entrepreneure au Canada. Musée du Château Ramezay, Montréal.

Objets fabriqués aux forges du St-Maurice. Ministère des Affaires culturelles, Québec, inventaire des biens culturels.

bâtiments et fabriquer des canons. Les entreprises des particuliers de 1730 à 1740 ne donnèrent pourtant pas pleine satisfaction. Même si un système de primes favorisa la construction d'une centaine de petits bâtiments de mer, des négociants continuèrent à s'en procurer en Nouvelle-Angleterre. Une dérogation si flagrante aux principes mercantilistes ne pouvait être tolérée. D'un autre côté, la France avait davantage besoin de puissants vaisseaux, pouvant être éventuellement intégrés à la marine royale, que de petits bâtiments de commerce. En 1739, l'industrie navale est donc à peu près complètement récupérée par le roi. L'entreprise des forges avait aussi connu des déboires. Si l'on avait réussi à faire quelques coulées valables, le coût des infrastructures et les défauts technologiques de conception avaient eu raison des investissements massifs de fonds royaux. En 1741, il ne reste plus au roi qu'à prendre l'entreprise en mains pour tenter de récupérer ses fonds et de faire produire le fer escompté. Les initiatives des particuliers avaient permis la mise en place de nombreuses petites industries d'appoint pour l'approvisionnement en bois, la fabrication des chanvres, de la potasse, des cordages, des clous et des ancres. Il restait au roi à en tirer profit. Après des débuts prometteurs, le secteur industriel s'effondra presque complètement. Pour conduire des entreprises de cette envergure, il fallut faire venir des ouvriers qualifiés de France. Les effets dévastateurs de l'hiver posèrent des problèmes technologiques inattendus : faiblesse du débit d'eau aux forges, hivernage des bâtiments à l'abri des glaces et irrégularité du travail. Quand la guerre fut déclarée en 1744, les industries d'appoint fermèrent les unes après les autres, par suite du refus de l'intendant d'ajuster à un coût de revient plus élevé les prix qu'il consentait. L'on se rendit compte également que si les forêts canadiennes convenaient parfaitement à la construction de bâtiments de 200 à 300 tonneaux, elles se prêtaient mal à la construction de navires de 500 à 700 tonneaux. Le bois pour ces constructions était plus rare, plus éloigné, coûtait beaucoup plus cher et pourrissait rapidement. Enfin les forges ne réussirent pas à fabriquer les pièces un peu compliquées requises pour l'industrie navale. Il fallut importer de France les voiles, cordages, agrès et apparaux. Quand la flotte anglaise bloqua l'entrée du Saint-Laurent à la reprise des hostilités en 1755, l'industrie navale était condamnée.

Tout cela est finalement apparu comme une entreprise artificielle, soutenue uniquement par les fonds du roi. Industries françaises par leurs capitaux, la finalité de leurs productions, la technologie et l'encadrement de la main d'œuvre, elles ne procurèrent pas à la colonie les avantages recherchés. L'établissement royal en vint même à limiter l'entreprise privée, en s'emparant des lieux de production et de la main d'œuvre. Ce dirigisme économique, mal adapté aux activités de production, finit par freiner le développement progressif et ordonné de la colonie.

b. Les activités d'échange

Au début du XVIIIᵉ siècle, le commerce des fourrures connaît une crise majeure. L'élargissement de l'aire de cueillette vers les nations du Haut-Mississippi a entraîné une augmentation de l'approvisionnement, une diminution de la qualité des peaux, en même temps qu'une hausse des coûts de revient et des retards dans les remboursements provenant de la vente. Au même moment, la France est aux prises avec une importante accumulation de stocks à cause de la guerre. Les projets de réduire l'approvisionnement ou les prix mécontentent les Canadiens et risquent de mettre en péril les alliances commerciales avec les nations amérindiennes. Les Canadiens décident donc de prendre la relève. Ils forment la compagnie de la colonie. L'obligation d'acheter les vieux stocks, les coûts d'obtention du monopole, les frais d'intérêt élevés sur les emprunts et les charges annuelles grèvent leur budget. L'absence de profit et, bientôt, la pénurie de liquidités, font apparaître, dès 1705, la faillite comme inévitable. L'État n'avait plus qu'à laisser aller les choses et bien malgré lui, à acquitter les dettes de la compagnie.

Le retour à la paix en Europe en 1713 favorisa la réouverture des marchés pour la fourrure et le commerce reprit progressivement. Le nombre de canots recensés en partance pour l'Ouest passe d'une moyenne annuelle d'une dizaine avant 1720 à une quarantaine entre 1720 et 1730 et à plus de soixante-dix entre 1740 et 1750. Celui des voyageurs déclarés et, partant, autorisés passe, lui, de 50 par année à 183 dans la décennie 1720 et à 428 après 1740. Bon an mal an, on tire de 200 000 à 400 000 peaux,

Castor : dans la traite en Nouvelle-France, l'animal le plus recherché est le castor. La meilleure fourrure, la plus fournie et plus soyeuse, provient du castor gras d'hiver. On appelle castor gras la fourrure qui a été portée par l'Amérindien pendant deux ou trois ans, ce qui a pour effet d'engraisser la fourrure et de faire tomber les longs poils. Au XVIIIe siècle, la traite touche de plus en plus d'autres animaux, comme la loutre, la martre, le renard, le vison, le chat sauvage, le rat musqué, l'ours, le chevreuil, l'orignal, le loup de bois et l'éléphant de mer.

Albany : ville de l'État de New York, au confluent de l'Hudson et de la Mohawk. Elle constitue un poste avancé à l'intérieur des terres parce qu'elle est située au delà de la barrière des monts Allegheny qui borne le peuplement des colonies britanniques.

Marchands-équipeurs : ils détiennent un congé pour faire la traite des fourrures dans l'Ouest. Ils embauchent des engagés, fournissent les canots, les produits d'échange et écoulent la fourrure. Ils s'associent souvent à des commandants de poste qui se chargent d'attirer les Amérindiens.

Portage. J.E. Alexander, Bibliothèque municipale de Montréal.

dont le castor* ne constitue plus que la moitié. Et malgré une concurrence très forte de la part des Anglais installés dans la baie d'Hudson et une contrebande effrénée qui ferait passer plus de 50 % de l'approvisionnement français par le poste d'Albany* en Nouvelle-Angleterre, les fourrures constituent encore 70 % de toutes les exportations du Canada, 50 % de celles de la Nouvelle-France, en 1739. Ce volume de traite laisse l'impression d'une économie fragile, trop axée sur l'exploitation d'un seul produit.

Au surplus, le commerce des fourrures, qui ne génère pas beaucoup de profits dans la colonie, semble avoir bien peu d'effets d'entraînement sur d'autres activités. Les transformations survenues dans le processus de la traite ont sans doute favorisé la concentration de ce commerce entre quelques mains. Des hommes d'affaires, marchands-équipeurs*, associés plus ou moins directement avec des commandants de postes en sont venus à contrôler l'essentiel de ce commerce. Mais la majorité

Le poste de traite de Chicoutimi vers 1748. Bibliothèque nationale, Paris.

des profits retournent aux bailleurs de fonds européens, dans la proportion de 75 %, selon Jean Hamelin. En définitive, les intéressés dans le domaine de la fourrure au Canada auraient retiré de 10 à 15 % de profit sur leurs investissements, ce qui correspond aux marges de bénéfice observées ailleurs. Les engagés eux, payés surtout pour leur capacité et leur endurance à manœuvrer et à porter ces canots pouvant contenir environ quatre mille livres pesant, s'engageaient pour un salaire comparable à celui de simples journaliers. Certains en faisaient un métier, mais une bonne moitié de ces individus ne s'engageaient que pendant une ou deux saisons, le temps d'amasser un petit pécule pour favoriser leur établissement sur la terre.

La valeur du castor, en fonction du prix des marchandises de traite à Orange, Boston et à Montréal en 1689		
Les Sauvages doivent donner :	**à Orange et Boston**	**à Montréal**
Pour huit livres de poudre	un castor	quatre
Pour un fusil	deux castors	cinq
Pour 40 livres de plomb	un castor	trois
Pour une couverture de drap rouge	un castor	deux
Pour une blanche	un castor	deux
Pour un gros capot	un castor	deux
Pour 4 chemises	un castor	deux
Pour 10 paires de bas	un castor	deux

APQ, *Manuscrits relatifs à l'Histoire de la Nouvelle-France,* première série, vol. 4, p. 1329.

L'importance relative du commerce des fourrures pourrait laisser croire à une perpétuation de la simple exploitation des ressources naturelles de la colonie, au cours de cette première moitié du XVIIIe siècle. En fait, malgré une augmentation du volume du commerce des fourrures, sa part relative dans les exportations a diminué. La valeur des exportations, trop faible pour avoir mérité d'être évaluée au début du siècle, passe de 1 287 000 livres en 1729 à 1 527 000 en 1734, à 2 103 000 en 1739 et à 2 396 000 en 1743. Cela traduit une montée spectaculaire de l'exportation d'autres produits, notamment le poisson et le bois, et surtout des denrées agricoles, signe d'une amorce notable de diversification économique et de liens nouveaux entre la production et le marché. En même temps que le volume des exportations croît et que les cargaisons changent de contenu, de nouveaux circuits maritimes sont ouverts. L'île Royale devient la plaque tournante des échanges instaurés avec les colonies françaises des Antilles. Le nombre de bâtiments en provenance des Antilles passe de deux ou trois par an entre 1710 et 1725 à une moyenne annuelle d'une trentaine de bâtiments dont le tonnage, lui, s'élève de 50 à 80 tonneaux, sans compter les puissants navires ralliant dans un grand commerce triangulaire* la France, la Nouvelle-France et les Antilles.

Si les gens de la colonie tirent profit de cette croissance du commerce, la grosse part revient toujours aux négociants du royaume. La plus grande partie de ce grand commerce s'effectue avec la métropole, contrairement à ce qui se passe dans les colonies britanniques américaines. Là, les échanges intercoloniaux prédominent, ce qui a pour effet de consolider les assises économiques de chacune d'elles, d'accentuer leur complémentarité et de diversifier la structure économique. Les négociants français avaient beau jeu. Ils disposaient seuls des capitaux requis pour monter de grosses entreprises, armer* de puissants navires, financer les initiatives d'hommes d'affaires coloniaux, assumer par les assurances, les prêts et les chartes-parties, le contrôle et la circulation du capital financier. Ils profitaient aussi d'une infrastructure européenne plus développée et de marchés nettement plus considérables. Les négociants de la colonie faisaient un léger profit sur la revente des produits obtenus des producteurs et compensaient leurs dépenses d'équipement et d'armement. Mais, en définitive, la majeure partie des frais inhérents au grand commerce, assurances, droits, salaires et vivres aux équipages, relâche dans les ports et radoub des

Vue de la ville et du port de Bordeaux (1759) par Claude-Joseph Vernet (1714-1789). Musée de la Marine, Paris.

bâtiments, frais souvent supérieurs à la valeur initiale des produits à cause de la durée des voyages, profitait directement aux métropolitains. Les chambres de commerce françaises ne s'y tromperont pas. Après la défaite militaire de 1759 et la reddition de 1760, elles seront les seuls organismes à prôner l'intérêt pour la France de conserver ses colonies d'Amérique du Nord.

Cependant, l'une des retombées les plus positives de ce grand commerce fut l'organisation et le développement d'un marché intérieur colonial. On assista dans le gouvernement du Canada à une multiplication des communications maritimes et terrestres, ainsi qu'à un resserrement des rapports économiques entre la ville et la campagne. En 1717, on crée l'office de capitaine du port et l'on fait de l'Amirauté* une juridiction détachée de la Prévôté ; on permet aussi aux négociants de se regrouper en assemblée et d'élire un syndic. En 1735, la route entre Québec et Montréal est achevée. Au cours de ces années, l'administration, répondant aux requêtes des habitants, qui veulent écouler les surplus de leur production sur les marchés, fait procéder par le grand-voyer au tracé et à la construction de routes et de ponts entre les seigneuries et des rangs de l'intérieur vers la voie de communication. De 1720 à 1740, une centaine de caboteurs jaugeant en général de 15 à 60 tonneaux sont construits près de Québec. Les archives judiciaires et notariales de ces décennies révèlent la présence sporadique à Québec d'environ 200 navigateurs.

Amirauté : tribunal de première instance, créé pour juger les affaires maritimes : naufrages, avaries, pertes ou détérioration de la cargaison, sécurité du bâtiment, approvisionnements, compétence des membres d'équipage, etc.

Le port de Québec fourmille d'activité lors de la saison estivale. Éditeur officiel du Québec.

Comme le reflètent les données du commerce, les statistiques de production et les ordonnances des intendants, un rapport économique dynamique s'instaure entre la ville et la campagne. Il paraît évident que la production est liée à la vente des surplus. Les changements dans la nature des productions traduisent l'influence du marché extérieur et intérieur sur les choix des habitants, sans toutefois influencer leurs pratiques culturales. Un peu partout dans les campagnes peuplées d'au moins quelques dizaines de familles et même dans les régions éloignées des centres urbains, on voit apparaître des marchands résidents en plus des coureurs de côtes*. Leurs services s'ajoutent à ceux offerts dans les métiers de base. Les très nombreuses interventions des autorités sur la circulation, la nature et la qualité des produits illustrent l'intensité de ces relations économiques.

Coureurs de côtes : marchands qui vont dans les campagnes vendre les produits de la ville et surtout acheter les surplus de blé pour les revendre aux négociants. Peu nombreux, ils font parfois courir des bruits de disette pour vendre à plus haut prix.

En définitive, les activités d'échange montrent que la colonisation a commencé à s'effectuer en profondeur et non plus seulement en surface, et que la Nouvelle-France, en somme, jouit d'assises économiques élargies. Malgré des éléments de fragilité, (dépendance envers les marchés extérieurs, monoproduction ou absence d'infrastructure), la colonie a atteint le seuil de survie autonome.

3. Le champ des services

Ex-Voto représentant une salle de l'Hôtel-Dieu de Montréal. Archives des Hospitalières de St-Joseph, Montréal ; photo sœur Marthe Leclerc.

La vie dans les villes et les campagnes commence à prendre des configurations radicalement différentes, tandis que les liens entre elles se multiplient. Les stratégies d'avenir et les pratiques sociales se différencient. Chacun en vient à s'aménager un espace physique, économique, social et culturel propre. Les grands services publics regroupant de nombreuses ressources humaines dans des institutions comme les hôpitaux ou les maisons d'enseignement se retrouvent à la ville. Les traces de la vie professionnelle y sont également plus nombreuses. Notaires, médecins, serviteurs de la justice, écrivains y vivent dans un système de concurrence. Plusieurs personnes exercent deux fonctions, le cumul leur assurant de quoi vivre ou mieux vivre. La formation par le système de l'apprentissage est bien rodée et s'ajoute aux pratiques familiales de transmission des savoirs.

Le collège des Jésuites de Québec ; on y enseigne aux futurs prêtres et notables de de la colonie. Inventaire des biens culturels, Québec.

Métiers à Québec, en 1744			
Administration		**Transport**	
officiers civils	9	charretier	43
officiers militaires	19	navigateur	75
Commerce		**Construction**	
marchands	62	charpentier	85
aubergiste cabaretier	42	menuisier	39
		maçon	27
Alimentation		**Transformation**	
boucher	17	Journalier	96
boulanger	16	forgeron	29
		cordonnier	26
		tonnelier	25
		tailleur	16

Le recensement de la ville de Québec en 1744 montre bien cet éventail de services et de complémentarités propre à la vie urbaine. Encore ne rend-il pas compte de la dynamique de cette vie économique et des cohérences particulières et spécifiques à chaque groupe. Bien sûr, les plus instruits ou les plus actifs paraissent les mieux nantis et sont plus souvent propriétaires de leur résidence. Alors que près de 50 % des apprentis, surtout dans les métiers de la construction qui exigent une plus grande force physique et recrutent des jeunes gens un peu plus âgés, sont payés pour les trois années moyennes que dure leur apprentissage, 40 pour cent ne reçoivent rien et, même, des couturières et des arquebusiers doivent défrayer le coût de leur apprentissage, qui d'ailleurs dure plus longtemps. L'âge et les compétences des individus ne sont pas non plus sans lien avec ses conditions d'exercice, comme compagnon ou propriétaire d'une boutique, avec ou sans compagnons et apprentis. L'extrême disparité des fortunes des artisans au moment du décès révèle cette diversité de situations. Que de métiers aussi, comme ceux du vêtement, tailleur d'habit, couturier, perruquier et cordonnier, ou ceux de l'alimentation, boucher, boulanger, pâtissier et aubergiste, sont en fait des entreprises familiales auxquelles participent l'homme, la femme et les enfants. Chacun doit également affronter la nécessité de se retirer de la pratique active et veiller à la transmission de son savoir, de ses outils et de sa clientèle. Beaucoup de jeunes ayant terminé leur apprentissage se sont tournés vers d'autres métiers, sans doute faute d'avoir pu trouver un emploi dans le domaine de leur compétence. Ainsi quand l'entreprise royale des Forges de Saint-Maurice recrute des journaliers et des manœuvres, on y retrouve des gens ayant appris les métiers les plus divers.

Enfin, l'espace urbain est sujet à des représentations différentes selon les statuts, les professions, les solidarités et les conjonctures. Les personnes les plus proches du pouvoir, à cause de leur fortune, de leurs compétences ou de leur statut à la naissance viennent la plupart du temps de France et souvent y retournent. Une autre partie de cette élite coloniale se maintient dans les postes plus prestigieux d'ordre administratif ou économique. Au XVIIIe siècle, les artisans sont davantage qualifiés, bien que moins spécialisés que dans la métropole. Les plus compétents nouent souvent entre eux des liens de parenté et, pratiquement, se réservent les places les plus lucratives. Pour une bonne moitié des artisans, moins bien intégrés, la ville, on l'a dit, reste un espace de transition. La majorité de leurs enfants iront s'établir dans le monde rural. Si en général, on quitte la ville pour la campagne, il arrive aussi que l'on s'y réfugie, le temps de supporter une crise passagère dans la production agricole. La ville et ses habitants tentent de mettre la campagne à leur service.

La vie rurale révèle des dynamismes différents, apparemment plus simples, mais pas nécessairement moins complexes. La base économique de la reproduction sociale repose sur la possibilité pour chacun d'obtenir une terre. Au XVIIIe siècle, cela oblige un enfant sur deux à aller vers de nouvelles zones de colonisation. La répartition de l'espace rural favorise un mode de vie autarcique qui n'empêche pas une multiplicité d'échanges de biens et de services ou est mis en place un système d'entraide qui reste fort mal connu. Les services professionnels y sont évidemment moins bien développés qu'à la ville. Par contre, dans 20 % des seigneuries, les plus développées, on trouve, outre le curé, le seigneur et l'officier de milice, un médecin ou chirurgien, un notaire, un ou deux marchands, un meunier ou farinier, un ou deux charpentiers ou menuisiers, un forgeron et, souvent, un ferblantier, un serrurier, un cordonnier. Tout cela sans compter les choix particuliers où les uns tirent profit de la pêche, d'autres du bois, tandis que certains vont préférer développer l'élevage ou des cultures industrielles. Cette structure d'échange, contrairement à celle qui s'observe à la ville, s'inscrit davantage dans une perspective de complémentarité que de concurrence entre les gens de métier.

L'âge, la taille et la situation de famille sont également générateurs de dynamismes économiques variés. Entre l'arrivée à l'âge adulte, autour de 16 ou 18 ans, et celle de l'établissement d'un nouveau noyau familial vers l'âge de 26 ou 28 ans, les jeunes gens contribuent à l'exploitation de la ferme paternelle, entreprennent à l'occasion le défrichement de la terre sur laquelle ils s'installeront éventuellement, vont parfois apprendre un métier à la ville ou tentent de réaliser quelques gains dans la pêche ou la traite des fourrures. Ici comme ailleurs, le décès d'un parent bouleverse l'ordre économique et les stratégies familiales établies. La composition et la taille des familles entrent également en ligne de compte. 22 des 28 domestiques masculins recensés dans la seigneurie de Neuville en 1762 travaillent dans des familles qui ne comptent pas d'enfants masculins de 15 ans ou plus.

La vie économique en Nouvelle-France au XVIIIe siècle est constituée des interventions de l'État, des structures de production et d'échange et des pratiques individuelles. L'État, par ses pouvoirs politiques, administratifs et financiers s'impose d'une façon omniprésente et presque absolue. Ses initiatives dans le domaine industriel, sa réglementation de l'agriculture et du commerce imposent à chacun un cadre contraignant, favorisent parfois le développement économique, mais dans des directions plus favorables à la métropole qu'à la colonie, au royaume qu'à l'empire. Sa présence pèse d'un poids si lourd qu'elle empêche même le fonctionnement du simple jeu de l'offre et de la demande. D'un autre côté, si la France pourvoit aux ressources humaines qualifiées de nécessaires à certaines entreprises, la faiblesse numérique généralisée du peuplement de la colonie reste une entrave majeure à son développement. La diversification économique ne s'amorce que lentement. Les marchés intérieurs, trop limités, ne permettent pas aux hommes d'affaires de se libérer de l'emprise des autorités sur la conduite de leurs affaires. Rien ne saurait compenser la faiblesse des capitaux et de leur circulation pour activer et élargir les fondements de l'économie coloniale. Les structures économiques commencent à peine à prendre des formes plus élaborées au XVIIIᵉ siècle. L'exploitation des richesses naturelles continue de constituer la base de la colonisation. La Nouvelle-France n'a que bien peu de moyens pour concurrencer ses partenaires, en quelque domaine économique que ce soit. Il reste surtout des lacunes considérables dans l'harmonisation des besoins. La terre ne représente pas la base principale de la richesse. La production agricole n'engendre qu'un niveau réduit d'échange, insuffisant pour stimuler l'économie. Le commerce des fourrures ne génère pas d'autres entreprises. La formation de la main d'œuvre correspond mal aux besoins. Les individus et les familles investissent et aménagent, à leur gré et de leur mieux, les espaces économiques de la colonie.

Vue du palais de l'intendant à Québec par Richard Short (connu 1759-1761). Archives publiques du Canada, Division de l'iconographie (nég. nᵒ C-360), Ottawa.

Chapitre 10

Cycles et rythmes de vie

Mis à part la guerre qui, à compter de 1754, annonce la fin de la Nouvelle-France, l'histoire de la colonie au xviiie siècle ne comporte pas de catastrophes majeures qui auraient perturbé la vie quotidienne de ses habitants. La conjoncture n'est cependant pas toujours facile. Les guerres qui ont lieu au début du siècle mobilisent plusieurs centaines de Canadiens et ralentissent le commerce. Mais les combats se déroulent aux limites extrêmes de la colonie, dans la baie d'Hudson et à Terre-Neuve. Le traité d'Utrecht qui, en 1713, annule les victoires coloniales françaises et prive la colonie d'une grande partie de ses possessions a des retombées économiques et politiques considérables, mais peu d'effets sur la vie des habitants, son organisation et son déroulement. De même, la guerre de succession d'Autriche perturbe les activités économiques entre 1744 et 1748, mais elle engage plus les militaires de Louisbourg que les familles canadiennes.

L'espace domestique et la vie quotidienne ne sont pas exempts de perturbations. Les disettes frappent régulièrement, près d'une année sur deux. Elles entraînent des hausses de prix qui affectent les groupes les plus pauvres. Par contre, elles dégénèrent rarement en famines. Les autorités de la colonie n'ont eu recours à des mesures exceptionnelles d'importation de farine de l'étranger qu'entre 1742 et 1744, ainsi qu'à la veille de la Conquête. Des éléments de crise économique comme l'inflation, la baisse du cours de la monnaie ou le rachat de la monnaie de carte à la moitié de sa valeur, perturbent les échanges. La colonie est également frappée par quelques épidémies. Les annales des communautés hospitalières racontent les mesures extraordinaires qu'elles ont dû prendre pour limiter la propagation des maladies contagieuses. L'épidémie de 1703, la plus dévastatrice, aurait coûté la vie à plus de 1 000 personnes, près de 5 % de la population de la colonie. Pourtant, ses effets sont à peine marqués sur la courbe démographique. Il en est de même des maladies comme la petite vérole, le typhus ou la variole qui ravagent périodiquement les campagnes. Ces épidémies causent deux à trois fois plus de décès qu'à l'habitude dans une localité ; elles frappent des tranches d'âge particulières, comme les jeunes entre 7 et 12 ans ; elles créent des vides dans les familles, mais elles ne laissent pas d'autres traces que celles inscrites à l'unité dans les registres d'état civil. Ce demi-siècle, marqué par une longue période de paix (1713-1744), se prête bien à une observation des rythmes et des modes de vie.

1. Les grands moments de la vie

Comme dans toutes les sociétés traditionnelles d'allégeance chrétienne, l'Église identifie trois grands moments dans la vie, les seuls pour lesquels elle fait sonner les cloches : la naissance, le mariage et le décès. Ces événements sont d'ailleurs scrupuleusement enregistrés par l'État.

Dans un régime de fécondité naturelle*, les enfants arrivent nombreux dans les familles. Les couples s'unissent à un âge légèrement plus précoce qu'en France : l'homme, en moyenne à 28 ans, et la femme à 25. Les enfants naissent à un rythme régulier ; le premier, dans l'année suivant le mariage et les autres à des intervalles de 24 à 28 mois. Un tiers des familles compte 10 enfants et plus. Même si la mortalité infantile est très élevée, la descendance double tous les quinze ans. La fécondité a joué un rôle primordial dans l'évolution de la Nouvelle-France. On peut noter cependant qu'il existe déjà une très nette démographie différentielle. Les gens de l'élite et de la noblesse, par exemple, se marient moins, un peu plus tard, cessent plus tôt d'avoir des enfants et ont finalement des familles moins nombreuses. Les enfants viennent au monde à la maison ; la famille, la parenté proche, la sage-femme et le chirurgien y participent à divers titres. De plus en plus cependant, le rôle de la sage-femme est contrôlé par l'Église et relayé par les présences masculines. Au XVIIIᵉ siècle, l'Église rappelle avec insistance la finalité du mariage : la procréation, à l'exclusion du plaisir charnel. Il n'en reste pas moins que 3 à 4 % des enfants ont été conçus avant le mariage. Si l'on se fie à de minces indices, la

Régime de fécondité naturelle : régime démographique où la fécondité n'est pas contrôlée par les individus. Sous l'Ancien régime, la contraception est à peu près inconnue. Les femmes allaitent pendant 12 à 18 mois ; en général, il s'écoule 24 à 28 mois entre deux naissances.

« *Sur la représentation qui a été faite au Conseil par Monsieur l'Intendant qu'au sujet de plusieurs différends qui se sont présentés devant lui, il a eu occasion de connaître des faits qui gisent en preuve pour l'ordre et la manière de faire et de tenir les registres des Baptêmes, des Mariages et Sépultures y sont fort mal observées. Il n'y a rien de si important dans la société civile, pour l'ordre des successions, la paix des familles et la propriété des droits et des biens d'un chacun que d'avoir une preuve certaine, constante, assurée et suivie de l'état des personnes ; que cependant l'expérience avait fait connaître qu'en cela toute autre* preuve que celle appelée preuve par écrit était douteuse et même si dangereuse, qu'il n'était point de précautions que les Rois n'eussent établi par leurs ordonnances pour mettre cette preuve dans une forme démonstrative et incontestable et pour la rendre telle qu'il ne fût point sujette à l'injure des temps non plus qu'à la négligence et la malice des hommes, (...) ».

Règlement du Conseil supérieur de la Nouvelle-France au sujet des registres tenus par les curés pour les Baptêmes, Mariages, Sépultures et autres actes que peuvent faire les d. curés comme fiançailles et publications de bans, *juin 1727*.

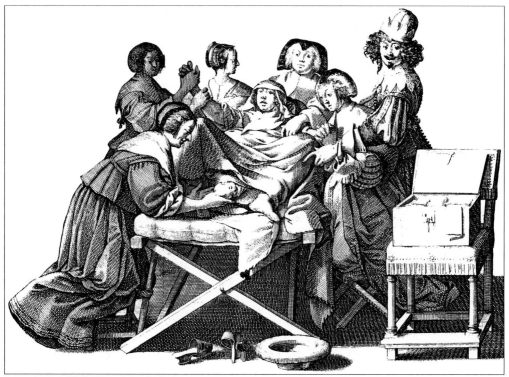

Accouchement. Bibliothèque nationale, Paris.

période de « relevailles » de 40 jours semble assez rigoureusement observée. On peut tout de même croire que bon nombre de femmes se remettaient à la tâche assez vite après un accouchement. La majorité des femmes allaitent leurs enfants pendant environ dix-huit mois, reculant habituellement d'autant les temps de fécondité et partant les naissances. Par contre, à mesure que l'on avance dans le XVIIIe siècle, les familles qui font partie de l'élite sociale et urbaine ont de plus en plus souvent recours à des nourrices.

Serment de la Sage-femme

« Je jure et promets à Dieu le Créateur tout-puissant en votre présence Monsieur, de vivre et mourir en la Foy Catholique, Apostolique et Romaine, de m'acquitter avec plus de fidélité et de diligence qu'il me sera possible de la charge que j'entreprends, d'assister les femmes dans leurs couches, et ne permettrai jamais que ny la mère, ny l'enfant encourent aucun mal par ma faute et où je verrai quelque péril éminent, d'user du conseil et de l'aide des médecins, chirurgiens et des autres femmes que je connaitrai expérimentées et entendues en cette fonction. Je promets aussi de ne point révéler le secret des familles ni des personnes que j'assisterai et de n'user d'aucun moyen illicite, ou superstition, sous quelque couleur ou pretexte que ce soit, par vengeance, ou mauvaise affection, et n'omettre rien de qui que ce soit; mais de procurer de tout mon pouvoir le salut corporel et spirituel, tant de la mère que de l'enfant. »

Rituel du Diocèse de Québec, *publié par l'ordre de Monseigneur de Saint-Vallier, évêque de Québec, Paris, 1703, pp. 34-35.*

Au XVIIIe siècle, la mortalité des enfants est très élevée : deux sur cinq n'atteignent pas quinze ans. Ces nombreux décès dans les premiers moments ou les premières années de la vie incitent à faire baptiser rapidement les nouveaux-nés. Hiver comme été, à la ville comme à la campagne, 80 % des nouveaux-nés sont baptisés au plus tard le jour suivant leur naissance. Les indices généraux de mortalité dans la colonie restent cependant inférieurs à ceux de la mère patrie. L'espérance de vie moyenne ne dépasse pas 40 ans, mais il n'est pas rare de vivre jusqu'à 60 ou 70 ans et l'on trouve des vieillards qui dépassent les 80 ans, voire quelques centenaires. Le démographe Hubert Charbonneau attribue cette situation à diverses raisons. La population initiale aurait constitué un groupe particulier. L'éloignement de la Nouvelle-France, les rigueurs et les risques de la traversée atlantique auraient éloigné de l'aventure coloniale les personnes handicapées ou qui ne jouissaient pas d'une excellente santé. La traversée elle-même et les épidémies auraient à leur tour éliminé les plus faibles. Ce groupe, sélectionné de façon naturelle au départ, aurait en outre joui d'un environnement favorable. L'occupation du territoire, caractérisée par la faible densité de sa population, aurait limité la propagation des épidémies. Si l'on ajoute à cela la salubrité du milieu, l'abondance de la nourriture et l'atténuation des menaces guerrières au XVIIIe siècle, l'on peut comprendre que la vie dans la colonie bénéficiait d'un contexte favorable. Même la mortalité des femmes en couches ne constitue pas un risque très élevé, de l'ordre d'un pour cent. Le rythme des décès ne cause jamais d'effondrement des courbes de naissance ou de mariage.

Au XVIIIe siècle, le discours sur la mort est renforcé au point de dominer les recommandations de pratiques religieuses suggérées par le clergé. L'Église insiste sur le fait que le but de la vie est de bien mourir. Les attitudes affichées devant la mort dans les clauses testamentaires sont toutes tournées vers les conditions de salut. Les testateurs font appel à la miséricorde du Christ, à sa divine bonté et demandent le pardon de leurs péchés. Ils se satisfont le plus souvent de funérailles simples,

---

En 1726, un habitant de Saint-Laurent, île de Montréal, dans une missive adressée à un résident de Charlesbourg, souligne bien le pouvoir du Créateur. En l'espace de deux mois, son correspondant perd trois enfants entre 8 et 16 ans.

« *J'ai receu La vostre par laquelle j'ai apris La grande affliction qui est dans vostre famille, la perte de Vos trois Enfans dont nous prenons bien part a vos peines. Je souhaite de tout mon cœur que Dieu vous console. Vous savez aussi bien que moi que Dieu nous donne des enfants & qu'il en est le maître de nous les ôter quand il le luy plait (...).* »

Lettre de Jean Meilleur à Jean Garnaud, du 2 février 1726, annexée à la vente de Pierre Verret, Jacques Verret et Jean Garnaud à Jean Verret, *28 septembre 1727*, ANQ-Q. CN 301 — 87/24, Greffe J.E. Dubreuil.

empreintes d'une saine humilité. Presque tous insistent pour profiter des prières des survivants, la majorité paie des messes et plusieurs font des legs aux paroisses ou aux communautés pour mériter le repos de leur âme. Les confréries religieuses, les activités pieuses, les sujets proposés à la réflexion par les prêtres, les gestes de dévotion, le recours aux indulgences et à la prière visent à assurer l'ultime finalité de la présence de l'humain sur terre : gagner son ciel. L'art de bien mourir se conjugue avec celui de bien vivre.

2. Les temps sociaux

À la ville et plus encore à la campagne, les enfants sont très tôt mis à l'ouvrage. Dès l'âge de cinq ou six ans, le garçon suit le père et la fille accompagne la mère dans l'exercice des tâches quotidiennes, en s'occupant à de menus travaux. Si les enfants n'acquièrent la majorité* légale qu'à l'âge de 25 ans, il semble que, vers la quinzième année, il se produise un changement significatif dans leur vie. L'enfant a atteint ce que l'Église appelle l'âge de raison depuis quelques années — aux environs de douze ans — et fait sa « première communion ». Dès lors, il est personnellement responsable du salut de son âme et soumis aux prescriptions religieuses : assistance à la messe du dimanche, confession et communion au moins une fois l'an, etc. Le garçon et la fille atteignent l'âge légal requis pour se marier à seize et quatorze ans respectivement. Les recensements généraux de la colonie font d'ailleurs une distinction entre les enfants qui ont plus de quinze ans et les autres. Tout indique en somme que l'enfant de quinze ans, s'il n'est pas encore un adulte autonome, a quitté le monde de l'enfance et de l'adolescence.

Entre quinze et vingt-cinq ans, les jeunes sont préparés à la vie adulte et à la vie de famille. Ils constituent une main d'œuvre qui participe à l'exploitation familiale. À la ferme, les bras et les connaissances des jeunes hommes valent pratiquement ceux de leur père. À la campagne, la majorité des enfants demeurent auprès de leurs parents jusqu'au moment où ils s'établissent à leur tour. Entre temps, le père ou le jeune homme aura acquis une autre terre, si possible pas très éloignée, et il aura

Majorité : les garçons, mais pas les filles, dont le père est décédé et qui ont atteint la vingtaine d'années, s'ils font preuve de maturité peuvent obtenir des lettres d'émancipation.

« *Il prie très humblement ses amis et particulièrement ceux à qui il a fait des legs qu'ils prient Dieu pour le repos de son âme et celles de sa mère et sa femme, leur promettant aussi que si Dieu lui fait miséricorde comme il l'espère de sa divine bonté, qu'étant au nombre des bienheureux, il leur rendra le semblable.* »

ANQ-Q, CN 301-114, Greffe Genaple, Testament de Jean Sébille, 6 janvier 1706.

commencé à la défricher. Quand il aura six ou huit arpents de terre prêts à cultiver, une petite maison et une grange/étable, il aura réuni les conditions nécessaires à son établissement et à son mariage. L'enfant qui hérite de la terre paternelle, habituellement un garçon, doit parfois attendre un peu plus longtemps que ses frères et sœurs avant de fonder une famille. Il n'est pas rare qu'il ne se marie qu'à l'âge de 30 ou 32 ans, au moment où, un de ses parents étant décédé, le survivant handicapé par l'âge lui cède le « vieux bien ».

Dans les plus anciens lieux de colonisation ou encore dans les familles pourvues de nombreux garçons, les choses sont plus complexes. Dans les zones qui s'ouvrent à la colonisation au XVIIIe siècle, 40 % des arrivants étaient des familles complètes dont les parents avaient plus de 50 ans et plus de six enfants, dont certains majeurs. Ils avaient vendu la terre initiale pour acquérir, souvent par concession gratuite du seigneur, plusieurs terres regroupées et à défricher. Ainsi tous les membres d'une famille élargie demeuraient à proximité l'un de l'autre et recommençaient à neuf en monopolisant en quelque sorte un espace seigneurial étendu. Dans d'autres cas, certains enfants quittaient assez tôt le domicile paternel et, mariés à 23 ou 24 ans, ils fondaient un nouvel établissement dans un région en développement.

À la ville, plus fréquemment qu'à la campagne, les jeunes s'initiaient à la pratique d'un métier. Les engagements d'une année ou deux pour la traite des fourrures dans l'Ouest, pour la pêche à l'embouchure du Saint-Laurent ou comme matelot dans un équipage permettaient d'amasser un petit pécule, tout en faisant l'apprentissage d'une certaine autonomie. D'autres se sont engagés auprès d'un maître pour faire l'apprentissage d'un métier. Le plus souvent, l'engagement s'effectuait par suite d'une entente verbale et auprès d'un voisin ou d'un parent. Environ 11 % des jeunes avaient eu recours au notaire pour fixer les conditions précises de leur apprentissage. Celui-ci dure de trois à cinq ans, selon l'âge de l'apprenti — qui varie entre 16 et 18 ans — ou selon les exigences du métier. Les plus âgés et les plus forts s'engagent dans la menuiserie, la maçonnerie ou les forges. Ils reçoivent du maître, en plus de la nourriture, des vêtements et de quelques outils, une rémunération ou une gratification annuelle. Les plus jeunes et les plus faibles s'orientent vers des métiers moins durs, moins prestigieux ou moins rémunérateurs, comme la cordonnerie, la confection des vêtements ou la coupe de cheveux. Ils doivent souvent payer eux-mêmes leur apprentissage.

Vue du monastère des Ursulines de Québec par Richard Short (connu 1759-1761). Archives publiques du Canada, Division de l'iconographie (nég. n° C-358), Ottawa.

Un certain nombre de jeunes gens, pauvres et orphelins entre autres, peuvent être considérés comme défavorisés à leur départ dans la vie. Ils bénéficient alors d'une sorte d'entraide sociale. Placés chez l'habitant, l'artisan ou le bourgeois, parfois dès l'âge de trois ou cinq ans, ils servent comme domestique jusqu'à l'âge de leur majorité ou de leur mariage. Enfin, d'autres jeunes gens optent pour la vie religieuse. À la fin du Régime français, une centaine de prêtres, soit près des deux tiers des effectifs, surtout des séculiers, et une vingtaine de récollets sont issus des rangs de la colonie. L'historien Marcel Trudel compte qu'en 1760, il y a 215 religieuses réparties en huit communautés, (seulement 11 religieuses en Louisiane et 3 ou 4 à Louisbourg).

À l'exception des personnes entrées dans des communautés religieuses, c'est dans la famille que se passent les dernières années de la vie. En cas de veuvage prématuré, la plupart se remarient ; les hommes plus que les femmes. Au XVIIIe siècle, les femmes plus vieilles et chargées d'enfants courent plus de risques de rester veuves. Elles comptent alors sur l'aide et le secours des enfants. Les moins heureux, dépourvus d'enfants ou de parenté, vont se réfugier à l'Hôpital général*. Les adultes travaillent aussi longtemps qu'ils le peuvent. Jusqu'à la fin de leur vie, ils vaquent aux travaux qu'ils ont encore la capacité

Hôpital-Général de Québec : en 1692, Mgr de Saint-Vallier, deuxième évêque de Québec, fonde cet hôpital pour recueillir les pauvres, une quarantaine en moyenne, qui ont épuisé tous les autres recours possibles, en particulier le travail et la famille. Contrairement aux organismes de la métropole, l'Hôpital de Québec n'est pas considéré comme une maison d'enfermement, mais comme une institution de charité.

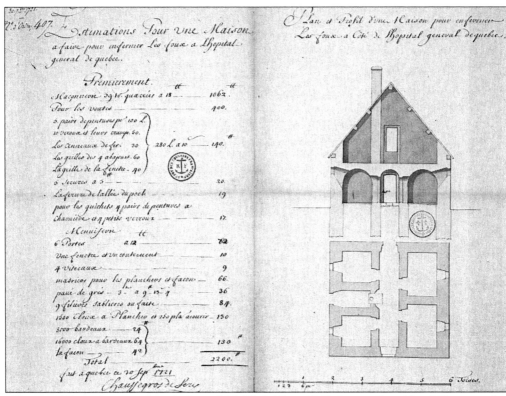

« Plan et profil d'une maison pour enfermer les foux a côté de l'Hopital General de Quebec » par Gaspard-Joseph Chaussegros de Léry (1721). Archives nationales, Paris, Section Outre-Mer, Dépôt des fortifications des colonies, Amérique septentrionale, 407 C.

d'accomplir. Mais quand les handicaps physiques deviennent majeurs, ou quand ils dépassent la soixantaine, les parents délaissent la vie active et se dégagent de leurs responsabilités. Ils s'installent auprès d'un de leurs enfants, à qui il est fréquent qu'ils « se donnent ». Ils cèdent l'ensemble ou une partie de leurs biens en échange de leur entretien et, le cas échéant, de celui des enfants qui n'ont pas encore atteint dix-huit ans.

3. Le cycle calendaire

Le calendrier religieux a rythmé la vie de l'ensemble de la population. Il s'est imposé avec d'autant plus de force que la France n'a pas reconnu le moindre statut aux gens de la religion réformée et a empêché l'émergence de pratiques superstitieuses. La pratique religieuse en Nouvelle-France, étroitement contrôlée par les autorités, ne s'éloigne guère de ce qui est prescrit, d'autant plus que l'institution diocésaine encadre de près la population des fidèles.

Depuis les années 1660, l'Église a connu d'importants changements. L'État a récupéré son emprise sur les questions temporelles, fixant la dîme et décrétant l'érection des paroisses. L'Église des missions du début de la colonie est devenue une Église au service de la population de descendance française. L'évêque a unifié le diocèse, réduit les pouvoirs des communautés et créé de nouvelles paroisses. Au XVIIIᵉ siècle, l'Église de la Nouvelle-France consolide ses assises sur le modèle des diocèses de France. La publication en 1702 par Monseigneur de Saint-Vallier d'un Catéchisme* — en fait, un grand et un petit catéchisme — vise à assurer l'uniformité de l'enseignement doctrinal dans tout le diocèse. Saint-Vallier, en accord avec les autorités civiles, veille à la création de districts paroissiaux. En 1720-1721, le procureur général de la colonie recommande la création de 82 districts paroissiaux. Le clergé en vient à compter autant de prêtres à la campagne qu'à la ville. En 1712, les 128 prêtres sont ainsi répartis : 55 à la ville, 47 dans le monde rural (soit un prêtre par 289 habitants) et 26 dans les missions.

L'Église exerce un contrôle permanent des mœurs et intervient à divers moments de l'année ou de la vie. Par l'apprentissage du petit catéchisme, la prière, le chapelet, les images pieuses, le port du scapulaire et les médailles, chaque individu sent la présence de Dieu et de la religion en lui, sur lui et chez lui. Il est invité à prier Dieu soir et matin et à le remercier au moment des repas. La dévotion individuelle, la prière en famille, l'assistance aux offices religieux donnent un sens aux

Catéchisme de Saint-Vallier : en 1702, l'évêque de Québec, pour uniformiser les pratiques et les prières, publie un catéchisme empruntant surtout à l'ouvrage de l'abbé Claude Fleury (1683) et à celui de Bossuet. Son Catéchisme compte deux sections. Le Grand Catéchisme, 455 pages, s'adresse « aux personnes les plus avancées dans la connaissance des mystères » et porte sur l'Histoire sainte, la doctrine chrétienne, les fêtes et les cérémonies. Le Petit Catéchisme, 62 pages, ou « abrégé de la doctrine chrétienne en faveur des plus jeunes enfants, ou des personnes grossières » présente en quatorze leçons, sous forme de questions et réponses, Dieu et ses mystères, les sacrements, le péché et la vertu.

Illustration de la Sainte-Famille (XVIIᵉ siècle). Archives des Sulpiciens, Montréal.

Madame Riverin et ses enfants; une famille de l'élite canadienne. Musée historial, Sainte-Anne-de-Beaupré.

Pâques: les catholiques doivent se confesser et recevoir le sacrement de communion au moins une fois l'an, durant le Carême, 40 jours avant Pâques, ou, au plus tard, huit jours après le dimanche de Pâques, le dimanche de Quasimodo. La confession et la communion doivent obligatoirement se faire dans la paroisse, à moins d'une permission spéciale du curé.

Billets de confession: le curé peut délivrer aux voyageurs ou aux paroissiens appelés à se déplacer un billet de confession. Il est la preuve que la personne suit fidèlement l'enseignement de l'Église et qu'en particulier, elle a fait ses Pâques. Ce billet permet de recevoir les sacrements, en particulier la communion.

Certificat de bonne vie et mœurs: délivrés par le curé, ils sont souvent exigés pour accéder aux postes de l'administration publique. Ils permettent aussi à toute personne désireuse de se marier de faire la preuve de son célibat. On annula d'ailleurs quelques mariages parce qu'un conjoint vivait encore en France.

tâches quotidiennes, au travail, à la vie. Le dimanche, « jour du Seigneur » — ainsi que lors des 37 jours de fêtes d'obligation —, les fidèles ont l'obligation d'assister à la messe et de s'abstenir de tâches manuelles. Durant la période de l'Avent — les quatre semaines précédant la fête de Noël — et celle du Carême — les 40 jours avant Pâques — les fidèles doivent adopter des comportements particuliers : jeûner ou faire abstinence, faire des sacrifices, prier plus intensément, etc. Au total, l'année compte quelque 150 jours de jeûne ou d'abstinence et 87 dimanches et fêtes consacrés exclusivement au Seigneur. Les impératifs de la vie coloniale amènent toutefois l'évêque à adoucir légèrement ces règles.

Le curé administrait les sacrements, s'assurait que chacun fasse ses Pâques*, délivrait les billets* de confession et fournissait les certificats* de bonne vie et mœurs. Il vérifiait le respect des commandements de Dieu et de l'Église et l'application des fidèles à la pratique des vertus et des dévotions. L'Église contrôlait les grands moments de la vie : elle baptisait rapidement, mariait avec précaution et veillait à favoriser une bonne mort pour assurer à chacun le salut éternel. La recherche de ces fins ultimes se répercutait dans l'espace domestique par la finalité spirituelle donnée aux activités quotidiennes.

4. Satisfaire les besoins primaires

Au milieu du XVIIIe siècle, la plupart des familles disposent d'une habitation un peu plus garnie qu'au XVIIe siècle. La très grande majorité des fermes comprend une maison, une grange et une étable, en bâtiments distincts, mais regroupés sur le front de la terre, près de la voie d'eau. S'y ajoutent parfois une écurie, une laiterie, un poulailler et presque toujours un potager d'un à deux arpents carrés. En milieu rural, la maison est presque toujours

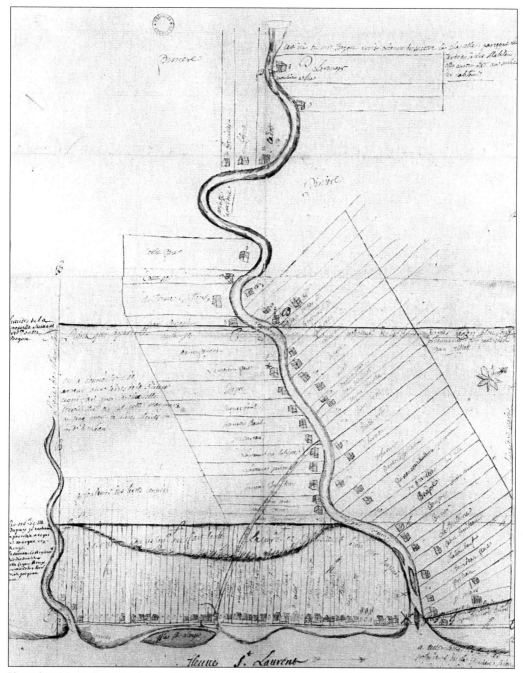

Plan cadastral de Batiscan, seigneurie des jésuites (vers 1725). Archives nationales, Paris, Section Outre-Mer, Colonies, G^1, vol. 461, Recensements (ancienne cote).

construite en bois, faite de pièces sur pièces, et d'une dimension de 7 mètres sur 10. Sur les terres bien défrichées, entre le tiers et la moitié de l'espace est réservé à la culture céréalière. Les prairies et les fourrages, auxquels s'ajoutent souvent un pré communal, servent à la nourriture des animaux. Le reste de la terre, conservé en « bois debout », est utilisé comme source d'approvisionnement en bois de chauffage et de charpente.

D'un endroit à l'autre, et parfois d'une période de la vie à une autre, les stratégies d'occupation du sol varient. Certains exploitent la pêche riveraine. D'autres pratiquent des métiers de base comme forgeron, charpentier, menuisier. Plusieurs adaptent leurs choix d'exploitation aux qualités du sol. Sur les sols sablonneux, on agrandit les défrichements ; sur les sols riches, on exploite la forêt de bois franc. Les uns intensifient la culture céréalière, les autres, installés sur les terres hautes, augmentent leur cheptel et développent l'élevage. Au XVIIIe siècle, la production agricole en vient à dépasser les besoins de la colonie et une partie peut s'exporter, notamment vers Louisbourg et les Antilles. La vallée du Saint-Laurent, où la culture céréalière se développe plus que l'élevage, tend à devenir le « grenier de la Nouvelle-France ».

L'habitation domestique a également été adaptée au milieu environnant. Certains auteurs ont cru reconnaître dans la région de Québec la maison normande, ouverte et accueillante, tandis que la région de Montréal, davantage exposée à la menace amérindiennne, aurait opté pour la maison bretonne, plus massive. Il est possible que les éléments naturels aient influencé l'architecture de la maison. Les demeures en pierre sont recouvertes d'un crépi afin de réduire l'action du gel et du dégel sur les pierres et dans les jointures. Habituellement, il n'y a pas de fenêtre du côté des vents dominants, c'est-à-dire du côté du Nord-est. La pente du toit est généralement assez accentuée pour éviter les accumulations de neige. La façade des maisons donne sur le chemin ou la voie d'eau. L'influence du climat, de la topographie, des vents dominants a peut-être influencé certaines techniques de construction, comme l'aménagement d'une cave, d'un grenier, d'une galerie et la place des ouvertures pour les fenêtres. Il semble cependant que les techniques de construction relèvent de pratiques et de techniques particulières à une grande aire culturelle et propres aux pays froids et nordiques. Presque partout dans l'espace rural, la maison de bois domine, le bois étant une ressource abondante, gratuite et située à proximité. La maison de bois offre en plus des avantages de solidité, de résistance, de protection contre le froid par une plus faible conductivité que la pierre. Enfin, l'habitant peut plus facilement construire sa propre demeure, sans avoir recours à des ouvriers spécialisés, sinon pour la cheminée.

À la campagne, même si l'endettement initial est assez fréquent, presque chaque famille est propriétaire de sa terre et des bâtiments qui l'abritent. À la ville, la situation diffère. À Montréal, environ 70 % des chefs de ménage sont propriétaires, en regard du tiers seulement à Québec. Par contre, à Montréal, les maisons sont construites en bois dans trois cas sur quatre et elles ne valent qu'entre 1 500 et 2 000 livres, c'est-à-dire 5 à 6 fois le salaire annuel d'un homme de métier. À Québec, au contraire, trois résidences sur quatre sont en pierre et elles valent en moyenne plus de 4 000 livres. Au XVIIIe siècle, la dimension des maisons atteint généralement 8 mètres sur 10 et elles comportent sou-

Poêle de fer utilisé de plus en plus fréquemment dans les maisons du Canada au XVIIIe siècle. Monastère des Ursulines, Québec ; coll. Lahaise-Guérin.

vent un deuxième étage. La boutique ou l'atelier de l'artisan forme un tout avec la demeure familiale. Presque partout des vitres. La cheminée construite à l'extérieur du bloc principal fait place à une cheminée incorporée aux murs, gardant ainsi plus facilement la chaleur à l'intérieur. Le poêle — simple et démontable — remplace alors souvent l'âtre. Enfin la maison est de plus en plus souvent subdivisée en deux, trois ou quatre pièces distinctes. L'aménagement domestique s'en trouve donc considérablement modifié.

Trois éléments d'ordre architectural influencent le plan de la maison : la localisation de la porte d'entrée, celle de la cheminée et, souvent, celle d'un caveau. Éléments indispensables, leur emplacement conditionne le reste de l'aménagement. Chez les artisans, on distingue l'atelier de travail de l'espace domestique. S'y ajoutent à l'occasion un cabinet de travail et une chambre pour les parents. Au XVIIIe siècle, la promiscuité diminue. Les meubles sont placés sur le pourtour de la pièce et, dans les maisons bourgeoises, une vieille tapisserie de Bergame orne les murs, tout en conservant la chaleur et en préservant contre l'humidité. Un bahut ou un vaisselier et un ou deux coffres forment les rangements. La table elle-même est souvent pliante, de

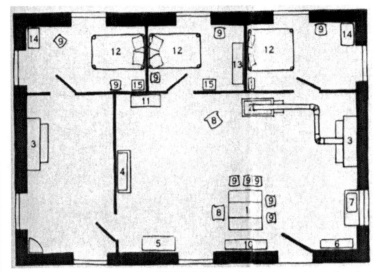

Reconstitution du plan d'une maison (XVIIIᵉ siècle). Jean Palardy, *Les meubles anciens du Canada français*, Montréal, Le cercle du livre de France ltée, 1971.

façon à pouvoir être rangée le long du mur en dehors des heures de repas, tout comme les nombreuses chaises qui meublent la cuisine. Dans les maisons bourgeoises, un lit garni pare la chambre à coucher, un crucifix, des images pieuses et des dessins décorent les murs. En ce climat froid de la Nouvelle-France, le foyer qui diffuse la chaleur, joue un rôle primordial, même s'il n'occupe pas le centre de la maison. L'usage du poêle se généralise.

Maison Gendreau, s.d. Cote : P1000,S4,PGH473-13. Auteur : inconnu. Archives nationales du Québec à Québec

Le vêtement aussi a subi des modifications, bien que moins rapidement ou de façon moins sensible qu'ailleurs. Il y eut certes quelques emprunts à l'Amérindien, en particulier pour se garder au chaud ou pour circuler durant l'hiver. Les habitants portaient de rugueux habits de lin pour travailler aux champs. Ces vêtements, passaient d'un enfant à un autre, plus jeune, et étaient reprisés et retaillés jusqu'à l'usure complète. Les ambitions énoncées par l'intendant Talon au XVIIe siècle visant à ce que les habitants de la colonie puissent fabriquer tous leurs vêtements ne se sont cependant pas réalisées. L'habillement fin, y compris les souliers, provenait de France. Les notaires semblent même se plaire à décrire ces vestes et ces chapeaux bordés d'un galon doré ou à identifier la variété des tissus de qualité.

Dans la vallée laurentienne au XVIIIe siècle, l'alimentation ne diffère guère de celle de la mère patrie. Le pain constitue l'aliment de base. Il s'accompagne souvent de vin. La bière n'a pas connu de grands succès. Les viandes de bœuf et de porc se mangent en quantité. Les œufs et les poissons sont régulièrement au menu. Au XVIIIe siècle, le sucre, le café et les fruits secs des Antilles se trouvent sur la table des citadins. Dans la colonie, la nourriture semble plus abondante qu'en France et de même qualité. Le calcul des rations des malades et des militaires montre une consommation impressionnante. Au plan de la variété, les élites réussissent à se procurer les épices et les légumes les plus fins et les plus rares. Les gens du commun n'ont pas les moyens financiers de se procurer ces produits. Par contre, presque tous ont un potager, où ils cultivent les pois, les melons et de plus en

Coiffures et souliers. Henri Beau, Archives publiques du Canada, Ottawa.

plus les pommes de terre. En plus, la viande et le poisson sont disponibles presque à volonté. S'ajoutent, à l'occasion, du gibier et des petits fruits sauvages. Les rituels alimentaires et les modes de préparation des repas s'écartent peu des pratiques et coutumes françaises. On y retrouve les mêmes livres de recettes et des habitudes de table en tous points semblables. Le rythme de vie dans l'espace domestique diffère peu de celui de la mère patrie.

5. Des cycles durant l'année

Comme ailleurs, des fêtes traditionnelles ou les récoltes ou les semences, la sortie de la grand-messe*, le jour ou les heures du marché ou de la justice rythment la vie. Partout, la journée de travail est fonction de la durée du jour. Les heures de la journée, et, partant, les heures de travail sont scandées par l'appel de la cloche ; que ce soit celle de l'église paroissiale, celle qui appelle les ouvriers sur le chantier ou celle du navire. Dans cette colonie, où la vie d'échanges et de relations est axée sur les opérations maritimes, les marées* dictent un horaire particulier à bien des gens. Les pêcheurs, les équipages de bateau, les commerçants, les ouvriers du port, mais aussi tous ceux qui ont à faire circuler leurs produits sur le fleuve et qui participent à un titre ou à un autre aux échanges de biens ont appris à profiter des marées montantes ou descendantes pour l'approvisionnement ou le transport.

La durée des saisons influence en outre l'organisation de la vie en un cycle annuel. L'arrivée du vaisseau du roi au printemps est attendue avec impatience chaque année. Il apporte des nouvelles, des décisions politiques, la solde des personnes rémunérées par le roi, des produits qui seront disponibles en magasin, des passagers de marque, etc. Toutes les affaires non urgentes cessent ; les cours de justice suspendent l'audience des causes. Il faut prendre connaissance des lettres envoyées et préparer sans délai une réponse. L'activité commerciale, essentiellement maritime, doit s'ajuster au gel du Saint-Laurent durant l'hiver. Les expéditions outre-mer sont organisées en fonction

Sortie de la grand-messe : en Nouvelle-France, c'est seulement à l'église, lors de la célébration de l'office dominical, que tout le monde peut se retrouver. Aussi, à la sortie de la grand-messe, on fait lire et afficher les ordonnances des gouverneur et intendant. Dans la culture populaire traditionnelle, la sortie de la grand-messe et le perron de l'église sont devenus des lieux de rencontre et d'échange.

Horaire des marées : dans le Saint-Laurent, les marées se font sentir jusqu'à la hauteur de Trois-Rivières. À Québec, le marnage atteint en moyenne trois ou quatre mètres. On profite des marées pour franchir les passes peu profondes ; à marée montante, on remonte le fleuve car le courant entraîne le navire vers l'amont ; aux grandes marées, on lance les navires. Marchand et autorités portuaires ont fini par régler les horaires de travail sur le calendrier des marées.

Changement des tarifs à la journée selon les saisons

« J'ai eu l'honneur, Monseigneur, de vous prévenir en différents temps de la chèrté des journées d'ouvriers: les meilleurs sont payés par les marchands à 3 livres par jour pendant l'été. J'ai réglé et ce n'a pas été sans peine, leurs journées au service du Roy à raison de 50 sols, à l'exception néanmoins d'un ou deux servant de contremaitres auxquels il conviendra de donner quelque chose d'augmentation, mais le prix de 50 sols sera réduit pour les journées d'hiuer à compter du 15 de ce mois jusqu'au premier avril à 40 sols. »
AC, série C11A, v. 71, f° 187r,
Hocquart au ministre, 11 octobre 1739.

de ces impératifs. En général, les bateaux arrivent au plus tôt en juin, afin d'éviter les glaces dans le golfe du Saint-Laurent. À la fin du mois d'octobre, il devient urgent de reprendre la voie du retour car les vents dominants deviennent contraires. Un imprévu, une contestation judiciaire sur une cargaison ou sur un échange, la désertion d'un matelot, une avarie, un mauvais coup de vent, un retard d'une semaine, et le risque devient grand que le bateau et son équipage soient confinés à Québec pour près de six mois. La période de départ des vaisseaux au début de l'automne engendre une effervescence de tout instant. Les saisons ont également rythmé les activités tant à la ville et à la campagne que dans la « grande sauvagerie » ou sur l'eau. L'hiver réduit les activités de production, les déplacements réguliers et les activités d'échange. C'est l'hiver en particulier qui a influencé l'agencement des activités. Ce temps de repos de la nature est un temps de préparation active des travaux à venir. À la campagne, c'est la période idéale pour faire progresser les défrichements et pour assurer la réserve de bois de chauffage nécessaire pour l'hiver suivant. Il faut profiter du printemps pour transporter les bois, aussi bien sur l'eau que sur la neige fondante. Le printemps, c'est aussi le temps des sucres*, autre symbole de l'apport amérindien à la culture occidentale.

Temps des sucres : chaque printemps, les Amérindiens et, à leur exemple, les Français, entaillent le tronc des érables dont ils recueillent la sève. Les Amérindiens augmentent considérablement sa teneur en sucre, en la faisant geler et dégeler. Quant aux Français, ils la font bouillir, la transformant en sirop, en tire ou en sucre.

La manière amérindienne de faire le sucre d'érable. Archives publiques du Canada, Ottawa : Bibliothèque.

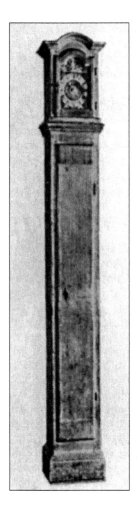

Horloge (vers 1700) conservée à l'Hôtel-Dieu de Québec, collection Lahaise-Guérin.

Horloge du XVIIe siècle. Jean Palardy, *Les meubles anciens du Canada français*, Montréal, Le cercle du livre de France ltée, 1971.

L'élément le plus remarquable à retenir réside dans l'effort des grandes institutions — l'Église et l'État — pour se donner une emprise sur le temps. Le moment de l'arrivée du vaisseau du roi ou la sortie de la grand-messe, le repos dominical autant que les fêtes traduisent bien, par l'importance qu'on y a attaché, cette recherche de pouvoir. Sous l'Ancien régime, la possession d'une horloge solaire, puis d'une horloge mécanique, n'a rien d'anecdotique : l'horloge symbolise la maîtrise et la régulation sociale du temps. Elle constitue l'instrument par lequel les grandes institutions s'investissent d'une autorité qui conditionne tout le monde par l'appel de la cloche qui fixe le temps de la prière, du repas ou du travail.

Chapitre 11

Individus et société

Les rapports entre les individus et la société en Nouvelle-France sont plus complexes que pourraient le laisser croire la répartition en trois ordres (clergé, noblesse et tiers état) ou les classifications socio-professionnelles. D'abord, il n'y a pas de société d'ordres au Canada au XVIIIᵉ siècle, même s'il existe des statuts individuels différents. La Coutume de Paris définit des cadres juridiques qui fixent à chacun et à chacune, selon l'âge et le sexe, des droits et des obligations à l'intérieur d'une communauté familiale et à l'égard d'autrui. Il existe des situations juridiques moins nettes, comme le statut des autochtones, des esclaves, des étrangers et, jusqu'à un certain point, des protestants.

Le modèle français qui persiste pèse d'un poids très lourd dans la hiérarchie sociale. Il influence la nature des aspirations des individus. En revanche, la vie en Nouvelle-France a introduit des nouveautés, notamment dans la répartition des richesses, qui donnent des dimensions nouvelles à la société canadienne. Entre les données de la société d'ordres et l'égalité des chances au départ, il subsiste un écart considérable où se nouent des rapports sociaux différents. Entre les querelles de préséance qui marquent le XVIIᵉ siècle et les plaintes qui, au XVIIIᵉ siècle, révèlent le fait que même les domestiques « parlent haut », il semble y avoir une évolution significative.

La jonction des pouvoirs politique et religieux a abouti à identifier ceux qui font partie de la société et ceux qui sont aux marges de celle-ci. Dans cette colonie royale, seuls les sujets du roi ont droit à sa protection directe. Dans cette colonie catholique, apostolique et romaine, seuls les enfants de Dieu sont admis au sein de la société. Un bon nombre d'individus, à cause de leur appartenance à un groupe ethnique ou religieux différent, sont tout juste tolérés, dans l'espoir qu'ils s'ajustent et réintègrent les rangs de la société.

1. Les statuts personnels

a. Les Amérindiens

Les Amérindiens, et notamment les alliés des Français, restent pour la plupart regroupés en nations tout à fait indépendantes juridiquement des Français. Ce qui ne veut pas dire qu'ils n'ont pas été politiquement et économiquement assujettis. Mais l'intégration à la société française coloniale ne peut se réaliser que par voie d'assimilation. Depuis la charte de la Compagnie des Cent associés en 1627, pour être reconnu sujet français avec les mêmes droits, privilèges et honneurs, il suffit à l'autochtone d'accepter le baptême. C'est, en théorie, la seule condition d'entrée dans la société française. En fait, même les Amérindiens baptisés et installés sur des réserves ou dans des missions découpées à leur intention et ayant appris l'agriculture ou un métier gardent leur mode de vie et leur appartenance ethnique originale. Seules quelques femmes, intégrées à une famille par l'adoption ou le mariage, finissent par faire partie de cette société coloniale. La faible proportion du métissage empêche l'intégration des deux sociétés. Celles-ci, malgré des échanges économiques sporadiques et une certaine domination des autorités françaises, vivent côte à côte. Les rapports se font par voie diplomatique, de nation à nation. Les Amérindiens ne sont pas concernés directement par les institutions et par l'administration françaises. Ils reçoivent, avec plus ou moins de diligence, les avis transmis par un intermédiaire, le plus souvent, le missionnaire qui vit avec eux. Les services qu'ils acceptent, ou parfois sollicitent, sont dispensés comme autant de gestes de charité ou de bonne entente. Enfin, ces nations ont subi dramatiquement les effets de la présence française. Les guerres, les épidémies et la dévastation des territoires de chasse ont entraîné une réduction considérable de la population amérindienne dans la vallée du Saint-Laurent. Composée d'au moins 8 000 membres au moment de la décou-

Portrait du chef iroquois Sa Ga Yeath Qua Pieth Tow (baptisé Brant) (1710) par John Verelst (vers 1648-1734).
Archives publiques du Canada, Ottawa : Division de l'iconographie (nég. n° C-92419).

verte, la population amérindienne est réduite à environ
3 000 personnes au milieu du XVIIIᵉ siècle.

b. Les esclaves

Les esclaves n'ont même pas de statut politique. Ils sont dans
une condition de dépendance absolue envers leur maître qui les
vend ou les achète à son gré, souvent pour son prestige plus que
pour des besoins précis. Marcel Trudel en a compté 4 000 dans la
vallée du Saint-Laurent entre 1627 et 1760. Aux 1 200 esclaves
noirs venus d'Afrique par la voie des Antilles ou des colonies
anglaises, se sont ajoutés environ 2 400 Amérindiens de la
vallée du Mississippi. Leur condition de vie, exempte de mauvais traitements, s'apparente à celle de domestiques ou de serviteurs. Cela dit, la moyenne d'âge au décès est inférieure à
20 ans...

c. Les étrangers

Certains étrangers subissent d'autres formes de discrimina-
tion. À la suite des guerres du début du XVIIIᵉ siècle, une centaine
de coloniaux britanniques furent faits prisonniers. En 1702 puis
en 1710, le roi donna des lettres de naturalisation à ceux qui
avaient accepté de se convertir au catholicisme. Dès lors, ils
purent se marier, pratiquer n'importe quel métier et obtenir des
terres en concession. La situation des protestants était assez semblable. Ils avaient été nommément exclus de l'entreprise de colonisation dès 1627. Pourtant, ils continuèrent à venir en Nouvelle-
France : environ 400 au total. Ils furent sujets aux dénonciations
et aux pressions du clergé, déchaîné contre ces hérétiques.
Privés de ministres du culte, dans l'impossibilité de pratiquer
leur religion, exclus de certaines professions comme médecin,
notaire, officier de justice, et de toute fonction administrative,
ils ne pouvaient se marier ou recevoir une sépulture religieuse
sans avoir abjuré. La très grande majorité s'y est donc résolue,
bien qu'un certain nombre n'aient pas laissé de traces officielles
de leur abjuration. On constate seulement qu'après avoir fait
baptiser des enfants au Temple avant de partir de France, des

---

« Sous le bon plaisir de Sa Majesté, ordonnons que tous les Panis (nation amérindienne de l'Ouest) et les Nègres qui ont été achetés et qui le seront dans la suite, appartiendront en pleine propriété à ceux qui les ont achetés comme étant leurs esclaves. Faisons défense aux dits Panis et Nègres de quitter leurs maîtres et à qui que ce soit de les débaucher, sous peine de 50 livres d'amende.

Ordonnons que la présente ordonnance sera lue et publiée aux endroits accoutumés dans les villes de Québec, Trois-Rivières et Montréal. »

Raudot, Ordonnance des intendants,
13 avril 1709.

parents protestants font baptiser leurs autres enfants à l'église catholique, une fois rendus au Canada.

d. Les forains

Transport de marchandise à la ville. Archives publiques du Canada, Ottawa : Division de l'iconographie (négatif n° C-354).

Les forains*, ces marchands protestants qui venaient dans la colonie année après année, le temps de la saison de commerce, ont aussi été considérés un peu comme des étrangers. L'opposition aux forains s'est intensifiée progressivement au XVIIIᵉ siècle. Les marchands et négociants de la colonie réussirent à faire restreindre leurs droits de faire le commerce de détail, sous prétexte d'une concurrence déloyale. Il n'en reste pas moins qu'à la veille de la Conquête, quelques marchands protestants dominent le commerce colonial et jouent un rôle économique majeur.

e. Les défavorisés

Des conditions sociales particulières affectent aussi le statut de certains groupes de personnes et semblent les priver, au moins partiellement ou temporairement, de leurs droits.

Comme toute société, celle de la Nouvelle-France compte son lot de personnes handicapées de corps ou d'esprit, de criminels, de pauvres et de vieillards solitaires. Ils sont généralement enfermés à l'hôpital général, par mesure préventive et par charité. Outre son caractère charitable, l'institution cherche à mettre tout le monde à l'œuvre, à ce que chacun joue son rôle et ne soit pas à charge pour la collectivité. Le bureau des pauvres*, lui aussi, vise à éliminer la mendicité en procurant à chacun outils et travail. De même, les enfants abandonnés sont pris en charge par le roi qui tente de les placer dans une famille. En somme, l'administration favorise un système d'entraide sociale où les plus défavorisés sont pris en charge par des personnes ou des institutions, moyennant des compensations diverses. Ces contrats sociaux, souvent passés devant notaire, permettent à un individu d'aliéner ses avoirs, le plus souvent sa force de travail, contre le gîte et la nourriture, parfois de petites faveurs. Ainsi, certaines personnes, surtout des vieillards, seuls et incapables de subvenir à leurs besoins, se donnent à des communautés religieuses qui acceptent d'en prendre soin jusqu'à leur mort. Les enfants « pris en charge par le roi » sont mis en nourrice pendant

L'Hôpital Général de Québec. Archives de la province de Québec.

deux ans, puis placés dans une famille jusqu'à l'âge de 20 ans. De même, la mise en apprentissage ou en domesticité à l'âge de trois ou quatre ans s'apparente à l'adoption. Un contrat de travail subordonnait ces enfants, pour un temps, à une autorité de type familial à qui ils devaient obéissance en tout ce qui était licite. On connaît mal le devenir de ces personnes, tout comme on ignore souvent les circonstances qui ont pu conduire à une situation semblable. Il arrive que certains apprentis deviennent des maîtres connus, respectés et relativement à l'aise. Le désavantage de la situation initiale est moins bien connu. Hors les handicapés, les jeunes orphelins et les vieillards sans parenté, quelles circonstances ont forcé des gens à se mettre entièrement au service d'autrui ? Une analyse de la domesticité féminine relevée dans le recensement de Québec en 1744 révèle quelques pistes. Sa provenance géographique et sociale ne se distingue pas de celle de l'ensemble de la société. La proportion de ruraux et d'urbains, de pauvres identifiés et de filles de personnes établies correspond à la répartition générale. Mais, on trouve une surreprésentation de gens et situation familiale défavorable : veuve, orpheline, bâtarde. On y repère surtout la lourdeur des charges familiales : les deux tiers des domestiques féminines ont de 6 à 14 frères et sœurs. Toutes ces personnes qui gravitent aux marges du noyau social principal constituent néanmoins des minorités assez faibles.

Madame d'Youville trouvant un enfant gelé dans la rivière devant l'Hôpital Général de Montréal. Dessin anonyme, Ministère des Affaires culturelles, NC-3553.

2. Les statuts individuels

La Coutume de Paris impose à la famille le principe de la communauté de biens. Là se gère, sous l'autorité quasi absolue du mari, le capital économique et social et l'honneur de la communauté familiale. D'où l'importance des conventions matrimoniales aux fins éventuelles de partage et de transmission d'un héritage autant économique et social que culturel.

a. La famille

Une famille de Québec aux abords de la ville (1761). Archives publiques du Canada, Ottawa : Division de l'iconographie (négatif n° C-358).

En Nouvelle-France au XVIIIe siècle, la famille est essentiellement conjugale. Tout au plus, certains des enfants prennent-ils un soin particulier des parents devenus incapables de subvenir à leurs besoins. Il est possible également que le mariage tardif des jeunes hommes (28,1 ans en moyenne) ait laissé place à une phase d'entraide. Vivant encore sous le toit paternel, ces jeunes gens ont pu préparer leur établissement futur. Par contre, les maisonnées regroupant deux ménages restent l'exception. Quand le fait se produit, il a toujours un caractère temporaire. Il ne constitue pas une manière de vivre. Une famille compte en moyenne 9 naissances, mais seulement 5,1 enfants atteignent l'âge adulte. Cette moyenne occulte cependant de considérables disparités. Des familles s'éteignent

Le Retour du baptême. Peinture de Louis Le Nain, 1642.

parce que tous les enfants ont été fauchés par la mort dans leur enfance ou leur jeunesse. D'autres ne perdent pas ou peu d'enfants. Il y a surtout un grand nombre de second et de troisième mariages, de l'ordre de 20 % de toutes les alliances matrimoniales contractées. Décès et remariages introduisent des dynamiques particulières dans la famille, notamment par le mariage ou le départ des enfants.

b. L'homme

Le droit et le folklore se rejoignent pour indiquer la place prépondérante réservée à l'homme dans la communauté de biens familiale. L'article CCXXV de la Coutume de Paris fait du mari le « Seigneur des biens meubles et immeubles ». À ce seigneur vont tous les honneurs et tous les droits. Il peut disposer des biens de la communauté selon sa volonté, sans même le consentement de son épouse. Il peut aussi disposer des revenus issus des biens personnels (biens propres) que l'épouse avait apportés dans la communauté. La seule réserve a trait à l'impossibilité de se départir des biens propres de son épouse sans le consentement de celle-ci.

Si la femme qui « prend mari » prend aussi « pays », la réalité est quand même moins tranchée. Bien des époux délèguent des pouvoirs à leur femme, par le biais de procurations générales ou spéciales passées devant notaire. Ainsi il n'est pas rare qu'ils se fassent représenter en justice par leur conjointe. Celle-ci dispose aussi de pouvoirs de par ses responsabilités envers ses enfants. La présence de la femme devant la justice est le plus souvent liée aux questions de famille et de transmission des biens. Enfin, qu'il s'agisse d'agriculteurs ou d'artisans, la source de revenus de la famille prend souvent la forme d'une entreprise familiale où chacune et chacun exercent une partie des tâches. Mais l'homme, majeur à 25 ans, paraît un maître absolu, ayant la responsabilité de respecter et de bien traiter ceux qui dépendent de lui.

c. La femme

La femme atteint la majorité à 25 ans, mais, la plupart du temps, à cet âge, elle a déjà remplacé la tutelle du père par celle, non moins lourde, d'un mari. Dans ce système juridique, la femme ne bénéficie que de certaines protections inscrites dans la loi ou les conventions matrimoniales*. Elle a le pouvoir de renoncer à la communauté au moment du décès de son conjoint si elle estime qu'elle en retirera pour elle-même et pour ses enfants plus de dettes que de biens. Elle peut aussi réclamer ses

Conventions matrimoniales :
1. Biens propres : biens qui ne font pas partie d'une nouvelle communauté familiale. Il s'agit habituellement des immeubles échus à l'un des conjoints par héritage ou par donation des parents .
2. Douaire : droit de l'épouse survivante sur les biens de son mari. Ce droit est dit conventionnel, lorsqu'il est fixé par contrat de mariage, ou coutumier : dans ce cas, il porte sur la moitié des « propres » du mari.
3. Préciput : destiné au survivant de la communauté de biens, il est généralement fixé à la moitié du douaire. Les conventions habituelles réservent le lit garni, les hardes et linges personnels, les armes de l'homme et les bijoux de la femme.

biens propres, le douaire promis par le mari ou la part (légitime) qui lui revient, soit ce qu'elle possédait avant le mariage et une somme (douaire, légitime ou préciput) équivalent à environ une année de revenus selon sa condition ou celle de son époux. Au décès du conjoint, la femme peut aussi poursuivre la communauté de biens jusqu'à la majorité de ses enfants ou d'un second mariage. Elle exerce à ce moment les droits antérieurement dévolus à son mari. Ainsi, on a pu voir quelques veuves, très actives en affaires, s'illustrer dans des entreprises économiques considérables. Cela reste assez exceptionnel.

Sur le plan social, la femme prend le statut du mari ; d'où des stratégies matrimoniales et familiales complexes et variées, dans le choix du conjoint comme dans la constitution d'un réseau social. Les pratiques sociales, à cet égard, ne se sont pas définies en dehors de considérations matérielles, garantes à l'époque d'un fonctionnement social harmonisé ; après cela, l'amour et les sensibilités pouvaient entrer en ligne de compte. Un exemple parmi d'autres : l'ingénieur en chef de la colonie, responsable des fortifications, dote chacune de ses filles de 10 000 livres en avancement d'hoirie, (le salaire moyen d'un homme de métier qualifié à cette époque varie de 360 à 500 livres) et ne donne rien à ses garçons. Il règle ainsi à l'avance les questions de succession. Les fils, eux, tirent profit de l'éducation reçue, des relations du père et des facilités qu'il leur procure pour commencer l'exercice de la profession choisie. Il ne fait pas de doute par ailleurs que le père vise par ce procédé à attirer des conjoints de qualité. Il aura réussi à les marier à des hommes jouissant d'un statut élevé qu'elles partageront inévitablement. On assiste ainsi dans les agglomérations urbaines à une sorte d'échange généralisé entre familles de même niveau social. Partout ailleurs, dans chaque collectivité rurale, des considérations semblables semblent entrer en ligne de compte dans la constitution des alliances matrimoniales. Enfants de seigneurs, d'officiers de milice et de commerçants se marient entre eux. On s'allie entre gens du « premier rang » ou

« *La femme doit avoir pour son mari une charité prévenante, charité qui l'oblige à aller au-devant de ce qui peut lui faire plaisir, à lui procurer tous les secours qui dépendent d'elle, à lui céder dans toutes les occasions, à ne jamais s'opposer à ses volontés (...).* »

Antoine Déat, Extrait d'un sermon d'un Sulpicien, *2 mai 1751.*

« *Le seigneur marchera aux processions, immédiatement et le premier après le curé, et ensuite ses enfants mâles. Les femmes des seigneurs haut-justiciers n'auront aucun rang dans les cérémonies de l'Église. Elles sortiront de leurs bancs après tous les hommes et quand elles iront chercher les cierges, les cendres et les rameaux ou qu'elles se trouveront aux processions, elles marcheront les premières avec leurs filles à la tête de toutes les autres femmes.* »

Règlement du Conseil supérieur,
8 juillet 1709.

familles du « haut du plateau » plutôt qu'avec ceux de l'intérieur ou du bas de la seigneurie. Mais la situation n'est pas identique pour l'homme et pour la femme. Un jeune homme résidant sur les bonnes terres riveraines peut épouser une fille d'une famille établie sur les terres moins attrayantes de l'intérieur et l'élever ainsi à son rang social. Mais l'inverse n'est pas vrai. Une jeune fille qui épouserait un jeune homme provenant d'une famille d'un statut social inférieur risquerait de baisser dans l'échelle sociale.

d. Veufs et veuves

Il convient de donner un bref aperçu du destin des veufs et des veuves. En Nouvelle-France, au XVIIIᵉ siècle, le veuvage est très souvent suivi d'un remariage. Il paraît même encouragé par les autorités civiles et religieuses. Des exploitations centrées sur la famille, la dispersion de l'habitat dans l'espace et la quasi-absence de villages n'auraient pas permis de constituer ces lieux de sociabilité où un individu solitaire aurait pu survivre grâce aux petits services rendus à la collectivité. Le remariage offrait la solution la plus simple et la plus efficace. Veufs et veuves trouvent assez facilement un conjoint, célibataire ou également dépourvu de conjoint. Malgré la faveur des autorités, le remariage garde dans les mentalités un caractère particulier. Les veuves, parfois, épousent leur conjoint dans la paroisse de celui-ci, plutôt que dans leur propre paroisse, selon l'habitude. Dans presque la moitié des mariages impliquant un veuf ou une veuve, les futurs époux demandent et obtiennent une dispense de bans, réduisant ainsi la publicité faite autour de leur union. Enfin, gare aux veufs qui prennent une trop jeune épouse ; ils s'exposent à un bruyant charivari*.

Charivari : manifestation populaire occasionnée par un veuvage trop court ou une trop grande différence d'âge entre les époux. Le soir et la nuit de noces, parfois durant quelques jours, une troupe de jeunes gens organise un tumulte devant la maison des nouveaux mariés.

e. Les enfants

En moyenne, il y a neuf enfants par famille, qui naissent tous les 28 mois, mais à peine un sur deux atteint l'âge adulte. Il y a deux pointes de mortalité en bas âge : à la naissance et au moment du sevrage. Il arrive aussi que des épidémies fauchent un bon nombre de jeunes dans des localités et des tranches d'âge données, mais jamais de façon assez sensible pour affecter la structure démographique.

Les enfants sont toujours soumis à une autorité de type familial, comme l'indique le sort réservé aux enfants trouvés. Si le père meurt, on nomme un

Berceau à quenouilles (XVIIIᵉ siècle). Jean Palardy, *Les meubles anciens du Canada français*, Le cercle du livre de France ltée, 1971.

Tuteur : personne choisie
pour gérer les biens d'un
enfant mineur, pour le représenter dans les actes juridiques et veiller sur lui.

tuteur* et un subrogé tuteur pour veiller aux intérêts matériels, mais aussi spirituels de l'enfant. Les témoins de l'époque s'accordent à dire que leur éducation est moins sévère qu'en France. Le nombre d'enfants qui reçoivent une instruction élémentaire est plutôt limité. Il semble même y avoir eu régression de l'alphabétisation du XVIIe au XVIIIe siècle. Les enfants sont appelés très tôt, dès l'âge de 5 ou 6 ans, à participer aux travaux de la famille, que ce soit à la ferme ou dans la boutique. Quand ils atteignent 15 ans, on estime qu'ils sont capables d'accomplir des travaux comparables à ceux des adultes, sans nécessairement en avoir la responsabilité. Une certaine proportion de garçons, au moins 20 %, se préparent à la vie qui les attend. Les uns commencent à défricher la terre qu'ils occuperont et qu'ils possèdent déjà parfois. D'autres, provenant de la ville comme de la campagne, vont apprendre un métier. Un nombre significatif, mais impossible à déterminer dans l'état actuel des recherches,

La forge. L'apprentissage. Louis Le Nain, Musée du Louvre, cl. E.R.L., Paris.

tenteront, on l'a vu, de se constituer un petit pécule en allant faire la pêche ou le commerce des fourrures...

Dans le droit comme dans les mentalités, l'égalité entre les enfants semble primordiale. Il est même strictement défendu aux parents de tenter d'avantager un enfant plus qu'un autre dans la répartition des biens laissés en héritage. Cette volonté égalitaire semble si bien admise que même le partage des lots de terre entre les enfants se fera parfois par tirage au sort afin d'éviter toute injustice et toute querelle, ce qui n'empêche pas des accommodements dans le temps, tout en préservant les valeurs d'équité, sinon d'égalité, en fin de course. C'est dans ce contexte qu'il faut placer les avances d'hoirie données aux filles au moment de leur mariage.

Le système juridique prévoyant un partage strictement égalitaire des biens et des avoirs, après le décès des parents, sert probablement d'assise à la perception sociale selon laquelle l'égalité règne entre des individus qui reçoivent au départ des chances égales. Globalement, les fortunes sont dispersées à chaque génération et, dans chaque famille, les avoirs sont répartis à peu près également entre les enfants. À défaut de concentration des richesses, qu'elles soient mobilières ou immobilières, chacun doit

Jeux d'enfants dans les ruines du palais épiscopal sur la Côte de la montagne à Québec (1761). Archives publiques du Canada, Ottawa : Division de l'iconographie (négatif n° C-350).

pour ainsi dire recommencer à neuf, avec bien peu d'acquis et d'actifs, sur le même pied que ses frères et sœurs. Le système comportait nombre d'échappatoires et n'empêchait pas l'expression des stratégies familiales. En outre, la position sociale de départ, définie par la situation ou la faveur du père, influençait nettement la suite de la vie des enfants. Certes, la bonne fortune, associée à l'habileté, au travail et à la réputation, a pu permettre à certains de se hausser rapidement dans l'échelle sociale. La majorité cependant a dû vivre avec les pesanteurs et les lenteurs de la hiérarchie française. Entre cet égalitarisme juridique et cette hiérarchisation sociale, s'est forgé le destin de chaque individu en Nouvelle-France.

3. La structuration sociale

L'organisation et au fonctionnement de la société au XVIIIe siècle diffèrent notablement de ceux du siècle précédent. Une certaine ancienneté du peuplement et surtout son accroissement ont favorisé la constitution de noyaux ou de centres plus peuplés et, partant, un resserrement des règles de vie en société. En chiffres absolus, le nombre de ruraux a quadruplé entre 1690 et 1720. Il y a dorénavant un plus grand nombre de terres exploitées et moins de terres intéressantes à défricher. Des pratiques de gestion et de dévolution des biens se précisent. Les deux agglomérations de la colonie, Québec et Montréal, deviennent de véritables villes. L'offre de services comme l'instruction, la justice ou l'hospitalisation, s'intensifie, mais surtout, l'agglomération suscite ses propres besoins, son propre marché. Dans les professions libérales, comme chez les gens de métier, s'instaure un système de concurrence. Dans ces noyaux denses de peuplement, où résident les détenteurs du pouvoir politique ou économique, se définissent d'autant plus nettement les strates sociales qu'au XVIIIe siècle la Nouvelle-France connaît une longue période de paix.

Élisabeth Bégon (1696-1755) a laissé un récit de la vie mondaine de l'élite coloniale. Collection particulière, France.

En effet, du traité d'Utrecht en 1713 à la guerre de succession d'Autriche en 1744, la Nouvelle-France ne subit aucune menace d'invasion de la part des colonies britanniques ou de l'Angleterre. L'éventail social est moins ouvert qu'en France. On ne trouve dans la colonie ni haut-clergé (sauf l'évêque de Québec), ni grande noblesse, ni fortunes impressionnantes ; à l'autre extrémité, les hommes libres jouissent de plus grandes facilités ; exempte de taxes (sauf le cens) et de taille, la terre est gratuite et l'obtention de la maîtrise d'un métier demeure accessible à tous après six années de pratique. Cette société, fille de l'Ancien monde, adapte ses structures d'origine au Nouveau Monde.

À l'image de la société de l'Ancienne France, des groupes socio-professionnels bénéficient de privilèges ou de droits dont les formes s'inspirent du Moyen Age. L'armée, l'administration civile et les communautés religieuses en particulier comptent une bonne proportion de nobles. Les hiérarchisations traditionnelles y sont accentuées par l'importance du rôle de l'État et de son organisation administrative. Le contexte de pays neuf donne naissance à un système de promotion fondé sur ses réalités nouvelles.

a. Les privilégiés

Nobles, officiers militaires, officiers de l'administration civile et grands bourgeois enrichis par le commerce et favorisés par le pouvoir politique partagent un mode de vie assez semblable. Ils s'allient les uns aux autres par le mariage, bénéficient de l'attribution de terres en seigneurie et cumulent charges, titres et fonctions. Depuis la fin du XVIIe siècle, les autorités de la colonie ne distribuent plus de lettres d'anoblissement aux coloniaux qui ont accompli des gestes ou des exploits dignes de récompense. La noblesse ne se recrute plus que par l'immigration ou se renouvelle par la descendance, d'autant que la vénalité des charges n'existe pas dans la colonie. Elle tend à diminuer relativement, tandis qu'elle se mêle de plus en plus aux autres groupes. Au surplus, depuis 1689, elle peut, sans déroger, se livrer au commerce et à diverses activités non manuelles. On en vient à ne plus pouvoir la distinguer clairement des autres composantes de l'élite de la société.

Le métier des armes, où se retrouvent la majorité des nobles, constitue l'un des plus puissants leviers de promotion sociale. Même durant la longue période de paix, la Nouvelle-France ressemble à un camp retranché. Des forts sont construits aux frontières menacées, des fortifications sont érigées à Québec et à Montréal et une imposante forteresse se dresse à Louisbourg. Une chaîne de postes fortifiés, servant également de comptoirs d'échange de la fourrure, est placée sous la responsabilité d'officiers militaires. Ces commandants de postes, installés aux confins des possessions françaises, profitent de multiples avantages. Leur avancement ne dépend pas plus de leur grade ou de leur ancienneté, que de leur titre. La faveur des autorités de la colonie, en particulier celle du gouverneur, paraît primordiale. En corollaire, leur appartenance à la classe influente, la qualité de leurs relations avec les nations amériendiennes et, partant, leur capacité à conduire le commerce et à en partager les revenus favorisent leur élévation sociale. Du XVIIe au XVIIIe siècle, la place prise par les Canadiens de naissance dans ce secteur s'accroît considérablement. Les officiers se recrutent de plus en plus dans la colonie. Leur nombre passe du tiers des effectifs au début du XVIIIe siècle à presque la totalité des troupes régulières de la colonie à la fin du Régime français. En l'absence de guerre, la progression dans la carrière se fait assez lentement. Il faut 10 ans au cadet pour devenir enseigne en second, 15 ans pour être promu lieutenant, tandis que l'élévation au rang de capitaine, 5 ans plus tard, se produit quelques années avant la libération des cadres militaires. Un certain nombre est ensuite décoré de la croix de Saint-Louis*, honneur qui assure à ses détenteurs une solde de retraité.

Les officiers de l'administration civile participent à une structure assez semblable. Ceux qui détiennent les plus hauts postes viennent de France. Leur séjour dans la colonie ne constitue souvent qu'une étape dans leur carrière.

Le clergé de la colonie jouit d'un respect étendu, aussi bien de la part des autorités que de la population. Assez uniformément instruit, il exerce une profonde influence sur les âmes, même si son pouvoir temporel paraît plutôt réduit. La dévotion semble soutenue et les pratiques déviantes, rares. Au XVIIIe siècle, il manque des prêtres pour chanter toutes les messes payées par la population. D'un autre côté, l'évêque n'a pas réussi à obtenir que la dîme soit portée du vingt-sixième au treizième, taux de perception fixé en France. Il subsiste, entre les communautés qui recrutent leurs membres exclusivement en France et ceux qui reçoivent des Canadiens dans leurs rangs, des différences notables de comportement, de valeur et de prestige. Les Canadiens, pourtant de plus en plus nombreux, réussissent rarement et difficilement à obtenir les postes de confiance et de responsabilité. Par contre, le pouvoir de l'évêque sur les communautés religieuses et sur le clergé régulier s'est consolidé. Le successeur de François de Laval, Mgr de Saint-Vallier, a enlevé au Séminaire des Missions étrangères la nomination des curés et la gestion des cures. Au XVIIIe siècle, l'organisation paroissiale se développe.

Croix de chevalier de l'ordre royal militaire de Saint-Louis, plus haute distinction militaire du Régime français. Musée national de la Légion d'honneur et des ordres de chevalerie, Paris, France.

Un dernier groupe réussit à se tailler une place enviable à la tête de la hiérarchie coloniale : les gens de négoce qui, ayant profité des faveurs des autorités, ont obtenu une seigneurie et parfois un poste dans la hiérarchie administrative. L'appui des autorités, en particulier de l'intendant, contribue souvent à assurer la réussite financière et favorise la constitution d'un réseau de relations. Pouvoir, argent et relations se conjuguent pour auréoler d'un certain prestige des personnes qui en viennent à faire partie de la meilleure société. L'historien Cameron Nish les a définis comme des bourgeois gentilshommes, à cause de leur niveau de fortune, des postes qu'ils cumulent, de leurs relations et de leur mode de vie. À leurs enfants, ils cherchent à léguer moins des avoirs que des postes ou des titres dans l'administration militaire ou civile, ce qui est un moyen de rendre permanente l'appartenance à un groupe dominant.

Eustache Chartier de Lotbinière (1688-1749) est l'un des rares Canadiens à avoir accédé au haut clergé de Nouvelle-France. Archives publiques du Canada, Ottawa : Division de l'iconographie (négatif n° C-100376).

b. Les notables

À mesure que s'accroît le peuplement de la colonie émergent des notables : les collectivités locales qui voient le jour se dotent d'institutions qui procurent à leurs titulaires une certaine supériorité sociale.

Au XVIIIe siècle, les curés des paroisses deviennent inamovibles. Ils bénéficient généralement de l'appui des fidèles. La construction des églises et des presbytères se fait avec diligence, malgré des oppositions occasionnelles sur les coûts ou la localisation. Ils ont en fait la haute main sur le temporel, puisque la fabrique et les marguilliers leur sont tout dévoués. L'évêque doit quand même intervenir parfois pour améliorer l'ordinaire et

« *Tous les gentilshommes et enfants d'officiers désirent entrer dans le service (militaire), ce qui est louable en soi, mais comme la plupart sont pauvres, plusieurs y entrent pour y trouver une petite ressource dans la solde du roi plutôt que pour d'autres motifs. M. le gouverneur général choisit les meilleurs sujets. On a de la peine à engager les autres à faire valoir des terres.* »

Mémoire de l'intendant Hocquart, *1737.*

faire acheter des vases sacrés de qualité. Les marguilliers* sont choisis dans et par les notables de la place. Ils appartiennent aux plus grandes familles et la majorité d'entre eux, nés dans la paroisse, y vivent depuis au moins dix ans et comptent une famille de 5 enfants et plus au moment de leur élection. Ils se distinguent peu du commun par leur instruction puisque seulement 20 % d'entre eux savent signer couramment, mais leur aisance matérielle ne fait pas de doute. Ils offrent un douaire ou laissent des biens supérieurs du tiers à la moyenne des gens. Stabilité géographique, réseau familial, relative aisance et morale irréprochable leur ont valu le respect de la collectivité des fidèles.

Le couple curé/marguilliers a son pendant au plan civil avec le couple seigneur ou son représentant et le meunier. Même si près des trois quarts des seigneurs ne résident pas dans leur seigneurie, ils y érigent un manoir, souvent d'une taille imposante, où leurs censitaires doivent aller s'acquitter des redevances féodales. Au XVIIe siècle, le meunier, instable sur les plans géographique et professionnel, vit pauvrement de l'offre d'un service par le seigneur à ses censitaires. Au XVIIIe siècle, la pratique du métier se consolide. Le meunier affiche plus de permanence dans le métier et la localisation. Souvent plus compétent, il dispose de plus de biens. Définie au départ comme un service aux ruraux, son activité professionnelle en vient à s'apparenter davantage à une entreprise commerciale de type urbain. Les meilleurs, à la manière de gens d'affaires, prennent à bail la construction et le fonctionnement du moulin. La majorité sait écrire et plusieurs s'allient par mariage aux gens de commerce ou de profession, formant ainsi une petite notabilité locale.

Dans une colonie comme le Canada, la milice a joué un rôle important. En période de conflit armé, et particulièrement au XVIIe siècle, elle a assuré la protection de la colonie. Souvent dirigée par d'anciens officiers des troupes régulières, elle regroupait, en théorie, tous les hommes valides de 16 à 60 ans. Ceux-ci étaient soumis à des exercices périodiques et participaient, quinze jours par an, aux travaux de fortification. L'officier de milice qui les dirigeait appartenait au milieu rural et entretenait peu de relations avec les citadins. Au XVIIIe siècle, les intendants en firent de plus en plus un agent local de leur

« *Sous le bon plaisir de Sa Majesté, ordonnons que les capitaines des côtes iront les premiers à la procession, après les marguilliers, suivis des autres officiers de milice, et que le* capitaine de la côte seul aura le pain bénit avant les autres habitants. »

Ordonnance des intendants, Raudot, *25 juin 1710.*

autorité, en le chargeant de diffuser et de faire respecter leurs ordonnances, de diriger la construction des chemins et des ponts. L'officier de milice se confond, par l'instruction, avec la masse des habitants. Il s'en distingue, par contre, par l'ancienneté dans le milieu, ses relations de famille et une situation économique enviable. Au XVIIIe siècle, l'officier de milice se caractérise moins par ses qualités militaires que par son caractère de notable. Il peut afficher une certaine réussite sociale et son âge moyen — 55 ans — offre des garanties d'expérience, de maturité et de crédibilité qui en font un intermédiaire naturel entre la masse de la population et les administrateurs de la colonie.

c. L'éventail des petits métiers

Par leur niveau de fortune, leur mode de vie et leurs aspirations sociales limitées, les agriculteurs et les hommes de métier ont un statut social comparable. Les possibilités de promotion sociale sont faibles et peu nombreuses. Une mauvaise récolte ou une année de famine, comme il s'en produit une vingtaine entre 1700 et 1750, ont vite raison des espoirs et des progrès. Un peu de chances, beaucoup de travail sur la terre ou dans la boutique permettent tout de même de laisser quelques biens en héritage aux enfants. À la ville, près de la moitié des hommes de métier sont propriétaires de leur résidence qui comprend une boutique. L'autre moitié vit de travail à la journée. À la campagne, si les habitants sont propriétaires de leur terre et peuvent accumuler quelques surplus, près de la moitié d'entre eux vivent endettés, dans un dénuement quasi complet. Un enfant sur deux doit commencer là où son père ou son grand-père avait commencé, par défricher la forêt.

Au bas de l'échelle sociale, les soldats, les engagés, les domestiques, les jeunes gens en apprentissage se partagent entre l'espoir de jours meilleurs et la soumission au destin. Les Indiens, eux, subissent les pressions de la politique française. Vivant dans des réserves ou pressés de faire la chasse, plus ou moins assujettis à la recherche de biens matériels français, détruits par les épidémies et l'alcool, soumis aux volontés d'alliance des Européens, ils cessent de voir les Européens comme des frères, pour se définir comme leurs enfants.

4. La reproduction sociale

Dans cette société en formation et ce milieu en expansion, les espoirs de promotion sociale sont encore permis et demeurent vivaces. Le mythe du Nouveau Monde et de ses richesses subsiste. Les témoins de cette époque, les autorités civiles ou religieuses et les visiteurs, ne manquent pas de signaler comme un trait courant de mentalité la tendance à « se hausser ». En tout lieu, on note cette prétention à se vêtir ou à se croire d'un titre ou d'un rang supérieur à la réalité. Les simples prêtres ne se considèrent pas comme inférieurs aux chanoines, quand ce n'est à l'évêque. Plusieurs bourgeois s'affublent du titre de sieur. Dans les secteurs industriels de la construction navale ou des forges du Saint-Maurice, les ouvriers aspirent à la maîtrise, les chefs d'atelier s'estiment aussi compétents que le constructeur en chef. Le journalier se déclare artisan, l'artisan se décrit comme un ouvrier spécialisé, celui-ci se voit comme un contremaître, le menuisier se prétend constructeur, le chauffeur se pense fondeur et le maçon se définit comme un architecte. Quant à l'agriculteur, l'on sait qu'il n'accepterait pas un autre titre que celui d'habitant. Même les domestiques, écrit un observateur, prennent de « haut » les demandes de leur maître. L'épithète d'honneur ou le rang que l'on affiche symbolisent les aspirations sociales.

Ces prétentions illustrent une certaine perception de la réalité sociale. Un tout petit nombre seulement gagnera à cette loterie au XVIIIe siècle, ce ne sera pas faute d'avoir essayé. L'une des plus grandes caractéristiques de la société de la Nouvelle-France réside dans la mobilité, aussi bien géographique que professionnelle, voire sociale.

Les raisons de cette mobilité ne semblent cependant pas toujours positives. Certains secteurs de production deviennent tôt saturés et un bon nombre, comme les ouvriers du cuir par exemple, sacrifie les années d'apprentissage et les habiletés acquises pour se tourner vers d'autres secteurs d'activité plus prometteurs. Ainsi les ouvriers des forges du Saint-Maurice viennent souvent de l'extérieur du gouvernement de Trois-Rivières et leur ancien métier n'a aucun rapport avec la forge.

La mobilité n'est pas moins considérable dans le monde rural. Certes l'historiographie de la Nouvelle-France a mis l'accent sur l'image de l'agriculteur fixé à demeure sur sa terre et transmettant sa terre à ses enfants. Pour éviter la fragmentation des terres, un enfant sur deux est en surnombre et doit quitter la terre paternelle et souvent sa localité de naissance pour trouver ailleurs de quoi vivre et fonder une famille. De même des familles d'agriculteurs composées de plusieurs enfants adultes se départissent d'un lopin défriché pour acquérir des terres d'une plus grande superficie dans de nouvelles zones de colonisation. Quarante pour cent des habitants qui forment des collectivités nouvelles sont constitués de ces familles nombreuses. Le reste du peuplement de ces nouvelles collectivités est surtout constitué de jeunes gens, soit récemment mariés, soit attirés par la possibilité de former une alliance sur place.

Cette dynamique sociale se repère à tous les niveaux de la société. Les têtes dirigeantes de l'administration de la colonie affichent bien peu de permanence. Les autorités sont nommées par le roi ou son ministre. Dans la colonie, les postes qui donnent accès à la richesse dépendent de la faveur de l'intendant ou du gouverneur. La dépendance envers les autorités en place ne favorise pas la permanence de statut et de fonction. Les bonnes fortunes semblent en général de courte durée. Elles se perpétuent rarement de génération en génération.

La société de la Nouvelle-France au XVIIIe siècle paraît participer à deux mouvements, deux systèmes de valeur, deux modèles sociaux. D'un côté, les assises juridiques du fonctionnement social, renforcées par l'importance du rôle politique, militaire, économique et administratif de l'État favorisent une transplantation à peu près intégrale du modèle français définissant la condition des personnes. L'adaptation à un contexte démographique et géographique nouveau entraîne l'instauration de nouvelles règles du jeu social : la société se « canadianise » et prend conscience de ses différences.

L'élite sociale qui obtient les postes de confiance et de responsabilité, vient encore principalement de France. Elle n'est souvent que de passage. Le séjour dans la colonie ne constitue qu'une étape dans un plan de carrière, résolument métropolitain. Mais pour relever les défis nouveaux que pose l'adaptation au Nouveau Monde, les nobles peuvent besogner, des roturiers obtiennent des seigneuries, des commerçants reçoivent des responsabilités administratives. Les membres de cette élite apparemment disparate nouent entre eux des liens étroits par le biais

« Arrêt du Conseil d'État portant très expresse défense aux habitants du pays de Canada, ou Nouvelle-France, de quelque qualité ou condition que ce soit, de prendre la qualité d'écuyer dans tous les actes publics et autres, qu'ils ne soient véritablement gentilshommes et reconnus tels, suivant leurs titres qui seront par eux présentés par devant le conseiller du roi en ses conseils et l'intendant de justice, police et finance, à peine de cinq cent livres d'amende. »

Ordonnances du roi,
15 avril 1684.

des mariage. Ils forment un groupe, certes non hermétiquement fermé, mais marqué d'une identité sociale particulière. La masse de la population, de l'apprenti au maître ou de l'engagé à l'habitant, participait à un même destin collectif. Les chances de s'élever considérablement dans la hiérarchie sociale étaient assez minces. On ne sortait pour ainsi dire pas de sa condition. Cela n'empêchait ni les prétentions à s'affirmer, ni les conditions de vie de changer.

Chapitre 12

La vie de relations

Au XVIIIᵉ siècle, dans l'espace laurentien, le besoin d'échanger s'accroît au rythme de l'augmentation de la population. Qu'elle s'appuie sur des caratères physiques ou culturels, sur le réseau routier ou la création d'écoles, la vie de relations s'intensifie. Les archives demeurent relativement discrètes sur les relations d'échange entre les individus et les institutions sociales. Il faut reconstituer celles-ci à partir des gestes des individus, en fonction des personnes, groupes ou institutions avec lesquels ceux-ci entrent en rapport. Mais ce qui est intéressant, c'est de retracer cette dynamique sociale jamais figée. L'entreprise est difficile tellement les situations sont variées, mais il est possible de dégager quelques grands traits de comportement.

1. Les communications

Depuis les débuts de la colonie et pendant plus d'un siècle, la voie maritime avait constitué le moyen vital de communication entre les habitants dans la vallée laurentienne et entre les colonies françaises d'Amérique du Nord. L'occupation du territoire et la vie elle-même étaient organisées en fonction de cette primauté de l'espace marin. C'est par la voie d'eau que l'on peut

Le port de Louisbourg accueille des bateaux provenant des quatre coins de l'empire colonial français. (1731). Bibliothèque nationale, Paris : Département des cartes et plans, Rés. G.E.C. 5019.

atteindre les établissements français de Terre-Neuve, d'Acadie, de la Louisiane. Partout, aux abords comme à l'intérieur du continent, la circulation maritime ou fluviale à des fins de commerce ou de protection militaire se double d'une intense exploitation des ressources halieutiques. Les zones atlantiques à l'embouchure du Saint-Laurent, le golfe du Mexique à l'embouchure du Mississippi, les Grands Lacs et les cours d'eau qui se déversent dans ces immensités sont fréquemment parcourus par les pêcheurs, les commerçants, les voyageurs, ainsi que par les colons, soldats et administrateurs en déplacement.

a. L'axe fluvial

De tous les axes de communication contrôlés par la France, c'est cependant le Saint-Laurent qui symbolise au plus haut degré l'implantation française sur le continent américain. De la France vers Québec, pour soutenir la colonie, ou de Québec vers les Grands Lacs, pour porter plus loin la présence de la France, les bienfaits de la religion, ou encore pour s'approvisionner en fourrures, le fleuve Saint-Laurent et ses affluents ont constitué un axe souverain. Au XVIIIe siècle, le réseau hydrographique laurentien demeure un moyen privilégié de faciliter l'occcupation du territoire, l'appropriation de ses richesses, les rapports entre les personnes et l'échange de biens et de services entre la ville et la campagne. Les réseaux hydrographiques du continent Nord américain en viennent à créer un lien, ténu mais non artificiel, entre les colonies de la France.

Des embarcations dans le port de Québec. Anonyme, Musée du Québec.

La vallée du Mississippi commence également à être occupée. À partir du poste de Détroit (Michilimakinac) où un peuplement agricole s'est ajouté aux entreprises de religion et de commerce, ou encore à partir de la Louisiane à l'embouchure du grand fleuve dans le golfe du Mexique, des colons gagnent la vallée pour reprendre, en l'étendant, l'entreprise de colonisation. Hommes et femmes, organisés en société, œuvrent dans la religion, l'armée, les fourrures, les mines ou l'agriculture. La région des Illinois, formée de quelques établissements de quelques centaines de personnes venues autant du Canada que de France, en vient ainsi à constituer un nouveau relais entre la Louisiane et le Canada.

À l'Est, malgré des pertes territoriales importantes par suite du traité d'Utrecht de 1713, la France a consolidé ses positions. La construction de la forteresse de Louisbourg a assuré une certaine sécurité aux entreprises françaises et acadiennes de pêche dans le golfe et elle a protégé l'accès à la colonie laurentienne. Dans la décennie 1720, Louisbourg est en plus devenue une plaque tournante du commerce français en Amérique du Nord. La voie d'eau permettait de relier le Canada aux colonies de Terre-Neuve, à Louisbourg, aux territoires acadiens et à la Louisiane. C'est par voie d'eau que la souveraineté française en

La route maritime du Saint-Laurent, vers 1730. Bibliothèque nationale, Paris.

Wolfe

Wolfe

James, (1727-1759). Ce Britannique fait carrière dans l'infanterie de marine : sous-lieutenant en 1741, capitaine en 1744, colonel en 1757. En 1758, il pilonne les navires dans la rade de Louisbourg et réussit à s'emparer de la ville et de la puissante forteresse française. Après cette action d'éclat, en janvier 1759, il est nommé major général et commandant des forces de terre de l'expédition contre Québec. S'il est placé sous le commandement du général Amherts et de l'amiral Saunders, lui et ses généraux de brigade conduisent en fait les opérations. Arrivé à Québec à la fin de juin, il entreprend le bombardement et le siège de la ville. Le débarquement sur les côtes de Beauport s'avère un échec. À la fin de l'été, à la faveur de la nuit, il réussit à grimper sur les hauteurs d'Abraham et contraint les Français à combattre à découvert. Il meurt sur le champ de bataille.

Amérique du nord fut menacée et finalement anéantie à la fin de la guerre de Sept Ans, par le traité de Paris de 1763. Le réseau hydrographique sans pareil dont avait profité la France pour étendre ses possessions en Amérique du Nord a également été la route empruntée par l'envahisseur. Toutes les tentatives pour s'emparer de la Nouvelle-France ont reposé sur une double stratégie fluvio-maritime. Une puissante flotte remontait le Saint-Laurent pour s'emparer de Québec, capitale de la colonie, tandis qu'une armée remontait en canot par le lac Champlain et la rivière Richelieu vers Montréal. La colonie laurentienne était enfermée comme dans un étau. Dans l'esprit des envahisseurs, une fois les deux plus grandes agglomérations de la colonie assujetties, le reste tomberait automatiquement. Dès le début du siècle d'ailleurs, c'est cette stratégie que les envahisseurs anglais et britanniques des colonies américaines avaient utilisée pour tenter de s'emparer de la colonie française. En 1710, la puissante flotte commandée par Walker avait échoué en allant se briser sur les récifs de l'île aux Œufs. Au moment de la conquête, c'est encore par le Saint-Laurent que la flotte de Townshend et les troupes du général Wolfe pénétrèrent dans la colonie jusqu'à la hauteur de Québec. La maîtrise de la circulation sur le fleuve a décidé du sort de la colonie, tout autant que la victoire en bataille rangée sur les plaines d'Abraham le 9 septembre 1759. La nationalité de la première flotte qui apparaîtrait au détour de l'île d'Orléans déterminerait les couleurs du drapeau qui flotterait sur la ville de Québec, siège du gouverne-

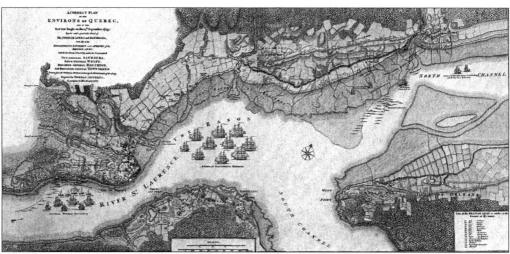

Position des troupes françaises et anglaises le jour de la bataille des plaines qui décida du sort de la colonie. Archives publiques du Canada, Ottawa : Coll. nationale de cartes et plans (NMC 54105). Dans Thomas Jefferys, The American Atlas, 1776, Londres.

ment de la Nouvelle-France. La maîtrise de l'axe fluvial avait réglé le sort de la colonie.

Axe souverain, le Saint-Laurent et ses affluents n'ont pas eu moins d'importance au plan commercial. Les communications avec la métropole se sont multipliées. Le trafic des marchandises s'est intensifié. Le besoin en produits ouvrés ou manufacturés dans la colonie a augmenté au rythme de celui de la population. À l'exportation des fourrures s'est ajoutée celle des denrées alimentaires, d'abord le poisson, puis la farine, les pois et enfin le bois et le fer. Un nouveau type de circuit commercial s'est implanté. On a appelé commerce triangulaire les échanges entre

Médaille de Louis XV commémorant la fondation de Louisbourg en 1720. Parc Canada, Forteresse de Louisbourg.

la France, le Canada et les Antilles. Ce circuit a davantage réuni entre elles les colonies françaises d'Amérique, aux plans économique et politique. L'une des grandes innovations pour la colonie laurentienne fut de faire de Louisbourg un lieu de relâche de plus en plus fréquenté dans le circuit triangulaire. À compter des années 1720, les négociants du Canada concentrent de plus en plus leurs activités sur l'axe fluvial. Cette stratégie d'organisation du commerce présentait plusieurs avantages. La distance parcourue, plus courte, comportait moins de risques. Les correspondants étaient mieux connus et plus régulièrement rencontrés. Il était plus aisé de dresser les comptes rapidement. On pouvait se contenter de plus petits bâtiments de mer, dotés d'un équipage moins important. Surtout, on pouvait faire deux voyages par année entre Québec et Louisbourg, d'où des cargaisons moins volumineuses et des rentrées de numéraire plus

Collet

Mathieu-Benoist, (1671-1727). Avocat au Parlement de Paris, Collet arrive en Nouvelle-France en 1712 pour exercer la charge de procureur général au Conseil supérieur de Québec. Il fait preuve de compétence, d'assiduité et d'efficacité. Il rédige plusieurs mémoires sur l'administration judiciaire pour l'adapter aux besoins de la colonie. Il réorganise la tenue des cadastres et des actes notariaux.

« L'an mil sept cents vingt un, le trentième jour de janvier, nous Mathieu-Benoist Collet, (...) ayant reçu une commission de Messieurs de Vaudreuil et Begon, gouverneur-général et intendant du dit pays (...) par laquelle l'intention de Sa Majesté étant que les districts des paroisses de cette colonie soient réglés avec les mêmes formalités que celles qui s'observent en France, ils nous ont député commissaire pour nous transporter dans chacune des d. paroisses y entendre les seigneurs et habitants sur la commodité et incommodité, et en dresser nos procès-verbaux (...).

Et le dit jour quatre février mil sept cents vingt un, sommes allés à la paroisse de Ste-Foy où étant, avons fait convoquer les Srs Curé, seigneur et habitants de la dite paroisse par le sieur Louis Gaultier de la Pigeonnière, capitaine de milice de la dite paroisse (...) Nous avons requis le dit sieur Le Prevost et eux de nous en faire l'étendue présente de la dite paroisse, et le nombre des familles qui la composent, comme aussi de nous déclarer s'il y a quelques habitants de cette paroisse qui soient incommodés de venir au service divin par la difficulté des chemins ou par l'éloignement. »

« Procès-verbaux sur la commodité et incommodité dressés dans chacune des paroisses de la Nouvelle-France par Mathieu-Benoit Collet, procureur général du roi au conseil supérieur de Québec » publié dans RAPQ 1921-1922, Québec, Ls-A. Proulx, 1922, pp. 264-265.

Le transport par bateau est essentiel dans ce pays de cours d'eau.
Éditeur officiel du Québec.

rapides. Cette stratégie de communication requérait moins d'investissements dans l'équipement de base, dans l'équipage et dans la cargaison et permettait de doubler les échanges chaque année.

L'augmentation du grand commerce s'accompagna naturellement d'un essor parallèle du cabotage. De Gaspé à Québec, puis jusqu'à Montréal, à Rivière-Ouelle, Cap Saint-Ignace, Beaumont, à l'île d'Orléans, Saint-Nicolas, Neuville, Deschambault, puis à Yamachiche, Lavaltrie ou Sorel, de plus en plus de navigateurs sillonnent la voie fluviale. Que les riverains veuillent rallier l'île de Montréal, ou que les habitants de la rive Sud veuillent se rendre à Québec, communiquer d'une rive à l'autre, voire d'une seigneurie à une autre ou de la campagne à la ville, l'embarcation constituait le meilleur moyen de se déplacer. Aussi tard qu'en 1722, les habitants d'une petite paroisse située à moins de 50 kilomètres en aval de Québec refusent de travailler à la construction d'un chemin qu'ils jugent inutile. Ils expliquent qu'ils se rendent à l'église en canot et qu'ils ne produisent pas suffisamment de grains pour en expédier vers la ville. Aller au marché, vendre ses surplus, se procurer des biens manufacturés, avoir affaire aux institutions urbaines ou avoir recours au notaire ou au médecin, et bien souvent, rendre visite à la parenté ou fréquenter un futur conjoint obligeait souvent à emprunter la voie d'eau. Ainsi, que l'on pense biens, services, rapports humains, que les motifs soient économiques, sociaux ou culturels, la voie d'eau demeure le principal moyen de communications en Nouvelle-France au XVIIIe siècle.

b. Le réseau routier

Le réseau routier se développe lentement et, souvent, en parrallèle à la voie d'eau, ou encore pour y donner accès. Evidemment les agglomérations urbaines sont pourvues de routes dès le XVIIe siècle, tandis que dans le monde rural des sentiers ou des chemins plus ou moins praticables relient les habitations entre elles. La circulation est plus facile l'hiver : on peut emprunter la surface gelée du fleuve ou des rivières. À compter des années 1720, un véritable réseau routier commence à relier les espaces habités et l'office de grand-voyer devient une charge fort importante. À la ville, on régularise le tracé des rues et, par diverses ordonnances, on en fait assurer un meilleur entretien. À la campagne, le grand-voyer décide du tracé de la route et de la construction des ponts. Presque toutes les habitations, du premier ou du deuxième rang et toutes les seigneuries se trouvent ainsi réunies par un chemin de 6 à 8 mètres de largeur.

Les motifs qui ont donné lieu à l'implantation d'un premier réseau routier ont beaucoup évolué au cours du XVIIIᵉ siècle. Les premières préoccupations furent celles des autorités de la colonie. Les voies terrestres visaient à répondre à des impératifs royaux, d'ordre administratif ou militaire. Gouverneurs et intendants désiraient ainsi faire parvenir leurs ordres partout et rapidement dans la colonie. Dans ce contexte, a été conçue puis réalisée la première grande route de la colonie, le chemin royal joignant Québec à Montréal, entre 1733 et 1735. Longue de 300 kilomètres, parsemée de ponts et de six bacs, ce trajet pouvait être parcouru idéalement en une semaine. Mais que d'ornières, de bourbiers, de risques pour les voitures de s'embourber ou verser, déclarent les contemporains ! La couverture neigeuse, une fois bien battue, offrait de bien plus grandes facilités de déplacement.

Outre le chemin royal, la colonie de la vallée laurentienne fut sillonnée de chemins reliant les exploitations agricoles. Les seigneurs et les habitants ont le plus souvent réclamé le tracé de ces routes. Au début du siècle, ils invoquent comme motif principal la nécessité de recours aux services de la religion, notamment dans les cas de danger de mort, puis pour les baptêmes, mais aussi pour l'assistance à la messe dominicale. De plus en plus cependant, les motifs de demande de route changent. On invoque les besoins économiques : se procurer les biens nécessaires à l'établissement, se rendre au moulin pour faire battre son grain, ou aller vendre ses surplus au marché. À compter des années 1745, les habitants insistent également sur la nécessité de faire instruire les enfants.

La Picardière

Michel Bégon de, (1667-1747). La nomination de Bégon comme intendant de la Nouvelle-France (1710-1724) illustre bien le fonctionnement de l'administration coloniale d'Ancien régime. Bégon est issu d'une famille d'agents du Trésor et d'hommes de loi, promue par le mariage d'une proche parente avec le puissant Contrôleur général des finances, Jean-Baptiste Colbert. Dès lors, père, frères, beaux-frères, occupent des postes de responsabilité dans les provinces de France : son père est intendant à Saint-Domingue, son beau-frère (de Meulles) intendant de la Nouvelle-France, un de ses neveux (Barrin de la Galissonnière) gouverneur intérimaire. Dans l'exercice de sa charge, Bégon est confronté aux problèmes du traité d'Utrecht et de la dévaluation de la monnaie de cartes.

« La plupart des habitans de la d. seigneurie [Bellechasse] sont sur la rivière du Sud des deux côtés de la dite riviere ont si peu de désert qu'à peine ils y recueillent suffisamment de grains pour leur subsistance et celle de leur famille ; que d'ailleurs ce chemin ne leur est pas necessaire par ce qu'ils ont la commodité de la dite rivière du sud pour se rendre sur le fleuve St Laurent qu'ils sont de la paroisse de St Pierre de la dite Rivière du sud où ils vont en canot ou a pied le long de la dite rivière, les plus éloignés étant environ à trois quarts de lieues de l'église, ce qui prouve que le chemin demandé par le sieur de Rigauville ne l'a été que par rapport à ses interets particuliers et non par les commodités des dits habitans.(...) »

Cah. 8, f° 135v–136r. Ordonnance de Michel Begon, *23 novembre 1722.*

a. L'échange verbal

Dans cette société d'Ancien régime, la communication orale joue encore un rôle prédominant. En fait la majorité de la population coloniale ne sait ni lire, ni écrire. Il ne suffit pas d'afficher les ordonnances des intendants ou les mandements des évêques. C'est verbalement que les autorités civiles et religieuses font communiquer leurs intentions, décisions ou volontés, lors des prônes ou par la voie d'un héraut au sortir de la messe.

Cette forme de communication ne pose pas de problèmes particuliers. Au Canada, tout le monde parle français, un français aussi pur que celui de Paris notent des visiteurs de marque. On ne trouve trace de parlers dialectaux que très rarement et uniquement chez des marins ou des soldats de passage. La langue française, langue de communication, langue du pouvoir civil et religieux, s'est uniformément imposée et, plus tôt que partout ailleurs, comme une véritable langue nationale. La place de l'oral demeure prédominante dans les relations interpersonnelles et dans les échanges de groupes au XVIIIᵉ siècle. Il est fréquent que des officiers de la milice ou des seigneurs soient demeurés analphabètes.

Brevet d'apprentissage : Paul Chalifour/Abraham Figet.
Archives nationales du Québec, Greffe de Guillaume Audouard, 25.04.1654 (304).

d. L'écrit

L'écrit émane le plus souvent des autorités et sanctionne un droit ou un pouvoir. Mandements des évêques, ordonnances des intendants, actes de notaires ou d'arpenteurs, jugements des cours de justice, livres de compte de marchands font autorité. Ils servent de preuves auxquelles on peut se référer pour faire valoir ses droits ou imposer ses volontés. Même les personnes analphabètes ont recours à l'écrit,

« Tous, ici, tiennent pour assuré que les gens du commun parlent ordinairement au Canada un français plus pur qu'en n'importe quelle Province de France et qu'ils peuvent même, à coup sûr, rivaliser avec Paris. Ce sont les Français nés à Paris, eux-mêmes, qui ont été obligés de le reconnaître. »

Voyage de Pehr Kalm au Canada en 1749,
Montréal, Pierre Tisseyre, 1977, p. 540.

par l'entremise d'un notaire, d'un écrivain, d'un parent. Ils font consigner leur contrat de mariage, leur testament, leur donation et les titres qui leur sont octroyés, que ces titres soient honorifiques, professionnels ou justificatifs d'une propriété foncière. De même, pour s'adresser aux autorités, il faut avoir recours à un écrivain qui rédige une requête au nom de la personne.

Après avoir subi une diminution constante au XVIIe siècle, le taux d'alphabétisation se stabilise au XVIIIe siècle aux environs de 36 % de la population, mais avec des variantes considérables de la ville à la campagne et d'un couche sociale à une autre. Dans le monde rural, à peine 20 % de la population sait signer. À la ville, cette proportion grimpe à près de 50 %, tandis qu'en fait les deux tiers des ménages comptent une personne familière avec l'écriture. Marchands et administrateurs savent signer, de même que 70 % des artisans. Par contre, seulement 30 % des soldats, apprentis et journaliers et 20 % de tous les délinquants ont un accès minimal à l'écrit.

À l'époque, l'éducation prime encore sur l'instruction ; l'on préfère « la tête bien faite » à « la tête bien pleine ». La formation morale prime sur l'apprentissage technique, préoccupation que les programmes d'études reflètent nettement. Il faut de bonnes dispositions spirituelles plutôt qu'une grande intelligence pour avoir accès à une éducation supérieure. La fréquentation scolaire est réservée aux privilégiés. L'ensemble de la population ne perçoit pas toujours l'intérêt de faire instruire les enfants. Mais dès qu'une personne occupe un certain rang social ou jouit d'un titre, elle affiche une préoccupation très nette à l'égard de l'instruction de ses enfants. Les correspondances privées mentionnent souvent qu'on envoie un fils compléter sa formation et ses études dans la vieille France. Toutefois les autorités ne voient pas d'un très bon œil que les femmes se fassent instruire. Elles pourraient se croire « au-dessus de leur condition ». Dans les « petites écoles », on enseigne d'abord la prière, puis l'écriture et la lecture. Dans un deuxième temps, les garçons sont initiés au calcul et les filles à devenir « de bonnes maîtresses de maison ». Malgré ce discours officiel, il n'est pas rare de constater que les femmes alphabétisées soient plus nombreuses que les hommes. C'est peut-être ce qui les amène parfois à jouer au plan social un rôle plus important que celui dans lequel les confinent les étroites limites juridiques.

La Nouvelle-France est restée assez dépourvue d'équipements scolaires. Le système des petites écoles n'a concerné qu'une partie de la population. La colonie n'a jamais eu d'imprimeur. Les seuls journaux viennent de France ou de l'étranger. Les ouvrages relatifs à la Nouvelle-France ont été généralement écrits par des gens de passage et ont peu circulé dans la colonie. Les formules administratives sont expédiées par les vaisseaux du roi. Il n'y eut jamais de service postal à l'intérieur de la colonie. Le contrôle sur l'information et les communications reste entre les mains de la métropole et d'un groupe restreint de personnes.

Les Dames Ursulines (Québec) A.D. 1639. Aquarelle de James Duncan. Collection de la Bibliothèque de la Ville de Montréal.

2. Les rapports avec les institutions

Dans cette société, les faveurs des autorités revêtent une grande importance : il ne suffit pas d'être riche ou instruit. Par le pouvoir de recommandation ou de nomination, l'opinion des autorités administratives de la colonie peut être source de faveurs, de privilèges, comme elle peut entraîner la disgrâce. Et cet absolutisme royal connait peu de limites. Dans les colonies de la Nouvelle-France caractérisées par leur éloignement, leur jeunesse et le petit nombre d'habitants, bien peu de traditions ou de regroupements pouvaient freiner ce pouvoir. Du reste, ce pouvoir couvre tous les domaines de la vie. Il apprécie les compétences, évalue la tâche accomplie, recommande pour une fonction, blâme pour une décision ou une action.

Le rapport privé/public illustre bien cette conception humaniste d'une autorité absolue qui se prétend de droit divin. Dans l'administration financière de la colonie, le domaine privé n'est pas clairement distingué du domaine public. Quand l'entreprise royale des Forges de Saint-Maurice fait faillite, son directeur, bien que nommé par l'intendant et exempt de malhonnêteté

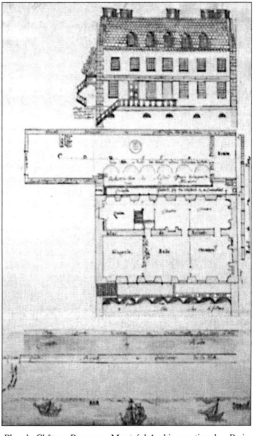

Plan du Château Ramesay, Montréal Archives nationales, Paris.

et de malversations, est pourtant tenu personnellement responsable et doit en acquitter les dettes. Il en est de même pour les postes de trésorier général de la Marine ou de directeur du Domaine d'Occident chargé l'un de distribuer la solde des soldats, l'autre de percevoir les droits casuels et douaniers. C'est à un point tel, que le statut ou le prestige social semble tenir moins à la fortune personnelle qu'à un poste donnant accès à la gestion de l'argent public. Ainsi statut social, poste administratif et faveur politique vont de pair dans ce réseau élitiste de la vie collective et coloniale.

a. L'autorité politique

Les autorités administratives, en particulier l'intendant et jusqu'à un certain point le gouverneur, détiennent le pouvoir réel dans la colonie : pouvoir de dépenser, mais dans les limites fixées par le ministre de la Marine en France ; pouvoir de rendre justice, surtout par l'intermédiaire des tribunaux, même si l'intendant peut évoquer n'importe quelle cause par devers lui ; pouvoir d'accorder des permis pour la traite, de concéder des seigneuries, de recommander des gratifications et de nommer à des postes. Tel est le vrai pouvoir : celui de recommander. Et le ministre responsable des colonies suit habituellement ces recommandations. Ainsi l'intendant et le gouverneur, par les faveurs qu'ils accordent, se forment un petit groupe de courtisans fidèles mais dépendants. Aussi, chaque changement d'intendant s'accompagne d'un déplacement des personnes en poste. Aucun groupe n'a le temps de consolider ses assises. L'État, principal client et principal fournisseur, dispensateur des titres, des postes et des promotions, jouit de pouvoirs absolus. Ses administrateurs coloniaux s'entourent d'amis et, souvent, utilisent le système à leur profit. Le politique l'emporte sur le religieux et le social.

Le sort réservé au petit peuple dans ce régime absolutiste ne paraît pas dramatique bien que les espoirs d'enrichissement ou d'amélioration de statut soient assez faibles. Les assemblées représentatives, relativement rares, réunissent, sous la seule volonté des autorités et à l'occasion seulement, les notables de la colonie. Par contre, l'habitant peut se faire entendre facilement des autorités ou de ceux qui gèrent une partie du pouvoir. Que de requêtes de simples habitants adressées directement à l'intendant, pour obtenir justice, faire reconnaître un droit, demander un chemin ou obtenir une faveur ! À la condition de respecter la hiérarchie, l'accès aux autorités de la colonie demeure à la portée des petites gens.

b. Le domaine juridique

Haute justice : en Nouvelle-France, la haute justice qui confère le droit d'engager des procédures criminelles est du ressort du Conseil souverain de Québec. Au XVIIIe siècle, le droit de former une cour de justice seigneuriale est limité à la basse et moyenne justice, les autorités se réservant le droit d'approuver le choix des officiers. Peu de seigneurs se prévalent de ce droit justice de faible rapport.

L'administration de la justice, qui se fait conformément à la Coutume de Paris, est très structurée : des cours seigneuriales, en passant par les justices royales (bailliage, prévôté, etc.) établies dans chaque gouvernement, jusqu'aux conseils supérieurs que l'on trouve à Québec, à Louisbourg et en Louisiane. Depuis la fin du XVIIe siècle toutefois, les cours seigneuriales n'ont plus le droit de haute justice*. Et finalement, compte tenu des coûts inhérents à son fonctionnement, seuls quelques seigneurs ont maintenu une cour seigneuriale.

À quelque niveau que ce soit, les juges sont nommés par l'intendant ou, sur sa recommandation, par le roi. La majorité

L'amende honorable (Estampe). Paul Lacroix, *XVIIIe siècle. Institutions, usages et costumes. France, 1700-1789*, 1885, p. 308.

d'entre eux sont nés en France, mais font partie de l'élite coloniale. En général, les juges furent assez compétents et impartiaux. Il y eut bien quelques plaintes de concussion, mais les dénonciations eurent rarement de suite. De fait, tout officier de justice devait refuser les causes dans lesquelles des parents ou des associés étaient impliqués.

Depuis les années 1670, la justice est dite bonne, loyale, rapide et gratuite, sans distinction de classe, de titre ou de groupe. Théoriquement accessible à tous, mais en fait pour des raisons de commodité, d'éloignement, de coût, 85 % des gens qui ont recours à la justice sont des urbains. De même si la justice est théoriquement gratuite, elle coûte néanmoins, car les dépens* sont assez élevés. Le perdant d'un procès doit débourser l'équivalent de un à trois jours de travail pour défrayer les dépenses de l'appareil judiciaire et de la personne qu'il a entraînée en cour. Tout jugement peut faire l'objet d'un appel devant un tribunal supérieur, mais celui qui s'entêterait sans raison risquerait une amende pour « fol appel ».

L'accès à la justice paraît facile. Sur présentation d'une requête écrite, l'appareil judiciaire se met en branle pour régler les différends, en général sans délai. Il arrive cependant que des causes de succession s'étirent sur plusieurs années. En l'absence d'avocats, « cette race d'interminables plaideurs » aux yeux du roi et, pour cette raison, interdite en Nouvelle-France, plusieurs

Dépens : la justice en Nouvelle-France est dite « bonne, loyale et gratuite ». Mais, si une personne a introduit une instance qui ne se justifiait pas ou si elle a a perdu son procès, la cour peut réclamer le remboursement de la « vacation » des officiers et des frais de déplacement, de séjour de l'autre partie ou des témoins. Ces frais varient de 1 ou 2 livres à plus de 150 livres, une livre équivalant à près d'une journée de travail.

personnes se sont dites « praticiens ». Pourvues d'une procuration leur accordant le pouvoir de représenter un individu pour débattre un litige, elles faisaient pratiquement office d'avocat, sans en avoir le titre. Chacun, dans les limites de son statut juridique peut « ester en justice ». L'homme qui détient les pouvoirs dans la famille agit en général pour le couple et parfois se fait représenter, par un praticien, un associé, ou un membre de sa famille, dont sa femme. Elles y sont fréquemment mentionnées (40 % des causes). Mariées, veuves ou remariées, elles se présentent, à titre personnel, seule ou avec leur mari, ou encore comme procuratrice de leur mari dans 15 % des cas. On a écrit que les habitants de la Nouvelle-France se présentaient en cour pour tout et pour rien. En fait, les dépens semblent avoir tempéré les esprits procéduriers. Les litiges les plus fréquents portent, dans l'ordre, sur les transactions financières, la propriété foncière, le commerce, l'héritage et le travail des artisans.

La justice criminelle reflète des changements sociaux importants. De violent et spontané au XVIIe siècle, le crime devient plutôt réfléchi et subversif au XVIIIe siècle. On ternit une réputation, on subtilise, on triche sur la quantité et la qualité. Alors que la population triple en nombre, la proportion de crimes contre les mœurs, elle, diminue de moitié, signe d'un comportement plus conforme aux règles ou, à l'inverse, d'une tolérance plus grande. Comme en France, cette justice est à la fois exemplaire — par la sévérité des sentences — et paternaliste, par les adoucissements que les juges de dernière instance apportent aux châtiments prévus. Au total, le nombre de procès criminels reste limité, de l'ordre de 1 pour 1 000 à 1 500 personnes, soit pratiquement deux fois moins qu'en France. Le nombre moyen de procès civils atteint à peine la vingtaine pour 1 000 personnes. Cette proportion de litiges ne peut s'expliquer par une simple faiblesse d'organisation. Il est loisible de croire que des tensions sociales moins fortes qu'en France, un milieu plus tolérant, peut-être associé à des conditions de vie moins difficiles, expliquent ces rapports distants avec l'appareil judiciaire.

c. Les services professionnels

Au XVIIIe siècle, on assiste à deux transformations principales dans le monde des professions libérales. Si l'essentiel de ces services demeure urbain, on trouve fréquemment un chirurgien et un notaire dans les plus grosses paroisses rurales. On constate également une amorce de spécialisation ou une amélioration des compétences dans la pratique de ces professions.

Quelques médecins de renom, venus de France, œuvrent dans les hôpitaux. En 1749, l'intendant décrète par ordonnance la séparation des fonctions de barbier et de chirurgien. Chez ces derniers d'ailleurs, on peut distinguer deux catégories : les uns semblent tout juste savoir pratiquer des saignées ; les autres soignent les blessures par accident autant que les maladies, et participent aux accouchements avec la sage-femme. De même, si des notaires se contentent de préparer des contrats de mariage et des actes de concession ou de vente de terre, laissant d'ailleurs l'impression qu'ils plagient un modèle, d'autres se distinguent par le nombre et la variété des actes qu'ils élaborent. Une certaine hiérarchisation de la qualité des services professionnels commence à se profiler. Dans la même perspective, les marchands coloniaux se tournent davantage vers le négoce. La lutte qu'ils entreprennent contre les marchands forains illustre l'effort d'emprise sur le milieu colonial.

Michel Sarrazin (1659-1734), chirurgien, médecin et naturaliste. Musée de l'Île Ste-Hélène, Montréal.

Les membres des professions libérales vivent assez chichement de l'exercice de leur profession. Il n'est pas rare qu'un chirurgien se fasse apothicaire ou marchand général, outre la culture d'un lopin de terre et l'élevage de quelques animaux. La plupart des notaires cumulent plusieurs fonctions, comme greffier, huissier ou praticien dans une cour de justice, quand ils ne sont pas en plus commerçant. Que de fonctionnaires et d'administrateurs accusés de s'immiscer plus ou moins légalement dans les affaires de commerce !

Les services professionnels sont accessibles à tous, mais ils semblent relativement coûteux. Les notaires mis à part, les professionnels doivent parfois réclamer pendant longtemps le paiement de leurs honoraires. Si l'hospitalisation, réservée aux pauvres, est gratuite, on ne peut en dire autant de l'éducation. Les services des médecins ou chirurgiens et des notaires, pour coûteux qu'ils soient, sont quasi essentiels. L'on n'hésite pas à se faire soigner, car, comme le montrent les registres d'hospitalisation, 95 % des gens hospitalisés sortent guéris de l'hôpital. D'un autre côté, 80 % des gens qui se marient passent un contrat de mariage devant le notaire. Ils y font consigner leurs droits éventuels dans une communauté de biens.

d. Le domaine économique

Le XVIIIe siècle est marqué par une recrudescence des activités d'échanges. On assiste à une multiplication des « coureurs de côtes », ces marchands ambulants qui approvisionnent la campagne en produits ouvrés et qui vendent à la ville les surplus agricoles de la campagne. Regroupés en une assemblée des négociants* à compter de 1717, ils peuvent faire entendre leurs doléances par le biais du syndic qui les représente. Ils s'opposeront par exemple aux multiples défenses d'exporter des denrées hors de la colonie. Mais pour les petites gens, le troc de biens et de services demeure le meilleur et le plus fréquent moyen de se procurer quelques maigres biens essentiels. Au-delà de l'essentiel, ces gens possèdent peu de biens et ils en prennent le plus grand soin et les font durer tant qu'ils le peuvent.

Les autres services que l'on trouve à la ville ont surtout trait à la pratique d'un métier, un exercice qui n'est pas assujetti à des règles corporatistes, bien que, dans certains cas, il ait fallu prouver ses compétences. L'artisan fabrique son produit du début à la fin. Il est propriétaire de ses outils. Il connaît son client. Il travaille pour lui directement. Il suit son produit et, le cas échéant, fait les correctifs ou les réparations qui s'imposent.

La pratique d'un métier au XVIIIe siècle se caractérise par une moins grande mobilité professionnelle et géographique qu'au siècle précédent. Les artisans ont tendance à se découper un territoire de pratique qu'ils ne quittent pas et ils ne se tournent vers d'autres occupations que pour faire face à des nécessités impératives. Mais les besoins du marché demeurent imprévisibles.

Le statut social d'un homme de métier varie selon sa compétence, mais encore plus selon qu'il habite à la ville ou à la campagne. À la ville, il jouit d'un statut propre à un groupe : ses confrères avec lesquels il est en concurrence. À la campagne, il est unique et complémentaire des autres gens de métier.

3. Le domaine religieux

Les liens qui unissent l'Église à l'État assurent à la religion une place indiscutée dans l'organisation générale de la vie. Les membres de la « religion prétendue réformée » n'ont pour alternative que d'abjurer ou de se faire oublier. Privés de ministres, interdits de culte, aussi bien en public qu'en privé, complètement isolés, ils subissent quelques dénonciations de la part de l'évêque de la Nouvelle-France. Mais l'autorité politique tolère

Assemblée des négociants : absolutisme et droits des sujets sont incompatibles. Le gouverneur Frontenac est sévèrement blâmé pour avoir réuni ce qu'il appelle les États généraux de notables. Les autorités peuvent cependant consulter des groupes de population : notables pour la construction de fortifications, bouchers ou boulangers pour la fixation des prix des denrées alimentaires. En 1717, l'intendant crée l'assemblée des négociants : sous la présidence d'un syndic, elle se réunit une fois par semaine et peut faire valoir l'opinion des commerçants auprès des autorités, voire exprimer des griefs et remontrances.

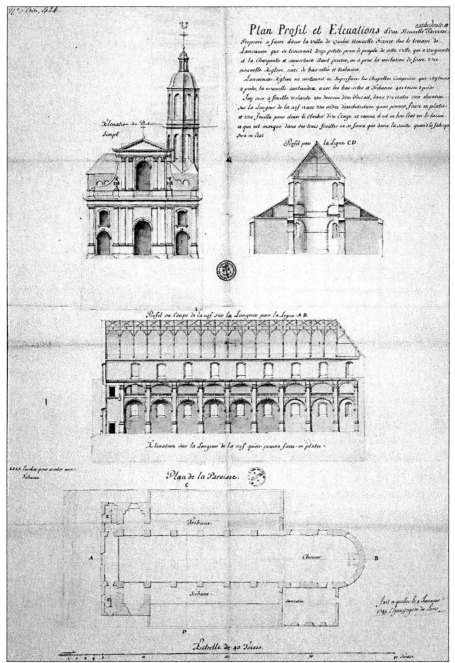

Plan profil et élévations d'une nouvelle cathédrale... par Gaspard-Joseph Chaussegros de Léry, 1745. Archives nationales, Paris, Section Outre-Mer, Dépôt des fortifications des colonies, Amérique septentrionale, 424 A.

cette minorité qui ne présente, à ses yeux, aucune menace pour la collectivité et, souvent, jouit d'un certain prestige économique. Les pratiques superstitieuses n'ont pas non plus présenté de danger pour le pouvoir ou les croyances de l'Église catholique. Différence notable enfin d'avec la mère patrie, seuls quelques cas de sorcellerie sont connus et ils n'ont jamais donné lieu à des procès spectaculaires ou eu de retentissement. Il ne faudrait pas croire pour autant que les croyances et coutumes religieuses ne s'accompagnaient pas de quelques pratiques un peu moins acceptées. Le folklore francophone d'Amérique est trop riche de proverbes, dictons et légendes référant au diable, aux feux follets*, aux « jeteux de sorts », aux pratiques divinatoires pour imaginer une population insensible aux croyances populaires de son époque. Mais la menace était si ténue que l'évêque se contenta de recommander l'attachement à des dévotions approuvées par l'Église, tandis que les curés n'hésitaient pas à célébrer des messes pour éloigner les sauterelles ou appeler la pluie.

En ce pays de mission, l'encadrement religieux est étroit et rigoureux. Tout indique que la vie religieuse correspond de près au prescrit. Par le catéchisme, par la multiplication des paroisses et des confréries, par l'exemple du clergé, la religion s'incarne dans le quotidien. Presque tous les écoliers sont inscrits dans des confréries. Les adultes sont instamment invités à entrer dans les confréries de Sainte-Anne et du Rosaire, implantées dans une majorité de paroisses. L'Église tente ainsi de faire de l'élite sociale une élite morale qui donnerait le ton et l'exemple.

Vue de l'église et du collège des jésuites (1761) par Richar Short (connu 1759-1761). Archives publiques du Canada, Ottawa : Division de l'iconographie (nég. n°C-354).

Comme en France cependant, on constate un vieillissement et une féminisation des associations dévotes. Les aumônes, les messes, les intentions de prière, les legs pieux demeurent relativement nombreux. Dans l'évaluation de la religion pratiquée en Nouvelle-France, la grande question réside dans l'intensité des pratiques de dévotion plutôt que dans les menaces sur le dogme. Au XVIIIe siècle, la paroisse prend toute son importance. Elle devient le lieu communautaire le plus important dans le monde rural. Elle fournit la principale occasion de rencontre des paroissiens. Elle devient une ligne de force de la société canadienne. Elle s'est perpétuée jusqu'au XXe siècle et on en a fait un mythe.

4. Le monde rural

L'accroissement de la population, l'ancienneté de l'exploitation et l'augmentation de la production confèrent à la terre une valeur nouvelle. Cela amène certains seigneurs à tenter d'accroître leurs exigences, en augmentant les redevances qui leur sont dues : on élève un peu les taux de rentes, on réclame sa

La paroisse de Deschambault (1765) et son aspect bucolique. British Library K. Top. CXIX 43-47, K53144.

part des grains battus au moulin et on ajoute le droit de corvée qui varie d'une à trois journées par année.

En fait tout ce qui se produit de nouveau s'explique par les effets combinés de l'augmentation de la population et du développement de la colonisation. Outre les stratégies d'établissement des enfants, on tente de rentabiliser la production. Les terres, exploitées depuis plus longtemps ou avec plus de soin, produisent régulièrement des surplus. On estime que 20 % des agriculteurs produisent des surplus. Ceux qui profitent le plus de ces surplus sont le seigneur par la perception des droits sur la transformation du blé en farine et le curé par la perception de la dîme, ainsi que le marchand, coureur de côte ou meunier, disposant de denrées d'échange. La terre défrichée acquiert donc une valeur nouvelle, parce qu'il existe un marché urbain auquel s'ajoute un marché d'exportation vers Louisbourg et les Antilles notamment.

Près du tiers des seigneurs s'arrange pour faire réunir à leur domaine les terres concédées qui ne sont pas mises en culture ou dont le censitaire ne tient pas «feu et lieu». On fait faire des fossés, on oblige les voisins à donner le découvert* et à éliminer les chardons. Le seigneur réclame les titres et redevances. On cherche à installer les enfants dans la profondeur. On réclame des additions à la concession. On demande des chemins. Le meunier devient le chef d'une petite entreprise au profit du seigneur. La seigneurie, comme la paroisse, prend une valeur nouvelle et les stratégies sociales s'y resserrent. Les seigneurs réclament le «mai*», le banc à l'église, l'inhumation dans celle-ci, la préséance pour offrir le pain bénit et dans les processions. Ils disputent au capitaine de milice le pouvoir local bien qu'en général, ils fassent alliance entre eux par le mariage de leurs enfants.

L'éloignement et l'isolement relatif, l'immensité du territoire, la nouveauté des espèces d'arbres et de poissons, l'abondance des ressources naturelles, l'envergure des voies de communication, les glaces, la neige, et l'hiver ont frappé l'ima-

Donner le découvert : on dit également «déserter». L'habitant gagne ses champs en défrichant la forêt. Mais si ses voisins ne défrichent pas, les arbres privent ses cultures d'ensoleillement et laissent la neige s'accumuler. Il est d'autant plus important d'éliminer les arbres que la saison végétative est courte, environ 120 jours dans la région de Québec.

Plantation du mai : les habitants plantent un tronc d'arbre majestueux devant la demeure du seigneur. Ils ne conservent qu'une touffe de branches à la cîme, qu'ils se plaisent à noircir à coups de fusil. Remontant au Moyen Age, cette coutume, traduit aussi bien la liberté des habitants que l'acceptation de leur dépendance envers le chef civil de la communauté.

Planting the "Mai". On the first of May the habitants erected a tree decked with ribbons before the house of the seigneur or the captain of militia.

La plantation du « Mai » par Jefferys. Archives nationales du Canada, Ottawa.

gination des Français. Les activités maritimes ou les déplacements en canot sur les rivières, ont perpétué le mythe de l'Eldorado : la recherche du passage direct vers la mer de l'Ouest pour se rendre à Cathay s'est poursuivie, sans fléchir dans l'imaginaire, comme sans réponse dans la réalité. Mais, plus encore que ce mythe séculaire, plus aussi que cette nature nouvelle, la « grande sauvagerie » s'est imposée comme un espace définisseur d'une nouvelle culture.

La vie dans les bois a favorisé l'adoption d'un nouveau style de vie, jusque-là inconnu ou étranger. Chacun, pour ainsi dire, devait faire reculer la forêt pour participer à la marche du peuplement et assurer le progrès de la colonisation. La forêt est un espace sauvage à apprivoiser et à domestiquer. La vie s'y déroule loin des contrôles administratifs et religieux, dans une liberté et une proximité avec les Amérindiens que les autorités de la colonie redoutent. Elle emprunte aux autochtones ses moyens de survie et de déplacement, peut-être aussi certains traits de mentalité. Ce monde amérindien a séduit, autant qu'il a

« *Sur les plaintes qui nous furent faites par le sieur Étienne Charest, seigneur de la Côte de Lauzon, que plusieurs particuliers, à qui il avait concédé, depuis quelques années, des terres dans sa dite seigneurie, n'y tenaient point feu et lieu et ne les mettaient point en valeur (...).*

Nous, en vertu du pouvoir à nous donné par Sa Majesté et en exécution du dit arrêt du conseil d'état du roi, du six juillet, mil sept cent onze, avons déclaré tous les dits particuliers ci-dessus (...) bien et dûment déchus de toute propriété des dites terres à eux concédées et situées en la dite seigneurie de Lauzon faute par eux d'y avoir tenu feu et lieu, de les avoir habitées et fait valoir dans le tems ordonné (...). »

Ordonnance portant réunion de plusieurs terres au domaine de la Seigneurie de Lauzon, faute par les Habitans d'avoir tenu feu et lieu sur icelles ; du 30ᵉ. mars fait peur parfois. Il est resté très largement incompris malgré la fascination qu'il a exercée sur les esprits. Croyances, rites et traditions amérindiens n'ont pas toujours été vus d'un bon œil, ou ont été appréciés à travers une lorgnette catholique, « civilisée », ethnocentriste. Ami ou ennemi, religieux ou non, avec ou sans âme, bon ou mauvais, guerrier ou pacifiste, primitif, au sens de non civilisé ou à l'inverse au sens de pureté originelle et de vie en harmonie avec la nature, l'Amérindien, sa civilisation et son mode de vie, ont captivé l'imaginaire français. Néanmoins, le monde amérindien est resté un monde à part.

Les institutions françaises ont également favorisé la création d'espaces culturels symboliques : lieux de pouvoir, comme les palais du gouverneur et de l'intendant, d'autorité comme la maison du directeur des Forges du Saint-Maurice et les manoirs seigneuriaux, de culture et de service comme les édifices conventuels, de rassemblement comme l'église paroissiale.

La masse populaire avait également ses lieux privilégiés et symboliques : les places où l'on exécutait les sentences et où on appliquait les châtiments, pendaison, écartèlement, mise au pilori, etc. Les cabarets, du moins à la ville, avaient une clientèle assidue. On y jouait au billard et aux cartes. Les noces et les veillées en familles réunissaient la parenté. La fête du patron de la paroisse, de sainte Anne, du solstice d'été, les journées de corvées pour aider un voisin ou participer à une entreprise collective faisaient partie des mœurs canadiennes.

Un billard royal. Bibliothèque nationale, Estampes, Paris.

Chapitre 13

La Nouvelle-France :
fin et régénérescence

1. Les enjeux de la guerre

Les opérations politiques et militaires qui aboutissent à la cession de la Nouvelle-France à l'Angleterre ont suscité, au Canada, beaucoup de travaux historiques et presque autant d'interprétations et de débats, souvent passionnés. On a d'abord cherché des traîtres. On a insisté sur l'avidité et l'ignominie des vainqueurs qui avaient déporté les Acadiens. Puis, chez les vaincus, on a accusé des généraux d'incompétence, des administrateurs de malhonnêtetés coûteuses, et les deux d'une mesquine et coupable mésentente. On a reproché à la France de ne pas avoir suffisamment aidé la Nouvelle-France, d'avoir mesuré son effort de guerre et finalement d'avoir abandonné ses colonies d'Amérique. Français et descendants de Français devaient trouver des coupables pour accepter la défaite.

La reddition de Québec en septembre 1759, au lendemain de la bataille des plaines d'Abraham, suivie du traité de Paris qui, en 1763, cédait la Nouvelle-France à l'Angleterre, ont symbolisé l'échec de l'entreprise française en Amérique du Nord. On a décrit avec minutie les incidents, les raids, la construction et la reddition de forts, les batailles livrées, le comportement des troupes régulières et celui des milices. On a étudié et soupesé la valeur des stratégies militaires employées. C'est dire le traumatisme causé par la défaite. Le nom même sous lequel il fallait désigner ces événements a suscité des oppositions : guerre de Sept Ans, voire guerre d'Empire pour désigner la défaite de la France aux mains de l'Angleterre ; conflit colonial pour insister sur les intérêts économiques qui constituent l'enjeu primordial des habitants de ces colonies, guerre de Conquête pour évoquer plus largement le succès ou l'échec des entreprises de colonisation en Amérique et, partant, les effets de ce bouleversement géopolitique.

Aux dires de l'un, la Conquête n'est pas seulement une défaite militaire, politique, économique, sociale, religieuse ou ethnique, elle est tout cela ensemble et à la fois. Au lendemain du conflit, il reste des Canadiens sans Canada. Une société à hauteur d'homme était décapitée. Coupée de ses liens avec la mère patrie, elle ne devait plus compter que sur sa résistance, ses qualités et les institutions léguées par la France pour assurer sa survie. Pour d'autres, ces épisodes guerriers ne modifient pas en profondeur la vie dans cet espace colonial. L'économie, après avoir subi les aléas de la guerre, reprend un rythme régulier. La structure de la société, malgré la perte de quelques centaines de personnes membres de l'élite, ne change pas ; dans l'administration de la colonie, par exemple, des Européens ont remplacé d'autres Européens. Enfin, à côté de ceux qui ont considéré la conquête comme une catastrophe ou un cataclysme, il y a ceux qui y ont vu la bonté de la Providence ayant permis d'échapper aux fléaux encore plus terribles qui ont accompagné la Révolution française.

Un petit point sur une carte : les plaines d'Abraham sur les hauteurs de Québec ; un moment dans le temps : une salve de fusil dans la matinée du 13 septembre 1759 ; deux généraux morts au champ d'honneur, et « c'en était fait » de la présence française en Amérique du Nord. Du moins, c'est à ces éléments symboliques que la mémoire collective québécoise ramène les multiples épisodes d'une lutte séculaire qui opposa entre elles les métropoles anglaise et française ainsi que leurs colonies, dans une foule de conflits dispersés sur l'ensemble des territoires coloniaux formant leur empire respectif.

Tout au long des XVIIe et XVIIIe siècles, la France et l'Angleterre rivalisèrent et luttèrent pour s'assurer l'hégémonie en Europe aussi bien qu'aux Indes, dans les Indes orientales comme dans les Indes occidentales, c'est-à-dire l'Amérique du Nord. Le traité d'Utrecht qui mit fin à la guerre de Succession

Vue de Louisbourg prise du fanal durant le dernier siège en 1758 par le Capitaine Ince.
Archives publiques du Canada, Ottawa, Division de l'iconographie (nég. n° C-5907).

d'Espagne en 1713 entama fortement les possessions françaises en Amérique. De toutes parts, en cédant aux Anglais à l'Est la Nouvelle-Écosse, au Nord la baie d'Hudson, au centre la suprématie sur les Iroquois et, partant, l'accès tant aux Grands Lacs qu'à la vallée du Mississippi, la menace d'encerclement de l'Amérique par les Français était écartée et des brèches étaient ouvertes partout.

Dorénavant, la majeure partie des Acadiens vivaient sur un territoire conquis. Même la puissante forteresse de Louisbourg construite pour réparer les dégâts de 1713 ne résista pas et passa pour quelque temps sous domination anglaise entre 1745 et 1748. Les Terre-Neuviens étaient confinés sur le littoral. Le centre du continent était disputé et la route vers la Louisiane menacée. Des escarmouches se produisaient un peu partout, souvent par l'intermédiaire d'Amérindiens alliés. Les richesses du territoire, poisson, terres et fourrures, suscitaient l'envie des colons.

Gravure de la chute de Louisbourg en 1755. Archives publiques du Canada ; J. June et L. Boitard.

Vallée de l'Ohio : enjeu stratégique majeur pendant la guerre de Sept Ans. La vallée permet aux Français de relier les Grands Lacs à la Louisiane et aux coureurs des bois britanniques d'avoir accès au bassin des fourrures des Grands Lacs. Les britanniques s'y approprient des terres fertiles. Les Français et anglais construisent alors des forts.

Villiers de Jumonville

Joseph Coulon de, (1718-1754). Comme ses cinq frères, il est officier de marine. En 1754, il est envoyé en ambassade par le commandant du fort Duquesne pour sommer les Britanniques de se retirer des terres de la vallée de l'Ohio. Il meurt à la tête de son détachement lors d'une attaque commandée par George Washington.

Lawrence

Charles, (1709-1760). Arrivé en Acadie en 1749, cet officier prend, en Nouvelle-Écosse, le commandement d'une compagnie, chargée de favoriser l'installation des Britanniques et de les protéger contre les Acadiens et leurs alliés amérindiens. Après avoir établi la ville de Halifax en 1753, il décide la déportation des Acadiens. En 1756, il est nommé gouverneur de la Nouvelle-Écosse.

Le déclenchement des hostilités en Amérique du Nord découle de ces enjeux économiques. C'est en voulant ériger un fort dans la vallée de l'Ohio* qu'un commandant français, Jumonville, fut tué en juillet 1754. En juin 1755, les forts français de Beauséjour et Gaspareau tombent aux mains des troupes de la Nouvelle-Angleterre. Les Acadiens se trouvaient privés de leurs points de liaison avec les autres colonies. À la fin de l'été, le gouverneur Charles Lawrence décide de régler une fois pour toute le problème acadien. 6 000 à 7 000 Acadiens sont déportés cette année-là et l'opération de ratissage se poursuivra jusqu'en 1762, de nouveaux colons britanniques s'emparant des meilleures terres. En 1755, le feu est mis aux poudres et le brasier s'enflamme à la grandeur de l'Amérique, en même temps qu'il s'étend en Europe.

La situation géopolitique en Europe était précaire, car les traités de paix, qui n'avaient rien réglé, avaient en outre suscité du mécontentement. La rivalité austro-prussienne en Allemagne et la rivalité franco-anglaise sur mer et dans les colonies menacent à tout moment la paix. D'ailleurs, les actes de piraterie se multiplient de part et d'autre. Puis, on assiste à un renversement d'alliance brutal, la Prusse se réconciliant avec l'Angleterre pour le partage des possessions en Allemagne par le traité de Westminster en janvier 1756, le traité de Versailles scellant l'alliance de la France et de l'Autriche en février suivant. Dès lors se forment des coalitions qui intègrent les Provinces-Unies, la Suède, la Russie et les États allemands. La guerre devient générale et se déroule sur plusieurs fronts en Europe. Et les colonies d'Amérique deviennent l'un des enjeux les plus importants. Ainsi, les conflits coloniaux, englobés dans la guerre de Sept Ans, la transforment-elle en une guerre d'Empire et une guerre de Conquête.

La *New York* Gazette, dans son numéro du 25 août 1755, et la *Pennsylvania Gazette*, dans son numéro du 4 septembre, publiaient la communication suivante, datée de Halifax, le 9 août 1755.

« *Nous formons actuellement le noble et grand projet de chasser de cette province les Français neutres qui ont toujours été nos ennemis secrets et ont encouragé nos sauvages à nous couper la gorge. Si nous pouvons réussir à les expulser, cet exploit sera le plus grand qu'aient accompli les Anglais en Amérique, car au dire de tous, dans la partie de la province que ces Français habitent, se trouvent les meilleures terres du monde. Nous pourrions ensuite mettre à leurs places de bons fermiers anglais, et nous verrions bientôt une abondance de produits agricoles dans cette province.* »

L'Angleterre développe une politique impériale. Sous l'autorité du premier ministre William Pitt, elle adopte un plan à la fois politique, financier et militaire. Elle intensifie son effort de guerre au maximum. Grâce à son allié Frédéric II de Prusse, elle occupe la France en Europe et accentue sa pression sur les colonies en profitant de l'intérêt des coloniaux des treize colonies britanniques pour les riches territoires du Nord. Dans cette lutte maritime et coloniale, l'Angleterre peut aligner quatre fois plus de vaisseaux et cinq fois plus d'hommes que la France. Au surplus, William Pitt obtint du Parlement des crédits, 25 fois supérieurs à ceux consentis par la France, pour entreprendre une guerre offensive. Ainsi pourvu, il pouvait espérer satisfaire les volontés impérialistes britanniques.

Les moyens et les effectifs militaires que l'on peut aligner de part et d'autre en Amérique du Nord ne constituent cependant qu'un faible reflet du rapport des forces en présence. On estime à plus de deux millions de personnes la population des treize colonies américaines en regard des quelque 60 000 habitants qui occupent la vallée du Saint-Laurent et d'une dizaine de milliers d'autres disséminés entre Terre-Neuve, l'Acadie, Détroit, les Illinois et jusqu'en Louisiane. Au total, un territoire immense, difficile à protéger, un peuplement de très faible densité, des ressources naturelles en abondance, mais encore peu exploitées, font face à des colonies densément peuplées, regroupées sur un territoire restreint qu'elles voudraient élargir et jouissant d'une économie diversifiée et dynamique.

Les plans de campagne britanniques prévoyaient encore l'invasion du Canada par les voies traditionnelles. Une puissante flotte, après s'être emparée de Louisbourg, remonterait le Saint-Laurent pour assiéger Québec. Une partie des troupes coloniales américaines, regroupées au Sud du lac Champlain se lancerait vers Montréal après avoir culbuté les forts français qui barraient la route. Enfin, un autre contingent occuperait la vallée de l'Ohio, s'emparerait des voies de communication vers les Grands Lacs et la Louisiane et bloquerait Montréal par l'Ouest.

Les opérations militaires se déroulèrent en deux temps principaux. Jusqu'en 1758, les troupes françaises placées sous les ordres du gouverneur Vaudreuil se portèrent à l'attaque. Elles livrèrent une guerre de raids et d'escarmouches et

Sir Pitt

William, (1708-1778). Premier comte de Chatham, champion du nationalisme anglais, il est élu député dès 1735. Premier ministre et ministre de la guerre en 1756, au début de la guerre de Sept Ans, il subordonne la guerre européenne au conflit colonial. Il fonde la puissance de l'Angleterre sur la possession d'un empire colonial. Il noue des alliance en Europe et entreprend de lourdes opérations militaires. Dès 1760, l'Angleterre victorieuse en Inde et en Amérique rétablit sa puissance.

Frédéric II de Prusse

(1712-1786). Pour centrer la France sur l'Europe et avoir le champ libre dans les colonies, l'Angleterre signe un traité avec Frédéric II qui s'engage à maintenir 55 000 hommes sous les drapeaux moyennant un subside annuel de 670 000 livres sterling.

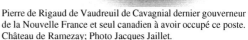

Pierre de Rigaud de Vaudreuil de Cavagnial dernier gouverneur de la Nouvelle France et seul canadien à avoir occupé ce poste. Château de Ramezay; Photo Jacques Jaillet.

Montcalm

Louis-Joseph de, (1712-1759). Le marquis de Montcalm appartient à la noblesse de robe. Enseigne à 9 ans, capitaine à 17, il combat en Rhénanie (1733-35), en Italie (1743-1746). En 1755, il est nommé commandant des troupes d'Amérique, sous les ordres du gouverneur de la Nouvelle-France, Rigaud de Vaudreuil. En 1758, nommé lieutenant-général, il dirige les opérations militaires. Il s'oppose au gouverneur sur la stratégie à adopter et sur la valeur des forces en présence. En septembre 1759, il est contraint de livrer une bataille rangée sur les hauteurs d'Abraham et meurt des suites de ses blessures.

Amherst

Jeffrey, (1717-1797). Ce militaire de carrière sert en Allemagne (1743), en Belgique (1745) où il devient capitaine, puis encore en Allemagne (1756-1757) comme officier d'état-major. La nomination de Ligonier (dont il avait été l'aide de camp) comme commandant en chef des armées britanniques lui vaut de diriger les attaques contre Louisbourg, Québec et Montréal en 1758, 1759 et 1760, puis contre la Dominique, la Martinique et La Havane en 1761 et 1762. Ses succès militaires lui valent honneurs et titres, mais il refuse de revenir en Amérique.

Traité de Paris : il est signé le 10 février 1763 par la France, l'Angleterre, l'Espagne et le Portugal.

remportèrent plusieurs succès militaires. Par la suite, le marquis de Montcalm, nommé commandant en chef des troupes, opta pour un repli et une stratégie défensive. Ce fut l'effondrement. Sur tous les fronts, les forts tombent les uns après les autres. Après la prise de Québec, c'est au tour des Français d'assiéger Québec au printemps de 1760. Mais en mai, la flotte qui remonte le Saint-Laurent bat pavillon anglais. En septembre, l'armée anglaise rejoint les troupes coloniales britanniques devant Montréal. Privé de secours, sans espoir de redressement, le gouverneur de la Nouvelle-France signe la capitulation générale de la colonie le 8 septembre 1760.

À Québec, les généraux anglais accordent aux militaires les honneurs de la guerre et aux habitants la possession de leurs biens et la liberté de culte pour les catholiques. L'Angleterre avait atteint son objectif : déloger les Français d'Amérique pour assurer son empire commercial et son hégémonie sur le monde occidental. À Montréal, le général Jeffrey Amherst, plus sensible aux intérêts des colonies britanniques fut moins généreux. Les habitants pouvaient garder la jouissance et la disposition de leurs biens. Chacun était libre de retourner en France ou de demeurer dans la colonie. Mais il refusa aux troupes les honneurs de la guerre et il assujettit la pratique religieuse à la volonté du roi.

Après 1760, tous les pays, lourdement touchés par l'effort de guerre cherchent à rétablir la paix. En Europe, le « statu quo ante » est à peu près rétabli. Par contre, les défaites essuyées en territoire Nord-américain pesèrent lourd dans les résultats des négociations de paix qui aboutirent au traité de Paris* de 1763 par lequel la Nouvelle-France était cédée à l'Angleterre. En Europe, les conflits avaient laissé la France dans une situation financière désastreuse, mais elle avait finalement réussi à protéger son territoire. En Amérique, elle eut à choisir entre les Antilles et la Nouvelle-France. Elle opta pour les îles ensoleillées, au climat chaud et productrices de sucre et de café. Elle ne conserva que deux petites îles au Sud de Terre-Neuve et la Louisiane occidentale immédiatement cédée à l'Espagne.

La capitulation de Québec (1759)

Art.2

Que les Habitans soient conservés dans la possession de leurs Maisons, biens & effets & privilèges.

Art.3

Que lesd. Habitans ne pourront être recherchés pour avoir porté les armes à la défense de la ville, attendu qu'ils y ont été forcés, & que les habitans des Colonies des deux Couronnes y servent également comme Milices.

Art. 4

Qu'il ne sera pas touché aux effets des officiers & Habitans absens.

Art. 5

Que lesd. Habitans ne seront point transférés ni tenus de quitter leurs maisons jusqu'a ce qu'un traité définitif entre Sa M.T.C. [Sa Majesté Très-Chrétienne] & S.M.B. [Sa Majesté Britannique] ait réglé leur état.

Art. 6

Libre exercice de la Religion Romaine ; sauvegardes accordées à toutes personnes religieuses ainsi qu'à Mr. L'Evêque qui pourra venir exercer librement & avec décence les fonctions de son Etat lorsqu'il le jugera à propos, jusqu'à ce que la possession du Canada ait été decidée entre Sa Majesté B. & S. M.T.C.

Art. 11

Que La Presente Capitulation sera exécutée suivant sa forme & teneur sans qu'elle puisse être sujette à inexécution sous prétexte de représailles ou d'une inexécution de quelque capitulation précédente.

Le Present traité a été fait & arrêté en double entre nous au Camp devant Quebec le 18ᵉ Septembre 1759.

La capitulation de Montréal (1760)

Art. 27

Accordé. Le libre exercice de la religion catholique, apostolique et romaine subsistera en son entier ; en sorte que tous les Estats et les peuples des Villes et des Campagnes, Lieux et postes éloignés pourront continuer de s'assembler dans les églises et de fréquenter les sacrements, comme cy devant, sans être inquiétés, en aucune maniere directement, ni indirectement.

Art. 37

Les Seigneurs de terres, les officiers militaires et de justice, les Canadiens tant des Villes que des Campagnes, les Français établis ou commerçant dans toute l'étendue de la colonie de Canada, et toutes autres personnes que ce puisse être, conserveront l'entiere paisible propriété et possession de leurs biens seigneuriaux et roturiers, meubles et immeubles, marchandises, pelleteries et autres effets, même de leurs bâtiments de mer.

Il n'y sera point touché ni fait le moindre dommage, sous quelque prétexte que ce soit. Il leur sera libre de les conserver, loüer, vendre, soit aux Français ou aux Anglais, d'en emporter le produit en lettres de change, pelleteries, espèces Sonnantes, ou autres retours, lorsqu'ils jugeront à propos de passer en France, en payant le fret, comme à L'Article 26.

Art. 46

Les Habitans et Négocians Joüiront de tous les privilèges du commerce aux mêmes faveurs et conditions accordées aux Sujets de Sa Majesté Britannique, tant dans les pays d'En-haut que dans l'intérieur de la colonie.

Pendant le conflit, les Canadiens s'accomodèrent assez bien de la situation. Les levées des troupes de milice ne soulevèrent aucune opposition, malgré les difficultés qu'elles entraînaient, en particulier dans les campagnes. Le coût élevé et les restrictions sévères imposées par les ordonnances rationnant les vivres ne suscitèrent qu'une démonstration des femmes refusant de manger de la viande de cheval. Il faut signaler par contre que, dès 1758, un groupe de négociants demanda la reddition pour mettre fin aux hostilités, rétablir le commerce et restaurer les approvisionnements. Au lendemain de la guerre, la majeure partie des habitants de la colonie demeurèrent sur place. Même des militaires arrivés tardivement pour prendre part au conflit choisirent de rester dans la colonie. Seuls les administrateurs, les officiers civils et militaires et un certain nombre de négociants et de seigneurs retournèrent cependant dans la mère patrie, privant la colonie d'une bonne partie de son élite sociale.

Le traité de Paris en 1763

Article 4

Sa Majesté Très Chretienne renonce à toutes les prétentions, qu'Elle a formées autrefois, ou put former, à la Nouvelle Ecosse, ou l'Acadie, en toutes ses parties, & la garantit toute entière, & avec toutes ses dépendances, au Roy de la Grande Bretagne. De plus, Sa Majesté Très Chrétienne cède & garantit à Sa dite Majesté Britannique, en toute proprieté, le Canada avec toutes ses dépendances, ainsi que l'île du Cap Breton, & toutes les autres îles & côtes, dans le golfe & Fleuve St Laurent, & généralement tout ce qui depend des dits Pays, Terres, Iles, & Côtes, avec la Souveraineté, Proprieté, Possession, & tous Droits acquis par Traité, ou autrement, que le Roy Très Chretien et la Couronne de France ont eus jusqu'à présent sur les dits Pays, Iles, Terres, Lieux, Côtes, & leurs Habitans, ainsi que le Roy Très Chretien cède & transporte le tout au dit Roy & à la Couronne de la Grande Bretagne, & cela de la Manière & dans la forme la plus ample, sans restriction, & sans qu'il soit libre de revenir sous aucun prétexte contre cette cession & garantit de ne troubler la Grande Bretagne dans les Possessions sus-mentionnées. De son côté, Sa Majesté Britannique convient d'accorder aux Habitans du Canada la liberté de la religion catholique ; en conséquence Elle donnera les ordres les plus précis & les plus effectifs, pour que ses nouveaux sujets catholiques romains puissent professer le culte de leur religion selon le rite de l'Eglise romaine, en tant que le permettent les lois de la Grande Bretagne-Sa Majesté Britannique convient en outre, que les Habitans français ou autres, qui auraient été sujets du Roy Très Chretien en Canada, pourront se retirer en toute sûreté & liberté, où bon leur semblera, et pourront vendre leurs biens, pourvû que ce soit à des sujets de Sa Majesté Britannique, & transporter leurs effets, ainsi que leurs personnes, sans être gênés dans leur émigration, sous quelque prétexte que ce puisse être, hors celui de dettes ou de procés criminels ; Le terme limité pour cette émigration sera fixé à l'espace de dix-huit mois, à compter du jour de l'échange des ratifications du présent traité.

Article 5

Les Sujets de la France auront la liberté de la pêche & de la Sècherie, sur une partie des côtes de l'île de Terre-Neuve, telle qu'elle est spécifiée par l'Article 13 du traité d'Utrecht, Et Sa Majesté Britannique consent de laisser aux sujets du Roy Très Chrétien la liberté de pêcher dans le golfe St Laurent, à condition que les sujets de la France n'exercent la dite pêche, qu'à la distance de trois lieües de toutes les côtes appartenantes à la Grande Bretagne, soit celles du continent, soit celles des Iles.

Article 6

Le Roy de la Grande Bretagne cède les îles de St Pierre & de Miquelon, en toute proprieté, à Sa Majesté Très Chretienne, pour servir d'abri aux pêcheurs français.

Article 7

A l'avenir, les confins entre les Etats de Sa Majesté Britannique & ceux de Sa Majesté Très Chrétienne en cette partie du monde, seront irrévocablement fixés par une ligne tirée au milieu du fleuve Mississippi. Le Roy Très Chretien cède, en toute propriété & garantit à Sa Majesté Britannique la rivière & le port de la Mobile, & tout ce qu'Il possède du côté gauche du fleuve Mississippi, à l'exception de la ville de la Nouvelle Orléans, & de l'île dans laquelle elle est située, qui demeureront à la France ; la navigation du fleuve Mississippi sera également libre dans toute sa largeur & toute son étendüe.

Article 8

Le Roy de la Grande Bretagne restituera à la France les îles de la Guadeloupe, de Marie galante, de la Desirade, de la Martinique, & de Belle-isle.

Article 9

Le Roy Très Chretien cède & garantit à Sa Majesté Britannique, en toute propriété, les îles de la Grenade & des Grenadines, avec les mêmes stipulations en faveur des Habitans de cette colonie, inserées dans l'Article 4 pour ceux du Canada.

La population française demeurée sur les rives du Saint-Laurent s'accommoda assez bien de la présence du conquérant anglais. Sous l'égide du clergé catholique qui prêcha la bonne entente et le respect de l'autorité hiérarchique, la vie reprit rapidement son cours normal. D'ailleurs, les autorités anglaises se montrèrent conciliantes. Elles composèrent avec cette population qui, faute d'une immigration britannique massive, restait en majorité française de souche. Elles eurent tendance à respecter les droits acquis, qu'ils soient individuels ou collectifs.

De ces événements militaires qui bousculent la géopolitique occidentale, il faut surtout retenir les différences de stratégie politique. On peut, avec l'historien Guy Frégault, conclure au succès d'une stratégie de colonisation sur une autre. En un siècle et demi, les colonies britanniques américaines étaient devenues fortement peuplées et économiquement fortes. À l'inverse, le peuplement de la Nouvelle-France représentait à peine plus d'1 % de celui de la métropole. À part la fourrure, cette colonie, dont on estimait qu'elle coûtait cher, avait encore bien peu à offrir. La France pouvait également se procurer du poisson sans disposer de grands établissements sur le territoire Nord-américain. Elle pouvait tirer des Antilles ce que la Louisiane aurait pu fournir. Les fonds consacrés à l'entreprise de colonisation française en Amérique n'atteignaient même pas ceux affectés aux « plaisirs du Roi ». Durant les conflits, le ministre de la Marine refusa les demandes de secours, en écrivant qu'on ne cherchait point à sauver les écuries quand le feu était à la maison ; il sacrifiait un empire pour sauver un royaume.

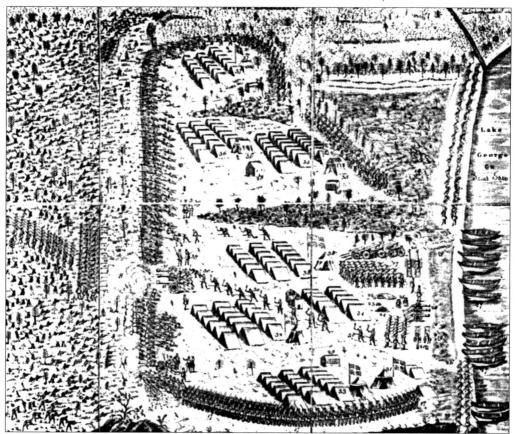

Disposition des armées française et anglaise lors de l'engagement du 8 septembre 1755 au lac Saint-Sacrement. New York Public Library.

Plan de la bataille de la Monongahéla. Photographie : Gilles Blanchette, Bibliothèque municipale de Montréal.

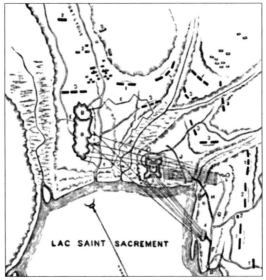

LAC SAINT SACREMENT

Chute de William Henry. Manuscrit du chevalier de Lévis dans Casgrain.

2. Chronologie des événements militaires

1754-1755
UNE GUERRE COLONIALE

Vallée de l'Ohio
1754

Avril	Avance française sur le fort Prince George : les Britanniques, commandés par Ward capitulent, le 17 avril 1754.
28 mai	Embuscade de Washington contre Jumonville.
3 juillet	Attaque du fort Necessity : les Américains, qui sont commandés par Washington capitulent et se retirent.

1755

9 juillet	Bataille de la Monongahéla : déroute britannique.

Lac Champlain
1755

8 sept.	Bataille indécise.

Côte Est
1755

16 juin	Attaque du fort Beau-séjour : les Britanniques s'emparent du fort et le nomment fort Cumberland.

1756-1758
L'OFFENSIVE FRANÇAISE

Haut Saint-Laurent, lac Ontario
1756

13-14 août	Les Français s'emparent des forts Ontario, George et Oswego.

Lac Champlain
1756

mars	Prise du fort Bull par les Français.

1757

9 août	Siège et prise par les Français du fort William Henry.

1758

8 juillet	Attaque de Carillon par les Français qui sont repoussés.

1758-1760
LES DÉFENSES S'EFFONDRENT

Grands Lacs et lac Champlain
1758

28 août	Attaque et prise du fort Frontenac par les Anglais.
Nov.	Avance anglaise sur le fort Duquesne ; pris, il est rebaptisé fort Pitt.

1759

24 juillet	Victoire anglaise à Belle-Famille.
26 juillet	Prise du fort Niagara par les Anglais.
27 juillet	Avance anglaise sur fort Carillon qui reprend le nom de Ticonderoga.

Côte Est
1758

8 juin- 26 juillet	Siège de Louisbourg par les Anglais ; capitulation française.
août	Raid anglais sur Port-La-Joie.
17-23 sept.	Raids anglais sur les pêcheries françaises.

Vallée du Saint-Laurent
1759

26 juin- 18 sept.	Siège de Québec par les Anglais. Capitulation de la garnison française.

1760

28 avril	Bataille de Sainte-Foy.
Juillet-sept.	Triple invasion anglaise sur Montréal par le Saint-Lauent, par le Richelieu, par le lac Ontario.
8 sept.	Les Français capitulent à Montréal.

Côte Est et Terre Neuve
1760

Juillet	Combat naval de la Baie des Chaleurs.

1762

27 juillet	Les Français qui prennent St-John's.
18 sept.	Les Anglais qui reprennent St-John's.

R. Cole Harris (sous la dir. de), Atlas historique du Canada, Des origines à 1800, T.I. Montréal, Presses de l'université de Montréal, 1987. Planche 42.

3. Le legs de la France

Le legs de la France en Amérique a été évalué de façon très divergente. Un débat porte sur le degré de développement de la colonie avant sa cession à l'Angleterre. Pour les uns, une nation en devenir a été décapitée, privée de son élite ; une bourgeoisie dynamique a perdu ses principaux appuis et les moyens de s'affirmer. La conquête a entraîné un retard important. D'autres n'ont vu dans la conquête qu'un changement de métropole, presque un accident de parcours dans le développement économique et le cheminement d'une société. Ces thèses ont servi de fondement à des nationalismes différents : l'un canadien, l'autre québécois. Un autre porte sur la survivance d'une nationalité française en Amérique du Nord.

Une interprétation met en avant le petit peuple menacé de toutes parts qui a lutté farouchement et victorieusement pour sauvegarder son identité en péril. Il s'est replié sur lui-même pour mieux puiser dans ses forces vives. Il a combattu les pires effets de la conquête d'abord par une natalité très élevée, de l'ordre de 55 à 65 ‰. L'historien Lionel Groulx l'a qualifiée de « revanche des berceaux ». Le Canada français a ainsi gardé une supériorité numérique dans la vallée laurentienne. Par le rappel constant des explorations et des grandes courses dans les bois, il a également préservé ses prétentions sur l'ensemble du terri-

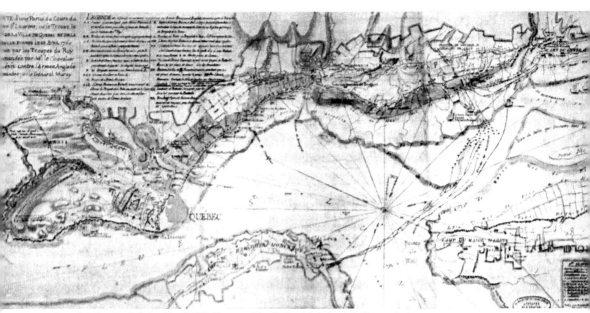

Carte de la bataille de Sainte-Foy (1760). Photographie : Kollar, Ministère de la Guerre, Paris.

toire. Enfin, au matérialisme économique du conquérant, il a opposé les valeurs traditionnelles et spirituelles. C'est dans les difficultés, les oppositions, la misère et sous une constante menace de disparition que ce petit peuple a finalement pu s'affirmer comme nation autonome et souveraine. Une autre voie d'interprétation a plutôt insisté sur les transformations dans les structures économiques et sociales survenues au début du XIXe siècle. Elle a privilégié les rapports de dépendance économique comme élément moteur des soubresauts politiques. Dans cette perspective, les manifestations rebelles paraissaient le fruit d'une situation sociale plutôt que d'une opposition ethnique.

Au-delà des effets de la conquête, la perception de l'héritage laissé par la France en ce territoire Nord-américain a aussi soulevé quelques oppositions. Pour certains, la survie d'une collectivité canadienne-française en terre d'Amérique a reposé précisément sur les principaux éléments de cet héritage français : la langue, la foi et les institutions. Une langue unique

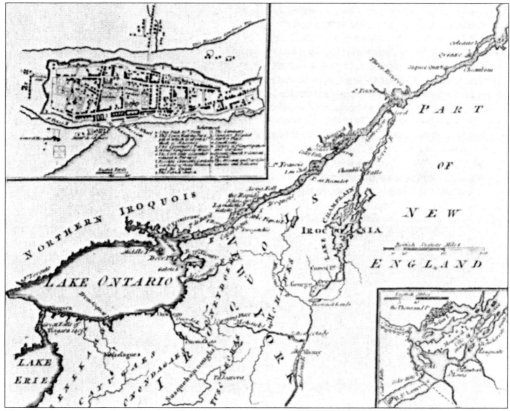

Carte illustrant la marche de l'armée du général Amherst avec un plan de la ville de Montréal. Bibliothèque municipale de Montréal.

et commune à tous, une religion catholique pratiquée rigoureusement par chacun et incarnée dans le quotidien, ainsi que des institutions, comme la paroisse ou le régime seigneurial, garantes de l'autosuffisance des familles et respectueuses de l'autorité hiérarchique auraient puissamment contribué à préserver les valeurs profondes de cette nation. De l'outrage infligé par la défaite militaire de 1759, elle pouvait se relever, grâce à son courage. D'autres historiens ont reconnu l'importance de cet héritage pour préserver l'homogénéité et les forces de cette collectivité, mais sans lui attribuer tout le mérite de la survivance de la nationalité canadienne-française. Ils y discernaient un discours trop nettement orienté vers les aspirations d'une élite religieuse qui avait partie liée avec le pouvoir politique.

Une autre piste de recherche a porté sur des éléments de civilisation. Elle a ancré ses positions sur la constitution d'une culture distincte, dès le début du XVIIIe siècle. Elle a trouvé dans la composition de la population, les réalisations religieuses, économiques et sociales des spécificités permettant de conclure à l'existence d'une civilisation particulière en Nouvelle-France.

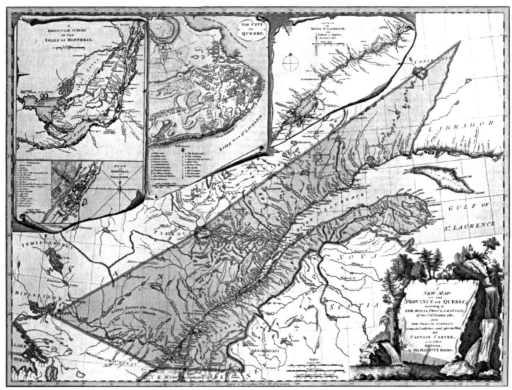

La première carte où paraît l'expression Province of Quebec par le capitaine Carver (entre 1766-1768). Historic Urban Plans, Ithaca, New York.

Enfin les représentations mentales ont enrichi cette perception ; de très nombreux témoignages affirment les caractères distinctifs de l'identité canadienne à cette époque. Mais ces effets de discours, expressions d'un imaginaire collectif, fondés sur des perceptions, témoignages qualitatifs, n'ont rien d'irréfutable. Ces représentations collectives, qui définissent une identité, sont entachées de généralisations qui s'accordent mal avec des réalités complexes et des comportements finalement très variés.

La survie d'une nationalité québécoise montre sans doute que les effets de la conquête n'ont pas été absolument néfastes. Plus encore que la protection des institutions françaises, des facteurs démographiques, comme le maintien d'une majorité française dans la vallée du Saint-Laurent, ont favorisé la survivance d'une identité particulière. La façon dont le territoire Nord-américain avait été investi a également protégé cette collectivité des influences étrangères. L'isolement et l'homogénéité de cette population dans une région rurale, catholique et française, ajoutés à la rareté des terres disponibles, a rendu cet espace quasi imperméable aux fils du conquérant. Les différences linguistiques et religieuses ont favorisé les attitudes d'indépendance face aux pouvoirs politiques britanniques. La paroisse est devenue le rempart par excellence contre les étrangers et leur culture. Là, sous la surveillance attentive du clergé, se serait organisée une vie collective perpétuant en chacun les traditions populaires issues de la culture française.

4. Une Nouvelle-France mythifiée

Dans les années 1830-1840, la Nouvelle-France est devenue un symbole de l'identité québécoise. Elle a fourni les modèles à suivre pour sauvegarder cette identité en péril et pour affirmer les valeurs de cette nation. Elle a servi de fondement à la constitution d'une idéologie de référence qui a perduré près d'un siècle et demi. L'émergence des représentations symboliques inspirées de la Nouvelle-France procède à la fois d'une situation cruciale durant les années 1830-1840 et des événements qui, jusque-là, ont marqué un siècle de domination britannique. La mythification de la Nouvelle-France fait suite à une longue série d'événements peu favorables à la collectivité francophone. D'un côté, la conquête de 1760, l'arrivée de Britanniques, l'instauration de leurs institutions, l'implantation massive de « loyalistes » à la couronne d'Angleterre dans la décennie 1780 et les invasions américaines de 1775 et de 1812 ont fait ressortir la fragilité de la

Monument en l'honneur de Wolfe et Montcalm érigé en 1827 dans le Jardin des gouverneurs à Québec. Canadian Illustrated news, 30 sept. 1871.

Monument à Jacques Cartier : dès 1831, on songe à ériger à Québec un monument à celui qui est considéré comme le découvreur du Canada. Mais il n'existe pas de portrait authentique. La représentation la plus connue, celle qui orne les pages de presque tous les manuels d'histoire, est en fait une copie de la peinture réalisée en 1839, pour l'hôtel de ville de Saint-Malo, par François Riss qui s'était inspiré semble-t-il d'une œuvre plus ancienne. En 1847, la Société littéraire et historique de Québec fit reprendre la copie de Riss par un peintre québécois déjà célèbre, Théophile Hamel. C'est l'œuvre d'Hamel qui inspire vraisemblablement toutes les représentations à venir.

Lord Durham

John George Lambton, (1792-?). Diplomate de carrière, délégué à l'examen de la situation coloniale. Pour lui le problème est d'ordre racial ; la race des Canadiens français, n'a pas d'avenir. L'assimilation est inévitable et souhaitable : il préconise une immigration massive des Britanniques et l'union des deux Canadas.

composante francophone en Amérique du Nord. L'Angleterre a tenté de faire de cette ancienne colonie française la plus britannique de ses possessions. Elle s'y est imposée en force pour faire contrepoids aux manifestations d'indépendance des colonies du Sud. Ce passé récent n'offre rien de reluisant et ne comporte aucune source de fierté pour la collectivité francophone.

Dans les années 1830, la majorité ethnique canadienne française est menacée de renversement par l'accroissement incessant de la population de souche britannique. Face à cette montée démographique des Britanniques, on veut réaffirmer les origines françaises de ce coin de pays. Dès les années 1830, un grand mouvement populaire aboutit à l'érection d'une statue à Jacques Cartier*, celui par qui les couleurs de la France ont régné sur le territoire. On fonde alors la société Saint-Jean-Baptiste, société nationale des Canadiens français. Les discours nationalistes se multiplient. On s'oppose aux volontés des Britanniques.

Ces perceptions d'une identité en péril aboutissent aux rébellions des Patriotes dans les années 1837-1838, qui seront écrasées par les armes britanniques. L'élite politique canadienne-française n'y a pas seulement été battue, elle a perdu toute crédibilité. Un émissaire du gouvernement britannique, lord Durham, dépêché pour analyser la situation, énonce alors un jugement devenu fameux selon lequel les Canadiens français étaient un « peuple sans histoire ». La publication en 1845 par François-Xavier Garneau d'une première histoire nationale se voudra une réponse à cette affirmation. Cette histoire posait les jalons d'une idéologie de référence, à la fois nostalgique, élitiste et programmatique, dont le modèle prédominera jusque dans les années 1960.

L'Église catholique a joué un rôle primordial dans la définition de cette idéologie. Au lendemain de la conquête, elle s'était posée en gardienne de la religion et protectrice de la collectivité canadienne-française. Elle s'était opposée aux rébellions. Au lendemain de la défaite, elle reste la seule élite intellectuelle capable de relever les défis. Pendant plus d'un siècle, elle présidera aux destinées de la collectivité francophone.

La voie de salut proposée par l'élite cléricale était naturellement empreinte de valeurs religieuses et tournée vers des modèles sécurisants. Les possibilités n'étaient pas nombreuses. Le modèle anglais, à la fois protestant et matérialiste, ne convenait pas. Celui de la France, depuis la grande Révolution de 1789, ne convenait plus. Il restait l'époque de la Nouvelle-France, symbole d'une pureté originelle. Des pionniers que les défis ne rebutaient pas, accompagnés de femmes courageuses, pouvaient élever une famille nombreuse, à l'ombre du clocher, dans le respect des valeurs religieuses et des autorités et se lancer à la conquête d'un territoire immense mais rempli de richesses que l'ardeur au travail permettait de recueillir avec abondance ; des missionnaires, martyrs de la foi, et des hommes et des femmes luttant contre la sauvagerie ont été érigés en modèle de courage, en symbole de la lutte pour la survie d'une collectivité, bref en héros. Ce passé, déjà en partie mythifié, offrait des garanties d'avenir.

Garneau

François-Xavier, (1809-1866). Premier historien national des Canadiens français, notaire, poète et journaliste, il s'intéresse à l'histoire et à la politique. Il fait un voyage en Angleterre et à Paris. Il s'intéresse à la politique : il sympathise avec les Patriotes, sans participer aux rébellions. Il dénonce l'Union, réclame le maintien de la langue française et participe à la fondation de la Société Saint-Jean-Baptiste. En 1845, il publie le premier des douze livres de son *Histoire du Canada depuis sa découverte jusqu'à nos jours*.

Relique patriotique. Souvenir de la Grande fête nationale. des Canadiens français. Monastères des Ursulines, Québec.

Annexes

Chronologie

Nouvelle-France

1690 Échec anglais devant Québec.
1694-1697 Campagnes d'Iberville à la baie d'Hudson et à Terre-Neuve.
1701 Paix de Montréal avec les Iroquois.
1702-1713 Deuxième guerre franco-anglaise en Amérique.
1718 Début de la construction de la forteresse de Louisbourg ; fondation de la Nouvelle-Orléans.
1725 Construction du fort Niagara.
1731 Hocquart, intendant.
1731-1743 Exploration des La Vérendrye.
1744-1748 Troisième guerre franco-anglaise en Amérique.
1745 Prise de Louisbourg par les Anglais.
1747 La Galissonnière, gouverneur.
1754-1760 Quatrième guerre franco-anglaise en Amérique.
1754 Affaire Jumonville ; prise du fort Necessity.
1755 Début de la déportation des Acadiens.
1758 Perte de Louisbourg, du fort Frontenac et du fort Duquesne.
1759 Capitulation de Québec.
1760 Capitulation de Montréal.

France et Europe

1702-1714 Guerre de Succession d'Espagne.
1713 Traité d'Utrecht.
1715 Mort de Louis XIV, Louis XV.
1718-1720 Système de Law.

1740-1748 Guerre de Succession d'Autriche.

1756-1763 Guerre de Sept Ans.

1763 Traité de Paris.

Indications bibliographiques

ALLAIRE, Gratien, « Officiers et marchands : les sociétés de commerce des fourrures, 1715-1760 », *RHAF*, vol. 34, 1980, 1, pp. 3-26.

Atlas historique du Canada, Tome 1, *Des origines à 1800,* sous la dir. de R. C. Harris, Montréal, PUM, 1987.

AUDET, Louis-Philippe, *L'instruction publique de 1635 à 1800,* Québec, PUL, 1951.

BAILLARGEON, Noël, *Le séminaire de Québec de 1685 à 1760,* Québec, PUL, 1977.

BÉDARD, Marc-André, *Les protestants en Nouvelle-France,* Québec, Société historique de Québec, 1978.

BOIVIN, Bernard, « La nature au pays du Saint-Laurent », in *Le monde à l'époque de Jacques Cartier* (dir. Fernand Braudel), Montréal et Paris, Libre-Expression et Berger-Levrault, 1984, pp. 83-91.

CAULIER, Brigitte, « Les confréries de dévotion et l'éducation de la foi », in *Société canadienne d'histoire de l'Église catholique,* Sessions d'étude, 56, 1989.

CHAMPAGNE, Antoine, *Les La Vérendrye et le poste de l'Ouest,* Québec, PUL, 1968.

CHARBONNEAU, André, DESLOGES, Yvon et LAFRANCE, Marc, *Québec, ville fortifiée, du XVIIe au XIXe siècle,* Québec, Éd. du Pélican, 1982.

CHARBONNEAU, Hubert, *Vie et mort de nos ancêtres au XVIIe siècle,* Montréal, PUM, 1975.

CHARBONNEAU Hubert et autres, *Naissance d'une population. Les Français établis au Canada au XVIIe siècle,* Paris et Montréal, P.U.F. et PUL, 1987.

CLERMONT, Normand, « Les peuples Nord-Américains », in *Le monde à l'époque de Jacques Cartier,* op. cit., pp.71-81.

CLICHE, Maire-Aimée, *Les pratiques de dévotion en nouvelle-France. Comportements populaires et encadrement ecclésial dans le gouvernement de Québec,* Québec, PUL, 1988.

COURVILLE, Serge. « Contribution à l'étude de l'origine du rang au Québec : la politique spatiale des Cent-Associés », *Cahiers de géographie du Québec,* vol. 25, 1981, n° 65, pp. 197-236.

COURVILLE, Serge, « Espace, territoire et culture en Nouvelle-France : une vision géographique », *RHAF,* vol. 37, 1983, n°3, pp. 413-430.

DECHÊNE, Louise, *Habitants et marchands de Montréal au XVIIe siècle,* Paris et Montréal, Plon, 1974.

DEPATIE, Sylvie, DESSUREAULT Christian et LALANCETTE Mario, *Contribution à l'étude du régime seigneurial canadien,* La Salle, Hurtubise, 1987.

DESDOUITS, Anne-Marie, *La vie traditionnelle au pays de Caux et au Québec : l'enfance, de la naissance à l'entrée dans le monde du travail,* Québec, PUL, 1988.

DESROSIERS, Léo-Paul, *Iroquoisie (1534-1646),* Montréal, IHAF, 1947.

DICKINSON, John A., *Justice et justiciables. La procédure civile à la prévôté de Québec, 1667-1759,* Québec, PUL, 1982.

Dictionnaire biographique du Canada, Tome 1, *Des origines à 1700* et Tome 2, *De 1700 à 1760,* Québec-Toronto, 1966 et 1969.

DUBÉ, Jean-Claude, *Claude-Thomas Dupuy, intendant de la Nouvelle-France, 1678-1738,* Montréal, Fides, 1969.

DUMAS, Sylvio, *Les Filles du Roi en Nouvelle-France. Étude historique avec répertoire biographique,* Québec, Société historique de Québec, 1972.

DUMONT Micheline et autres, *L'histoire des femmes au Québec depuis quatre siècles,* Montréal, Quinze, 1982.

FILION, Maurice, *La pensée et l'action coloniale de Maurepas vis-à-vis du Canada, 1723-1749,* Ottawa, Leméac, 1972.

FREGAULT, Guy, *François Bigot, administrateur français,* Montréal, IHAF, 1948, 2 vol.

FREGAULT, Guy, *La civilisation de la Nouvelle-France, 1713-1744,* Montréal, Fides, 1969.

FREGAULT, Guy, *Le XVIIIe siècle canadien,* études, Montréal, Éd HMH, 1968.

GOSSELIN, Amédée, *L'instruction au Canada sous le régime français 1635-1760,* Québec, 1911.

GOY, Joseph et WALLOT, Jean-Pierre, *Évolution et éclatement du monde rural,* Paris, École des Hautes Études en Sciences Sociales, 1986.

GROULX, Lionel, *Roland -Michel Barrin de la Galissonnière,* Québec, PUL, 1970.

HAMELIN, Jean, *Économie et société en Nouvelle-France,* Québec, PUL, 1956.

HAMELIN, Jean (sous la dir. de), *Histoire du Québec,* Toulouse, Privat, 1976.

HARE, John, LAFRANCE, Marc et RUDDEL, David-Thierry, *Histoire de la ville de Québec, 1601-1871,* Montréal, Boréal, 1987.

HARRIS, Richard C., *The seigneurial system in early Canada, a geographical study,* Québec, PUL, 1966.

HENRIPIN, Jacques, *La population canadienne au début du XVIIIe siècle : Natalité, fécondité, mortalité infantile,* Paris, PUF, 1954.

JAENEN, C.-J., *Friend and Foe. Aspects of French-Amerindian culture contact in the Sixteenth and Seventeenth century,* Toronto, McClelland and Stewart, 1976.

JARNOUX, Philippe, « La colonisation de la seigneurie de Batiscan aux XVIIe et XVIIIe siècles : l'espace et les hommes », *RHAF,* vol. 40, 1986.

JULIEN, Charles-André, *Les voyages de découverte et les premiers établissements, XVe-XVIe siècles,* Paris, P.U.F., 1948.

LA MORANDIÈRE, Charles de, *Histoire de la pêche française de la morue dans l'Amérique septentrionale, des origines à 1789,* Paris, 1962.

LACHANCE, André, *Crimes et criminels en Nouvelle-France,* Montréal, Boréal Express, 1987.

LACHANCE, André, *La vie urbaine en Nouvelle-France,* Montréal, Boréal, 1987.

LANCTOT Gustave, *L'administration de la Nouvelle-France,* Montréal, Éd. du Jour, 1971.

LEBRUN, François et SEGUIN, Normand, *Sociétés villageoises et rapports villes-campagnes au Québec et dans la France de l'Ouest. XVIIe et XXe siècles,* Trois-Rivières, Université du Québec à Trois-Rivières, 1987.

LECLERC, Jean, *Le marquis de Denonville, gouverneur de la Nouvelle-France,* Montréal, Fides, 1976.

LESSARD, Renald, *Se soigner au Canada aux XVIIe et XVIIIe siècles,* Hull, Musée canadien des civilisations, 1989.

LUNN, Alice Jean E., *Développement économique de la Nouvelle-France, 1713-1760,* Montréal, PUM, 1986.

MARTIN, Denis, *Portraits des héros de la Nouvelle-France. Images d'un culte historique,* La Salle, Hurtubise, 1988.

MATHIEU, Jacques, *Le commerce entre la Nouvelle-France et les Antilles au XVIIIe siècle,* Montréal, Fides, 1981.

MATHIEU Jacques et COURVILLE Serge (sous la dir. de), *Peuplement colonisateur aux XVIIe et XVIIIe siècles,* Québec, Celat, 1987.

MICHEL, Louis, « Un marchand rural en Nouvelle-France, François-Augustin Bailly de Messein, 1709-1771 », *RHAF,* vol. 33, 1978, n° 2, pp. 215-262.

MORISSET, Gérard, À *la découverte du patrimoine,* Québec, Ministère des Affaires culturelles, 1981.

NISH, James Cameron, *Les bourgeois gentilhommes de la Nouvelle-France, 1729-1748,* Montréal, Fides, 1968.

SEGUIN, Robert-Lionel, *La civilisation traditionnelle de l'habitant aux XVIIe et XVIIIe siècles,* Montréal, Fides, 1967.

SEGUIN, Robert-Lionel, *La vie libertine en Nouvelle-France au XVIIe siècle,* Ottawa, Leméac, 1972, 2 vol.

TRIGGER, Bruce, *Natives and Newcomers. Canada's « Heroic Age » reconsidered,* Montréal, McGill-Queen's University Press, 1987.

TRUDEL, Marcel, *Histoire de la Nouvelle-France,* vol. 1, *Les vaines tentatives,* Montréal, Fides, 1963 ; vol. 2, *Le comptoir, 1604-1627,* ibid., 1966 ; vol. 3, *La seigneurie des Cent-Associés, 1627-1663,* ibid., 2 vol., 1979.

TRUDEL, Marcel, *Initiation à la Nouvelle-France,* Montréal-Toronto, 1971.

TURGEON, Laurier, « Pour redécouvrir notre XVIe siècle : les pêches à Terre-Neuve d'après les archives notariales de Bordeaux », *RHAF,* vol. 39, 1986, n° 4.

VERMETTE, Luce, *La vie domestique aux Forges du Saint-Maurice,* Ottawa, Parc Canada, 1982.

VOISINE et autres, *Histoire de l'Église catholique au Québec, 1608-1760,* Montréal, Fides, 1971.

Abréviations utilisées :

IHAF : Institut d'Histoire de l'Amérique Française.
PUF : Presses Universitaires de France.
PUL : Presses de l'Université Laval à Québec.
PUM : Presses de l'Université de Montréal.
RHAF : Revue d'Histoire de l'Amérique Française.

Index des noms de personnes

M N

Magellan Ferdinand 30
Mance Jeanne 111
Marie de l'Incarnation 78, 113, 128
Marie-Thérèse 144
Marquette Jacques 64
Massé Ennemond 113
Maurepas Jean-Frédéric Phélypeaux 162, 171
Meilleur Jean 186
Meulles Jacques de 57, 84, 163
Montcalm Louis-Joseph de 130
Montmorency de Laval François de 109, 110, 113, 114, 115, 153
Morin Marie 54
Nish Cameron 215

O P Q

Olier Jean-Jacques 113
Paul III 110
Phipps William 117, 138
Pinard Louis 77
Pitt William 247
Polo Marco 26, 30
Ponce de León 31
Prouville de Tracy Alexandre de 69, 117
Quen Jean de 60

R

Radisson Pierre-Esprit 61, 87
Raudot 128, 203, 216
Richelieu Armand Jean du Plessis, cardinal, duc de 67, 68, 102
Riss François 258
Robineau de Bécancour René 106
Robineau de Portneuf René 117
Rouauld C. 77

Rousseau Jean-Jacques 23, 127
Ruette d'Auteuil de Monceaux François-Madeleine-Fortuné 70
Rut John 36

S

Sagard Gabriel 124
Saint-Lusson Simon-François Daumont de 62, 64
Saint-Ours Pierre de 76
Saint-Simon Paul Denys de 61, 63
Saunders 224
Sébille Jean 187
Steffany J. 77

T

Talon Jean 56, 59, 62, 63, 64, 70, 76, 98, 105, 106, 117, 118, 129, 167, 197
Tonnetuit Pierre Chauvin de 39
Tremblay Pierre 153
Trudel Marcel 139, 189

V

Vaudreuil Rigaud de 130, 225, 247, 248
Verrazzano Giovanni da 27, 31
Villegaignon Nicolas Durand de 39
Villiers de Jumonville Joseph Coulon de 246

W

Walker Hoveden 139, 224
Ward 253
Washington George 246, 253
Winthrop 138
Wolfe James 224